日本近现代文学作品选读

主编　马乐　副主编　吕端

审校　陈刚

图书在版编目(CIP)数据

日本近现代文学作品选读:日文/马乐主编.—武汉:武汉大学出版社,2018.12(2023.2 重印)

ISBN 978-7-307-19563-9

Ⅰ.日… Ⅱ.马… Ⅲ.①日语—阅读教学—高等学校—教材 ②日本文学—作品综合集—近现代 Ⅳ.H369.4:I

中国版本图书馆 CIP 数据核字(2018)第 273381 号

责任编辑:罗晓华　　责任校对:李孟潇　　版式设计:马　佳

出版发行:**武汉大学出版社**　(430072　武昌　珞珈山)

(电子邮箱:cbs22@ whu.edu.cn 网址:www.wdp.com.cn)

印刷:武汉邮科印务有限公司

开本:787×1092　1/16　印张:17.25　字数:321 千字　插页:1

版次:2018 年 12 月第 1 版　　2023 年 2 月第 2 次印刷

ISBN 978-7-307-19563-9　　定价:48.00 元

前　言

本书是为大学日本语言文学专业本科高年级学生编写的日本文学选读教材。也可作为日语学习者提高日语阅读水平、了解日本近现代文学的读本使用。

高等院校日语专业文学相关课程大多采用传统的教学方法，即单纯灌输知识，这样既不利于增加学生课后的阅读量，又难以培养学生自主阅读的习惯。同时，由于日本文学选读课程涉及的作家和作品较多，而课程学时有限，学生容易在课堂上机械听课，最终导致文学课程收获不大，因此被学生忽视。编者长期致力于日本文学课程的教学，在教学改革方面进行了一系列的尝试，获得了较好的课堂教学效果和评价。本教材立足于充分调动学生主体作用的教学理念，帮助学生在“悦读”中提高日语语言能力和研究能力。

本书共收录日本近现代名篇佳作 14 部，包含了各个时期不同流派的作品，其中 6 位作家在日本近代文学史上影响深远，故于附录增加了其他短篇名作，以供阅读学习。为利于学生阅读与理解，每篇作品(部分为节选)均附有日文注释、作者简介与作品简介。思考问题和参考文献的设置为学生提供了研究角度和线索，以期学生能够通过赏析名作，进而了解文学作品解读和研究的方法，提高其赏析文学作品的能力。另外，教材还附有日本近代文学年表，增加了与大学日语专业八级考试相关的文学常识题目，有利于提升学生的综合文学素养，也可作为本教材使用后的自评。

本教材在编写过程中得到了各级领导的关心和帮助，特别是得到江汉大学外国语学院日语系各位同仁的大力支持，日语系主任陈刚老师在百忙之中对教材进行了审阅和校对，湖北大学日语系吕端老师作为副主编也在编写上帮助良多，在此一并表示由衷的感谢。最后，还要感谢我的家人，尤其是父母一直以来给予我的支持与鼓励。

本人的编写初衷是为了让学生愉快地阅读日本近现代的文学作品，而不是枯燥地进行填鸭式学习，因此，希望学生能根据自己的兴趣及水平选择喜爱的作品进行阅读、研究。由于编者本人水平有限，错误与不足在所难免，欢迎各位使用者批评指正、提出宝贵意见。

马乐

2018 年 8 月

目　次

第一課　破　　戒

島崎藤村

第一章

（一）

蓮華寺(れんげじ)では下宿を兼ねた。瀬川丑松(うしまつ)が急に転宿(やどがえ)を思い立って、借りることにした部屋というのは、其蔵裏(くり)つづき①にある二階の角のところ。寺は信州②下水内郡(しもみのちごほり)飯山町二十何ヶ寺の一つ、真宗③に附属する古刹(こせつ)で、丁度其二階の窓に倚凭(よりかか)って眺めると、銀杏の大木を経(へだ)てて飯山の町の一部分も見える。さすが信州第一の仏教の地、古代を眼前(めのまえ)に見るような小都会、奇異な北国風の屋造(やづくり)、板葺の屋根、または冬期の雪除(ゆきよけ)として使用する特別の軒庇(のきびさし)から、ところどころに高く顕(あらわ)れた寺院と樹木の梢まで——すべて旧めかしい町の光景(ありさま)が香の烟の中に包まれて見える。ただ一際(ひときわ)目立って此窓から望まれるものと言えば、現に丑松が奉職して居る其小学校の白く塗った建築物(たてもの)であった。

丑松が転宿を思い立ったのは、実は甚だ不快に感ずることが今の下宿に起ったからで、尤(もっと)も賄(まかない)でも安くなければ、誰も斯(こん)様な部屋に満足するものは無かろう。壁は壁紙で張りつめて、それが煤(すす)けて茶色になって居た。粗造な床の間④、紙表具の軸、外には古びた火鉢が置いてあるばかりで、何となく世離れた、静(しずか)寂な僧坊であつた。それがまた小学教師という丑松の今の境遇に映って、妙に侘(わび)しい感想(かんじ)を起させもする。

今の下宿には斯(こ)ういう事が起った。半月程前、一人の男を供に連れて、下高井の地方から出て来た大日向(おおひなた)という大尽(だいじん)、飯山病院へ入院の為とあって、暫時(しばらく)腰掛に泊って居たことがある。入院は間もなくであった。もとより内証はよし、病室は第一等、看護婦の肩に懸って長い廊下を往ったり来たりするうちには、自然(おのず)と豪奢(こうしゃ)が人の目にもついて、誰が嫉妬で噂するともなく、「彼(あれ)は穢多(えた)[5]だ」ということになった。忽ち多くの病室へ伝(つたわ)って、患者は総立(そうだち)。「放逐して了(しま)え、今直ぐ、それが出来ないとあらば吾儕(われわれこぞ)挙って御免を蒙る」と腕捲(うでまく)りして院長を脅(おびやか)すという騒動。いかに金尽(かねづく)でも、この人種の偏執(へんしゅう)には勝たれない。ある日の暮、籠に乗せられて、夕闇の空に紛れて病院を出た。籠は其儘(そのまま)もとの下宿へ舁(かつ)ぎ込まれて、院長は毎日のように来て診察する。さあ今度は下宿のものが承知しない。丁度丑松が一日の勤務(つとめ)を終って、疲れて宿へ帰った時は、一同「主婦(かみさん)を出せ」と喚(わめ)き立てるところ。「不浄だ、不浄だ」の罵詈(ばり)は無遠慮な客の口唇(くちびる)を衝(つ)いて出た。「不浄だとは何だ」と丑松は心に憤って、蔭ながらあの大日向の不幸(ふしあはせ)を憐んだり、道理(いわれ)のないこの非人扱いを慨(なげ)いたりして、穢多の種族の悲惨な運命を思いつづけた——丑松もまた穢多なのである。

見たところ丑松は純粋な北部の信州人——佐久小県(さくちひさがた)あたりの岩石の間に成長した壮年(わかもの)の一人とは誰の目にも受取れる。正教員という格につけられて、学力優等の卒業生として、長野の師範校を出たのは丁度二十二の年齢(とし)の春。社会(よのなか)へ突出される、直に丑松はこの飯山へ来た。それから足掛三年目の今日、丑松はただ熱心な青年教師として、飯山の町の人に知られて居るのみで、実際穢多である、新平民であるということは、誰一人として知るものが無かったのである。

「では、いつ引越していらっしゃいますか。」

と声をかけて、入って来たのは蓮華寺の住職の匹偶(つれあい)[6]。年の頃五十前後。茶色小紋の羽織を着て、痩せた白い手に珠数(ずず)を持ち乍(なが)ら、丑松の前に立った。土地の習慣(ならわし)から『奥様』と尊(あが)敬められて居る斯の有髪(うはつ)の尼(あま)は、昔者として多少教育もあり、都会(みやこ)の生活も万更(まんざら)知らないでも無いらしい口の利き振であった。世話好きな性質を額にあらわして、微な声で口癖のように念仏して、対手(あいて)の返事を待って居る様子。

其時、丑松も考えた。明日(あす)にも、今夜にも、と言いたい場合ではあるが、さて差当って引越しするだけの金が無かった。実際持合せは四十銭しかなかった。四十銭で引越しの出来よう筈も無い。今の下宿の払いもしなければならぬ。月給は明後日でなければ渡らないとすると、否(いや)でも応でも其迄待つより外はなかった。

「斯うしましょう、明後日の午後(ひるすぎ)ということにしましょう。」

「明後日？」と奥様は不思議そうに対手の顔を眺めた。

「明後日引越すのは其様(そんな)に可笑(おかし)いでしょうか。」丑松の眼は急に輝いたのである。

「あれ——でも明後日は二十八日じゃありませんか。別に可笑いということは御座(ござい)ませんがね、私はまた月が変ってから来(いら)っしゃるかと思いましてサ。」

「むむ、これはおおきに[7]左様(さう)でしたなあ。実は私も急に引越しを思い立ったものですから。」

と何気なく言消して、丑松は故意(わざ)と話頭(はなし)を変えて了った。下宿の出来事は烈しく胸の中を騒がせる。それを聞かれたり、話したりすることは、何となく心に恐しい。何か穢多に関したことになると、毎時(いつ)もそれを避けるようにするのが是男の癖である。

「なむあみだぶ。」

と口の中で唱えて、奥様は別に深く掘って聞こうともしなかった。

（二）

蓮華寺を出たのは五時であった。学校の日課を終ると、直ぐ其足で出掛けたので、丑松はまだ勤務の儘の服装(みなり)で居る。白墨と塵埃(ほこり)とで汚れた着古しの洋服、書物やら手帳やらの風呂敷包を小脇に抱えて、それに下駄穿(げたばき)、腰弁当。多くの労働者が人中で感ずるような羞恥(はじ)——そんな思を胸に浮べ乍ら、鷹匠(たかしょう)町の下宿の方へ帰って行った。町々の軒は秋雨あがりの後の夕日に輝いて、人々が濡れた道路に群って居た。中には立ちとどまって丑松の通るところを眺めるもあり、何かひそひそ立話をして居るのもある。「彼処(あそこ)へ行くのは、ありゃあ何だ——むむ、教員か」と言ったような顔付をして、酷(はなはだ)しい軽蔑(けいべつ)の色を顕して居るのもあった。是が自分等の預って居る生徒の父兄であるかと考えると、浅猿(あさま)しくもあり、腹立たしくもあり、遽(にわか)に不愉快になってすたすた歩き初めた。

本町の雑誌屋は近頃出来た店。其前には新着の書物を筆太に書いて、人目を引くように張出してあった。かねて新聞の広告で見て、出版の日を楽みにして居た『懺悔録』——肩に猪子(いのこ)蓮太郎氏著、定価までも書添えた広告が目につく。立ちどまって、其人の名を思出してさえ、丑松はもう胸の踊るような心地(ここち)がしたのである。見れば二三の青年が店頭(みせさき)に立って、何か新しい雑誌でも猟(あさ)って居るらしい。丑松は色の褪(あ)せたズボンの袖嚢(かくし)の内へ手を突込んで、人知れず銀貨を鳴らして見ながら、幾度か其雑誌屋の前を往ったり来たりした。兎(と)に角(かく)、四十銭あれば本が手に入る。しかし其を今茲(ここ)で買って了えば、明日は一文無しで暮さなければならぬ。転宿の用意もしなければならぬ。斯ういう思想(かんがえ)に制せられて、一旦は往きかけて見たようなものの、やがて、復(ま)た引返した。ぬっと暖簾(のれん)を潜って入って、手に取って見ると——それはすこし臭気(にほい)のするような、粗悪な洋紙に印刷した、黄色い表紙に『懺悔録』としてある本。貧しい人の手にも触れさせたいという趣意から、わざと質素な体裁を択(えら)んだのは、是書(このほん)の性質をよく表して居る。ああ、多くの青年が読んで知るという今の世の中に、飽くことを知らない丑松のような年頃で、どうして読まず知らずに居ることが出来よう。智識は一種の饑渇(ひもじさ)である。到頭四十銭を取出して、欲(ほし)いと思う其本を買求めた。なけなしの金とはいい乍ら、精神(こころ)の慾には替えられなかったのである。

『懺悔録』を抱いて——買って反って丑松は気の衰頽(おとろえ)を感じ乍ら、下宿をさして帰って行くと、不図(ふと)、途中で学校の仲間に出逢った。一人は土屋銀之助と言って、師範校時代からの同窓の友。一人は未だ極く年若な、此頃準教員に成ったばかりの男。散歩とは二人のぶらぶらやって来る様子でも知れた。

「瀬川君、大層遅いじゃないか。」

と銀之助は洋杖(ステッキ)を鳴し乍ら近(ちかづ)いた。

正直で、しかも友達思いの銀之助は、直に丑松の顔色を見て取った。深く澄んだ目付は以前の快活な色を失って、言うに言われぬ不安の光を帯びて居たのである。「ああ、必定(きつと)身体(からだ)の具合でも悪いのだろう」と銀之助は心に考えて、丑松から下宿を探しに行った話を聞いた。

「下宿を？ 君はよく下宿を取替える人だねえ——此頃(こないだ)あそこの家へ引越したばかりじゃないか。」

と毒の無い調子で、さも心(しん)から出たように笑った。其時丑松の持って居る本が目についたので、銀之助は洋杖を小脇に挟んで、見せろという言葉と一緒に右の手を差出した。

「是かね。」と丑松は微笑みながら出して見せる。

「むむ、「懺悔録」か。」と準教員も銀之助の傍に倚添(よりそ)いながら眺めた。

「相変らず君は猪子先生のものが好きだ。」斯う銀之助は言って、黄色い本の表紙を眺めたり、一寸内部(なか)を開けて見たりして、「そうそう新聞の広告にもあったッけ——へえ、斯様な本かい——斯様な質素な本かい。まあ君のは愛読を通り越して崇拝の方だ。はははは、よく君の話には猪子先生が出るからねえ。嘸(さぞ)かしまた聞かせられることだろうなあ。」

「馬鹿言いたまえ[⑧]。」

と丑松も笑って其本を受取った。

夕靄の群は低く集って来て、あそこでも、ここでも、最早ちらちら灯が点く。丑松は明後日あたり蓮華寺へ引越すという話をして、この友達と別れたが、やがて少許行って振返って見ると、銀之助は往来の片隅に佇立んだ儘、熟と是方を見送って居た。半町[9]ばかり行って復た振返って見ると、未だ友達は同じところに佇立んで居るらしい。夕餐の煙は町の空を籠めて、悄然とした友達の姿も黄昏れて見えたのである。

（三）

鷹匠町の下宿近く来た頃には、鉦の声が遠近の空に響き渡った。寺々の宵の勤行は始まったのであろう。丁度下宿の前まで来ると、あたりを警める人足の声も聞えて、提灯の光に宵闇の道を照し乍ら、一挺の籠が舁がれて出るところであった。ああ、大尽が忍んで出るのであろう、と丑松は憐んで、黙然として其処に突立って見て居るうちに、いよいよ其とは附添の男で知れた。同じ宿に居たとは言い乍ら、ついぞ丑松は大日向を見かけたことが無い。唯附添の男ばかりは、よく薬の罎なぞを提げて、出たり入ったりするところを見かけたのである。その雲を突くような大男が、今、尻端折り[10]で、主人を保護したり、人足を指図したりする甲斐々々しさ。穢多の中でも卑賤しい身分のものと見え、其処に立って居る丑松を同じ種族とは夢にも知らないで、妙に人を憚るような様子して、一寸会釈し乍ら側を通りぬけた。門口に主婦、「御機嫌よう」の声も聞える。見れば下宿の内は何となく騒々しい。人々は激昂したり、憤慨したりして、いずれも聞えよがしに罵って居る。

「難有うぞんじます——そんなら御気をつけなすって。」

とまた主婦は籠の側へ駈寄って言った。籠の内の人は何とも答えなかった。丑松は黙って立った。見るみる舁がれて出たのである。

「ざまあ見やがれ。」

これが下宿の人々の最後に揚げた凱歌であった。

丑松がすこし蒼ざめた顔をして、下宿の軒を潜って入った時は、未だ人々が長い廊下に群（むらが）って居た。いずれも感情を制（おさ）えきれないという風で、肩を怒らして歩くもあり、板の間を踏み鳴らすもあり、中には塩を掴んで庭に蒔散（まきち）らす弥次馬もある。主婦は燧石（ひうちいし）を取出して、清浄（きよめ）の火と言って、かちかち音をさせて騒いだ。

哀憐（あわれみ）、恐怖（おそれ）、千々の思は烈しく丑松の胸中を往来した。病院から追われ、下宿から追われ、其残酷な待遇（とりあつかい）と恥辱（はずかしめ）とをうけて、黙って舁がれて行く彼（あ）の大尽の運命を考えると、噍籠の中の人は悲慨（なげき）の血涙（なんだ）に噎（むせ）んだであろう。大日向の運命は軈（やが）てすべての穢多の運命である。思えば他事（ひとごと）では無い。長野の師範校時代から、この飯山に奉職の身となったまで、よくまあ自分は平気の平左で、普通の人と同じような量見で、危いとも恐しいとも思わずに通り越して来たものだ。斯うなると胸に浮ぶは父のことである。父というのは今、牧夫をして、烏帽子（えぼし）ヶ嶽（だけ）の麓（ふもと）に牛を飼って、隠者のような寂しい生涯を送って居る。丑松はその西乃入（にしのいり）牧場を思出した。その牧場の番小屋を思出した。

「阿爺（おとっ）さん、阿爺さん。」

と口の中で呼んで、自分の部屋をあちこちあちこちと歩いて見た。不図父の言葉を思出した。

はじめて丑松が親の膝下（しっか）を離れる時、父は一人息子の前途を深く案じるという風で、さまざまな物語をして聞かせたのであった。其時だ——一族の祖先のことも言い聞かせたのは。東海道の沿岸に住む多くの穢多の種族のように、朝鮮人、支那人、露西亜（ロシア）人、または名も知らない島々から漂着したり帰化したりした異邦人の末とは違い、その血統は古（むかし）の武士の落人（おちゅうど）から伝ったもの、貧苦こそすれ[11]、罪悪の為に穢れたような家族ではないと言い聞かせた。父はまた添付（つけた）して、世に出て身を立てる穢多の子の秘訣——唯一つの希望（のぞみ）、唯一つの方法（てだて）、それは身の素性を隠すより外に無い、「たとえいかなる目を見ようと、いかなる人に邂逅おうと決して其とは自白けるな、一旦の憤怒悲哀に是戒を忘れたら、其時こそ社会から捨てられたものと思え。」斯う父は教えたのである。

一生の秘訣とは斯の通り簡単なものであった。「隠せ。」——戒はこの一語で尽きた。しかし其頃はまだ無我夢中、「阿爺が何を言うか」位に聞流して、唯もう勉強が出来るという嬉しさに家を飛出したのであった。楽しい空想の時代は父の戒も忘れ勝ちに過ぎた。急に丑松は少年から大人に近いたのである。急に自分のことが解って来たのである。まあ、面白い隣の家から面白くない自分の家へ移ったように感ずるのである。今は自分から隠そうと思うようになった。

（四）

あおのけさまに畳の上へ倒れて、暫時丑松は身動きもせずに考えて居たが、軈て疲労が出て眠て了った。不図目が覚めて、部屋の内を見廻した時は、点けて置かなかった筈の洋燈が寂しそうに照して、夕飯の膳も片隅に置いてある。自分は未だ洋服の儘。丑松の心地には一時間余も眠ったらしい。戸の外には時雨の降りそそぐ音もする。起き直って、買って来た本の黄色い表紙を眺め乍ら、膳を手前へ引寄せて食った。飯櫃の蓋を取って、あつめ飯の臭気を嗅いで見ると、丑松は最早嘆息して了って、そこそこにして膳を押遣ったのである。『懺悔録』を披げて置いて、先ず残りの巻煙草に火を点けた。

この本の著者——猪子蓮太郎の思想は、今の世の下層社会の「新しい苦痛」を表白すと言われて居る。人によると、彼男ほど自分を吹聴するものは無いと言って、妙に毛嫌するような手合もある。成程、其筆にはいつも一種の神経質があった。到底蓮太郎は自分を離れて説話をすることの出来ない人であった。しかし思想が剛健で、しかも観察の精緻を兼ねて、人を吸引ける力の壮んに溢れて居るということは、一度其著述を読んだものの誰しも感ずる特色なのである。蓮太郎は貧民、労働者、または新平民等の生活状態を研究して、社会の下層を流れる清水に掘りあてる迄は倦（う）まず撓（たわ）まず努（つと）めるばかりでなく、また其を読者の前に突着けて、右からも左からも説明（ときあか）して、呑込めないと思うことは何度繰返しても、読者の腹（おなか）の中に置かなければ承知しないという遣方（やりかた）であった。尤も蓮太郎のは哲学とか経済とかの方面から左様（そう）いう問題（ことがら）を取扱わないで、寧（むし）ろ心理の研究に基礎（どだい）を置いた。文章はただ岩石を並べたように思想を並べたもので、露骨（むきだし）なところに反って人を動かす力があったのである。

しかし丑松が蓮太郎の書いたものを愛読するのは唯其丈（それだけ）の理由からでは無い。新しい思想家でもあり戦士でもある猪子蓮太郎という人物が穢多の中から産れたという事実は、丑松の心に深い感動を与えたので——まあ、丑松の積りでは、隠（ひそか）に先輩として慕って居るのである。同じ人間であり乍ら、自分等ばかり其様に軽蔑される道理が無い、という烈しい意気込を持つようになったのも、実はこの先輩の感化であった。斯ういう訳から、蓮太郎の著述といえば必ず買って読む。雑誌に名が出る、必ず目を通す。読めば読む程丑松はこの先輩に手を引かれて、新しい世界の方へ連れて行かれるような気がした。穢多としての悲しい自覚はいつの間にか其頭を擡（もちあ）げたのである。

今度の新著述は、『我は穢多なり』という文句で始めてあった。其中には同族の無智と零落とが活きた画のように描いてあった。其中には多くの正直な男女（おとこおんな）が、ただ穢多の生れというばかりで、社会から捨てられて行く光景も写してあった。其中には又、著者の煩悶の歴史、歓（うれ）し哀（かな）しい過去の追想（おもいで）、精神の自由を求めて、しかも其が得られないで、不調和な社会の為に苦（くるし）みぬいた懐疑（うたがい）の昔語（むかしがたり）から、朝空を望むような新しい生涯に入る迄——熱心な男性（おとこ）の嗚咽（すすりなき）が声を聞くように書きあらわしてあった。

新しい生涯——それが蓮太郎には偶然な身のつまずきから開けたのである。生れは信州高遠の人。古い穢多の宗族（いえがら）ということは、丁度長野の師範校に心理学の講師として来て居た頃——丑松がまだ入学しない以前（まえ）——同じ南信の地方から出て来た二三の生徒の口から泄れた。講師の中に賤民の子がある。是噂が全校へ播った時は、一同驚愕と疑心とで動揺した。ある人は蓮太郎の人物を、ある人はその容貌を、ある人はその学識を、いずれも穢多の生れとは思われないと言って、どうしても虚言だと言張るのであった。放逐、放逐、声は一部の教師仲間の嫉妬から起った。嗚呼、人種の偏執ということが無いものなら、「キシネフ」で殺される猶太人もなかろうし、西洋で言囃す黄禍の説もなかろう。無理が通れば道理が引込むという斯世の中に、誰が穢多の子の放逐を不当だと言うものがあろう。いよいよ蓮太郎が身の素性を自白して、多くの校友に別離を告げて行く時、この講師の為に同情の涙を流すものは一人もなかった。蓮太郎は師範校の門を出て、「学問の為の学問」を捨てたのである。

この当時の光景は『懴悔録』の中に精しく記載してあった。丑松は身につまされるかして、幾度か読みかけた本を閉じて、目を瞑って、やがて其を読むのは苦しくなって来た。同情は妙なもので、反って底意を汲ませないようなことがある。それに蓮太郎の筆は、面白く読ませるというよりも、考えさせる方だ。終には丑松も書いてあることを離れて了って、自分の一生ばかり思いつづけ乍ら読んだ。

今日まで丑松が平和な月日を送って来たのは——主に少年時代からの境遇にある。そもそもは小諸の向町（穢多町）の生れ。北佐久の高原に散布する新平民の種族の中でも、殊に四十戸ばかりの一族の「お頭」と言われる家柄であった。獄卒と捕吏とは、維新前まで、先祖代々の職務であって、父はその監督の報酬として、租税を免ぜられた上、別に俸米をあてがわれた。それ程の男であるから、貧苦と零落との為め小県郡の方へ家を移した時にも、八歳の丑松を小学校へやることは忘れなかった。丑松が根津村の学校へ通うようになってからは、もう普通の児童で、誰もこの可憐な新入生を穢多の子と思うものはなかったのである。最後に父は姫子沢の谷間に落着いて、叔父夫婦も一緒に移り住んだ。異った土地で知るものは無し、強ひて是方から言う必要もなし、といったような訳で、終には慣れて、少年の丑松は一番早く昔を忘れた。官費の教育を受ける為に長野へ出掛ける頃は、ただ先祖の昔話としか考えて居なかった位で。

斯ういう過去の記憶は今丑松の胸の中に復活（いきかえ）った。七つ八つの頃まで、よく他の小供に調戯（からか）われたり、石を投げられたりした、其恐怖の情はふたたび起って来た。朦朧（おぼろげ）ながらあの小諸の向町に居た頃のことを思出した。移住する前に死んだ母親のことなぞを思出した。「我は穢多なり」——ああ、どんなに是一句が丑松の若い心を掻乱（かきみだ）したろう。『懺悔録』を読んで、反って丑松はせつない苦痛（くるしみ）を感ずるようになった。

◎注釈

①蔵裏つづき　住職の家族の居間のすぐ隣。

②信州　信濃の国の別名。現在の長野県。

③真宗　浄土真宗のこと。開祖は親鸞。浄土三部経を根本聖典とし、特に無量寿経により阿弥陀仏の本願の信心を重視し、称名念仏は仏恩報謝の行であるとするのを宗旨とする。

④床の間　座敷の正面上座に一段高く構え、掛軸・置物・花などを飾る場所。

⑤穢多　中世以降、賤民視された一階層。特に江戸時代、幕藩体制の民衆支配の一環として、非人とともに最下層に位置付けられた人糸。身分上四民の外に置かれ、皮革の製造、死んだ牛馬の処理、罪人の処刑・見張りなど末端の警察業務に従事させられ、城下はずれなどの特定の地域に居住させられた。1871年、法制上は「穢多」「非人」の称が廃止されたが、新たに新平民という呼称をもって呼ばれ、現在に至るも不当な差別は存続する。

⑥匹偶　夫婦。めおと。

⑦おおきに　たしかに。

⑧馬鹿言いたまえ　馬鹿言ってはいけない。

⑨町　距離の単位。一町は約109メートル。

⑩尻端折り　着物の裾を外側に折り上げて、その端を帯びに挟むこと。

⑪貧苦こそすれ　貧苦ではあるが、しかし。

◎作者紹介

島崎 藤村(しまざき とうそん、1872年3月25日(明治5年2月17日)—1943年(昭和18年)8月22日)は、詩人、小説家。本名は島崎春樹。筑摩県(現在の岐阜県)生まれ。

1893年『文学界』に参加し、ロマン主義詩人として文壇登場になる。1897年に出版された『若菜集』は日本近代詩の原点とし浪漫詩の基礎を確立したものであり、後世の詩人に多大な影響を与える。その後、詩から散文に入り小説に転じ、『破戒』『春』などを創作し自然主義の代表作家となる。その他、『家』、歴史小説の大作『夜明け前』などがある。

◎解題

『破戒』は1906年3月、緑陰叢書の第1編として自費出版された長編小説である。島崎藤村が小説に転向した最初の作品でもあり、日本自然主義の方向付けをした名作でもあり、はじめての近代小説でもある。夏目漱石は、『破戒』を「明治の小説としては後世に伝ふべき名篇也」(森田草平宛て書簡)と高く評価したことがある。又、「これはドストエフスキーの『罪と罰』に想を得たものであるが、社会的重圧の下で苦しむ被差別部落出身の青年の苦悩に、藤村内心の悩みを重ねて描き、わが国の自然主義を導く作品となった。」と三好行雄らが評価している。本文は『現代日本文學大系 13　島崎藤村集(一)』筑摩書房1968年版によった。

◎思考問題

1. なぜ日本の自然主義文学の代表作とされているかについて、考えよう。
2. 『破戒』論の中に社会小説か告白小説かという論争があるが、それについて調べてみて、自分の考えを述べよう。
3. 「穢多」「非人」などの日本の部落民問題について調べてみよう。
4. 参考文献の上で自分なりに疑問点を出し考えよう。

◎参考文献

[1]柳原緑　「藤村初期作品研究」『フェリス女学院短期大学論叢』　1955年4月

[2]芝芝生　「『破戒』の構造分析」『日本文学』　1959年

[3]鈴木秀子　「日本人の罪の意識——島崎藤村の『破戒』をめぐって」『世紀』　1972年4月

[4]三好行雄　『島崎藤村論』　筑摩書房　1993年

[5]稲垣安伸　「『破壊』——丑松の旅立ちを追って」『島崎藤村研究』　1997年9月

[6]任荅均　「島崎藤村『破戒』と廉想渉『万歳前』——〈父性〉と〈旅〉を中心に」『島崎藤村研究』　1999年9月

[7]Heidenreich Dietmar　「島崎藤村の『破壊』とF. M. ドストエフスキーの『罪と罰』」『法政大学教養部紀要』　岩波書店　2001年2月

[8]「島崎藤村をめぐって」(特集　島崎藤村——生誕百三十年)『国文学　解釈と鑑賞』　2002年10月

[9]中山英一　「島崎藤村『破戒』刊行一〇〇年を経て」『部落解放』　2008年

第二課　吾輩は猫である（抄録）

夏目漱石

吾輩(わがはい)は猫である。名前はまだ無い。

どこで生れたかとんと見当がつかぬ。何でも薄暗いじめじめした所でニャーニャー泣いていた事だけは記憶している。吾輩はここで始めて人間というものを見た。しかもあとで聞くとそれは書生という人間中で一番獰悪(どうあく)な種族であったそうだ。この書生というのは時々我々を捕(つかま)えて煮(に)て食うという話である。しかしその当時は何という考もなかったから別段恐しいとも思わなかった。ただ彼の掌(てのひら)に載せられてスーと持ち上げられた時何だかフワフワした感じがあったばかりである。掌の上で少し落ちついて書生の顔を見たのがいわゆる人間というものの見始(みはじめ)であろう。この時妙なものだと思った感じが今でも残っている。第一毛をもって装飾されべきはずの顔がつるつるしてまるで薬缶(やかん)だ。その後(ご)猫にもだいぶ逢(あ)ったがこんな片輪(かたわ)には一度も出会(でく)わした事がない。のみならず顔の真中があまりに突起(とっき)している。そうしてその穴の中から時々ぷうぷうと煙(けむり)を吹く。どうも咽(む)せぽくて実に弱った。これが人間の飲む煙草(たばこ)というものである事はようやくこの頃知った。

この書生の掌の裏(うち)でしばらくはよい心持に坐っておったが、しばらくすると非常な速力で運転し始めた。書生が動くのか自分だけが動くのか分らないが無暗(むやみ)に眼が廻る。胸が悪くなる。到底(とうてい)助からないと思っていると、どさりと音がして眼から火が出た。それまでは記憶しているがあとは何の事やらいくら考え出そうとしても分らない。

ふと気が付いて見ると書生はいない。たくさんおった兄弟が一疋（ぴき）も見えぬ。肝心（かんじん）の母親さえ姿を隠してしまった。その上今までの所とは違って無暗に明るい。眼を明（あ）いていられぬくらいだ。はてな何でも容子（ようす）がおかしいと、のそのそ這（は）い出して見ると非常に痛い。吾輩は藁（わら）の上から急に笹原の中へ棄てられたのである。

ようやくの思いで笹原を這い出すと向うに大きな池がある。吾輩は池の前に坐ってどうしたらよかろうと考えて見た。別にこれという分別（ふんべつ）も出ない。しばらくして泣いたら書生がまた迎に来てくれるかと考え付いた。ニャー、ニャーと試みにやって見たが誰も来ない。そのうち池の上をさらさらと風が渡って日が暮れかかる。腹が非常に減って来た。泣きたくても声が出ない。仕方がない、何でもよいから食物（くいもの）のある所まであるこうと決心をしてそろりそろりと池を左（ひだ）りに廻り始めた。どうも非常に苦しい。そこを我慢して無理やりに這って行くとようやくの事で何となく人間臭い所へ出た。ここへ這入（はい）ったら、どうにかなると思って竹垣の崩（くず）れた穴から、とある邸内にもぐり込んだ。縁は不思議なもので、もしこの竹垣が破れていなかったなら、吾輩はついに路傍（ろぼう）に餓死（がし）したかも知れんのである。一樹（いちじゅ）の蔭とはよく云（い）ったものだ。この垣根の穴は今日（こんにち）に至るまで吾輩が隣家（となり）の三毛を訪問する時の通路になっている。さて邸（やしき）へは忍び込んだもののこれから先どうして善（い）いか分らない。そのうちに暗くなる、腹は減る、寒さは寒し、雨が降って来るという始末でもう一刻の猶予（ゆうよ）が出来なくなった。仕方がないからとにかく明るくて暖かそうな方へ方へとあるいて行く。今から考えるとその時はすでに家の内に這入っておったのだ。ここで吾輩は彼（か）の書生以外の人間を再び見るべき機会に遭遇（そうぐう）したのである。第一に逢ったのがおさんである。これは前の書生より一層乱暴な方で吾輩を見るや否やいきなり頸筋（くびすじ）をつかんで表へ抛（ほう）り出した。いやこれは駄目だと思ったから眼をねぶって運を天に任せていた。しかしひもじいのと寒いのにはどうしても我慢が出来ん。吾輩は再びおさんの隙（すき）を見て台所へ這い上った。すると間もなくまた投げ出された。吾輩は投げ出されては這い上り、這い上っては投げ出され、何でも同じ事を四五遍繰り返したのを記憶している。その時におさんと云う者はつくづくいやになった。この間おさん①の三馬（さんま）②を偸（ぬす）んでこの返報をしてやってから、やっと胸の痞（つかえ）が下りた③。吾輩が最後につまみ出されようとしたときに、この家（うち）の主人が騒々しい何だといいながら出て来た。下女は吾輩をぶら下げて主人の方へ向けてこの宿（やど）なしの小猫がいくら出しても出しても御台所（おだいどころ）へ上って来て困りますという。主人は鼻の下の黒い毛を撚（ひね）りながら吾輩の顔をしばらく眺（なが）めておったが、やがてそんなら内へ置いてやれといったまま奥へ這入ってしまった。主人はあまり口を聞かぬ人と見えた。下女は口惜（くや）しそうに吾輩を台所へ抛（ほう）り出した。かくして吾輩はついにこの家を自分の住家（すみか）と極（き）める事にしたのである。

吾輩の主人は滅多（めった）に吾輩と顔を合せる事がない。職業は教師だそうだ。学校から帰ると終日書斎に這入ったぎりほとんど出て来る事がない。家のものは大変な勉強家だと思っている。当人も勉強家であるかのごとく見せている。しかし実際はうちのものがいうような勤勉家ではない。吾輩は時々忍び足に彼の書斎を覗（のぞ）いて見るが、彼はよく昼寝（ひるね）をしている事がある。時々読みかけてある本の上に涎（よだれ）をたらしている。彼は胃弱で皮膚の色が淡黄色（たんこうしょく）を帯びて弾力のない不活溌（ふかっぱつ）な徴候をあらわしている。その癖に大飯を食う。大飯を食った後でタカジヤスターゼ④を飲む。飲んだ後で書物をひろげる。二三ページ読むと眠くなる。涎を本の上へ垂らす。これが彼の毎夜繰り返す日課である。吾輩は猫ながら時々考える事がある。教師というものは実に楽（らく）なものだ。人間と生れたら教師となるに限る。こんなに寝ていて勤まるものなら猫にでも出来ぬ事はないと。それでも主人に云わせると教師ほどつらいものはないそうで彼は友達が来る度（たび）に何とかかんとか不平を鳴らしている。

吾輩がこの家へ住み込んだ当時は、主人以外のものにははなはだ不人望であった。どこへ行っても跳(は)ね付けられて相手にしてくれ手がなかった。いかに珍重されなかったかは、今日に至るまで名前さえつけてくれないのでも分る。吾輩は仕方がないから、出来得る限り吾輩を入れてくれた主人の傍(そば)にいる事をつとめた。朝主人が新聞を読むときは必ず彼の膝(ひざ)の上に乗る。彼が昼寝をするときは必ずその背中(せなか)に乗る。これはあながち主人が好きという訳ではないが別に構い手がなかったからやむを得んのである。その後いろいろ経験の上、朝は飯櫃(めしびつ)の上、夜は炬燵(こたつ)の上、天気のよい昼は椽側(えんがわ)へ寝る事とした。しかし一番心持の好いのは夜(よ)に入ってここのうちの小供の寝床へもぐり込んでいっしょにねる事である。この小供というのは五つと三つで夜になると二人が一つ床へ入って一間(ひとま)へ寝る。吾輩はいつでも彼等の中間に己(おの)れを容(い)るべき余地を見出(みいだ)してどうにか、こうにか割り込むのであるが、運悪く小供の一人が眼を醒(さ)ますが最後大変な事になる。小供は——ことに小さい方が質(たち)がわるい——猫が来た猫が来たといって夜中でも何でも大きな声で泣き出すのである。すると例の神経胃弱性の主人は必ず眼をさまして次の部屋から飛び出してくる。現にせんだってなどは物指(ものさし)で尻ぺたをひどく叩(たた)かれた。

吾輩は人間と同居して彼等を観察すればするほど、彼等は我儘(わがまま)なものだと断言せざるを得ないようになった。ことに吾輩が時々同衾(どうきん)する小供のごときに至っては言語同断(ごんごどうだん)[5]である。自分の勝手な時は人を逆さにしたり、頭へ袋をかぶせたり、抛り出したり、へっつい[6]の中へ押し込んだりする。しかも吾輩の方で少しでも手出しをしようものなら家内(かない)総がかりで追い廻して迫害を加える。この間もちょっと畳で爪を磨(と)いだら細君が非常に怒ってそれから容易に座敷へ入(い)れない。台所の板の間で他(ひと)が顫(ふる)えていても一向(いっこう)平気なものである。吾輩の尊敬する筋向(すじむこう)の白君などは逢(あ)う度毎(たびごと)に人間ほど不人情なものはないと言っておらるる。白君は先日玉のような子猫を四疋産まれたのである。ところがそこの家の書生が三日目にそいつを裏の池へ持って行って四疋ながら棄てて来たそうだ。白君は涙を流してその一部始終を話した上、どうしても我等猫族(ねこぞく)が親子の愛を完くして美しい家族的生活をするには人間と戦ってこれを剿滅せねばならぬといわれた。一々もっともの議論と思う。また隣りの三毛君などは人間が所有権という事を解していないといって大に憤慨している。元来我々同族間では目刺の頭でも鰡の臍でも一番先に見付けたものがこれを食う権利があるものとなっている。もし相手がこの規約を守らなければ腕力に訴えて善いくらいのものだ。しかるに彼等人間は毫もこの観念がないと見えて我等が見付けた御馳走は必ず彼等のために掠奪せらるるのである。彼等はその強力を頼んで正当に吾人が食い得べきものを奪ってすましている。白君は軍人の家におり三毛君は代言の主人を持っている。吾輩は教師の家に住んでいるだけ、こんな事に関すると両君よりもむしろ楽天である。ただその日その日がどうにかこうにか送られればよい。いくら人間だって、そういつまでも栄える事もあるまい。まあ気を永く猫の時節を待つがよかろう。

我儘で思い出したからちょっと吾輩の家の主人がこの我儘で失敗した話をしよう。元来この主人は何といって人に勝れて出来る事もないが、何にでもよく手を出したがる。俳句をやってほととぎす[7]へ投書をしたり、新体詩を明星[8]へ出したり、間違いだらけの英文をかいたり、時によると弓に凝ったり、謡を習ったり、またあるときはヴァイオリンなどをブーブー鳴らしたりするが、気の毒な事には、どれもこれも物になっておらん。その癖やり出すと胃弱の癖にいやに熱心だ。後架[9]の中で謡をうたって、近所で後架先生と渾名をつけられているにも関せず一向平気なもので、やはりこれは平の宗盛[10]にて候を繰返している。みんながそら宗盛だと吹き出すくらいである。この主人がどういう考になったものか吾輩の住み込んでから一月ばかり後のある月の月給日に、大きな包みを提げてあわただしく帰って来た。何を買って来たのかと思うと水彩絵具と毛筆とワットマンという紙で今日から謡や俳句をやめて絵をかく決心と見えた。果して翌日から当分の間というものは毎日毎日書斎で昼寝もしないで絵ばかりかいている。しかしそのかき上げたものを見ると何をかいたものやら誰にも鑑定がつかない。当人もあまり甘(うま)くないと思ったものか、ある日その友人で美学とかをやっている人が来た時に下(しも)のような話をしているのを聞いた。

「どうも甘くかけないものだね。人のを見ると何でもないようだが自(みずか)ら筆をとって見ると今更(いまさら)のようにむずかしく感ずる」これは主人の述懐(じゅっかい)である。なるほど詐(いつわ)りのない処だ。彼の友は金縁の眼鏡越(めがねごし)に主人の顔を見ながら、「そう初めから上手にはかけないさ、第一室内の想像ばかりで画(え)がかける訳のものではない。昔(むか)し以太利(イタリー)の大家アンドレア・デル・サルトが言った事がある。画をかくなら何でも自然その物を写せ。天に星辰(せいしん)あり。地に露華(ろか)あり。飛ぶに禽(とり)あり。走るに獣(けもの)あり。池に金魚あり。枯木(こぼく)に寒鴉(かんあ)あり。自然はこれ一幅の大活画(だいかつが)なりと。どうだ君も画らしい画をかこうと思うならちと写生をしたら」

「へえアンドレア・デル・サルトがそんな事をいった事があるかい。ちっとも知らなかった。なるほどこりゃもっともだ。実にその通りだ」と主人は無暗に感心している。金縁の裏には嘲(あざ)けるような笑(わらい)が見えた。

その翌日吾輩は例のごとく椽側に出て心持善く昼寝をしていたら、主人が例になく書斎から出て来て吾輩の後ろで何かしきりにやっている。ふと眼が覚めて何をしているかと一分(いちぶ)ばかり細目に眼をあけて見ると、彼は余念もなくアンドレア・デル・サルトを極(き)め込んでいる。吾輩はこの有様を見て覚えず失笑するのを禁じ得なかった。彼は彼の友に揶揄(やゆ)せられたる結果としてまず手初めに吾輩を写生しつつあるのである。吾輩はすでに十分寝た。欠伸(あくび)がしたくてたまらない。しかしせっかく主人が熱心に筆を執(と)っているのを動いては気の毒だと思って、じっと辛棒(しんぼう)しておった。彼は今吾輩の輪廓をかき上げて顔のあたりを色彩(いろど)っている。吾輩は自白する。吾輩は猫として決して上乗の出来ではない。背といい毛並といい顔の造作といいあえて他の猫に勝(まさ)るとは決して思っておらん。しかしいくら不器量の吾輩でも、今吾輩の主人に描(えが)き出されつつあるような妙な姿とは、どうしても思われない。第一色が違う。吾輩は波斯産（ペルシャさん）の猫のごとく黄を含める淡灰色に漆（うるし）のごとき斑（ふ）入りの皮膚を有している。これだけは誰が見ても疑うべからざる事実と思う。しかるに今主人の彩色を見ると、黄でもなければ黒でもない、灰色でもなければ褐色（とびいろ）でもない、さればとてこれらを交ぜた色でもない。ただ一種の色であるというよりほかに評し方のない色である。その上不思議な事は眼がない。もっともこれは寝ているところを写生したのだから無理もないが眼らしい所さえ見えないから盲猫（めくら）だか寝ている猫だか判然しないのである。吾輩は心中ひそかにいくらアンドレア・デル・サルトでもこれではしようがないと思った。しかしその熱心には感服せざるを得ない。なるべくなら動かずにおってやりたいと思ったが、さっきから小便が催うしている。身内（みうち）の筋肉はむずむずする。最早（もはや）一分も猶予が出来ぬ仕儀（しぎ）となったから、やむをえず失敬して両足を前へ存分のして、首を低く押し出してあーあと大（だい）なる欠伸をした。さてこうなって見ると、もうおとなしくしていても仕方がない。どうせ主人の予定は打（ぶ）ち壊（こ）わしたのだから、ついでに裏へ行って用を足（た）そうと思ってのそのそ這い出した。すると主人は失望と怒りを掻（か）き交ぜたような声をして、座敷の中から「この馬鹿野郎」と怒鳴（どな）った。この主人は人を罵（ののし）るときは必ず馬鹿野郎というのが癖である。ほかに悪口の言いようを知らないのだから仕方がないが、今まで辛棒した人の気も知らないで、無暗に馬鹿野郎呼（よば）わりは失敬だと思う。それも平生吾輩が彼の背中へ乗る時に少しは好い顔でもするならこの漫罵（まんば）も甘んじて受けるが、こっちの便利になる事は何一つ快くしてくれた事もないのに、小便に立ったのを馬鹿野郎とは酷（ひど）い。元来人間というものは自己の力量に慢じてみんな増長している。少し人間より強いものが出て来て窘（いじ）めてやらなくてはこの先どこまで増長するか分らない。

我儘もこのくらいなら我慢するが吾輩は人間の不徳についてこれよりも数倍悲しむべき報道を耳にした事がある。

吾輩の家の裏に十坪ばかりの茶園がある。広くはないが瀟灑とした心持ち好く日の当る所だ。うちの小供があまり騒いで楽々昼寝の出来ない時や、あまり退屈で腹加減のよくない折などは、吾輩はいつでもここへ出て浩然の気を養うのが例である。ある小春の穏かな日の二時頃であったが、吾輩は昼飯後快よく一睡した後、運動かたがたこの茶園へと歩を運ばした。茶の木の根を一本一本嗅ぎながら、西側の杉垣のそばまでくると、枯菊を押し倒してその上に大きな猫が前後不覚に寝ている。彼は吾輩の近づくのも一向心付かざるごとく、また心付くも無頓着なるごとく、大きな鼾をして長々と体を横えて眠っている。他の庭内に忍び入りたるものがかくまで平気に睡られるものかと、吾輩は窃かにその大胆なる度胸に驚かざるを得なかった。彼は純粋の黒猫である。わずかに午を過ぎたる太陽は、透明なる光線を彼の皮膚の上に抛げかけて、きらきらする柔毛の間より眼に見えぬ炎でも燃え出ずる[11]ように思われた。彼は猫中の大王とも云うべきほどの偉大なる体格を有している。吾輩の倍はたしかにある。吾輩は嘆賞の念と、好奇の心に前後を忘れて彼の前に佇立して余念もなく眺めていると、静かなる小春の風が、杉垣の上から出たる[12]梧桐の枝を軽く誘ってばらばらと二三枚の葉が枯菊の茂みに落ちた。大王はかっとその真丸の眼を開いた。今でも記憶している。その眼は人間の珍重する琥珀というものよりも遥かに美しく輝いていた。彼は身動きもしない。双眸の奥から射るごとき光を吾輩の矮小なる額の上にあつめて、御めえ[13]は一体何だと云った。大王にしては少々言葉が卑しいと思ったが何しろその声の底に犬をも挫しぐべき力が籠っているので吾輩は少なからず恐れを抱いた。しかし挨拶をしないと険呑だと思ったから「吾輩は猫である。名前はまだない」となるべく平気を装って冷然と答えた。しかしこの時吾輩の心臓はたしかに平時よりも烈しく鼓動しておった。彼は大に軽蔑せる調子で「何、猫だ？猫が聞いてあきれらあ[14]。全てえ[15]どこに住んでるんだ」随分傍若無人である。「吾輩はここの教師の家にいるのだ」「どうせそんな事だろうと思った。いやに瘠せてるじゃねえか」と大王だけに気焔を吹きかける。言葉付から察するとどうも良家の猫とも思われない。しかしその膏切って肥満しているところを見ると御馳走を食ってるらしい、豊かに暮しているらしい。吾輩は「そう云う君は一体誰だい」と聞かざるを得なかった。「己れあ[16]車屋の黒よ」昂然たるものだ。車屋の黒はこの近辺で知らぬ者なき乱暴猫である。しかし車屋だけに強いばかりでちっとも教育がないからあまり誰も交際しない。同盟敬遠主義の的になっている奴だ。吾輩は彼の名を聞いて少々尻こそばゆき[17]感じを起すと同時に、一方では少々軽侮の念も生じたのである。吾輩はまず彼がどのくらい無学であるかを試してみようと思って左の問答をして見た。

「一体車屋と教師とはどっちがえらいだろう」

「車屋の方が強いに極っていらあな[18]。御めえのうちの主人を見ねえ[19]、まるで骨と皮ばかりだぜ」

「君も車屋の猫だけに大分強そうだ。車屋にいると御馳走が食えると見えるね」

「何におれなんざ、どこの国へ行ったって食い物に不自由はしねえつもりだ。御めえなんかも茶畠ばかりぐるぐる廻っていねえで、ちっと己の後へくっ付いて来て見ねえ。一と月とたたねえうちに見違えるように太れるぜ」

「追ってそう願う事にしよう。しかし家は教師の方が車屋より大きいのに住んでいるように思われる」

「箆棒め、うちなんかいくら大きくたって腹の足しになるもんか」

彼は大に肝癪に障った様子で、寒竹をそいだような耳をしきりとぴく付かせてあららかに立ち去った。吾輩が車屋の黒と知己になったのはこれからである。

その後吾輩は度々黒と邂逅する。邂逅する毎に彼は車屋相当の気焔を吐く。先に吾輩が耳にしたという不徳事件も実は黒から聞いたのである。

或る日例のごとく吾輩と黒は暖かい茶畠の中で寝転びながらいろいろ雑談をしていると、彼はいつもの自慢話しをさも新しそうに繰り返したあとで、吾輩に向って下のごとく質問した。「御めえは今までに鼠を何匹とった事がある」智識は黒よりも余程発達しているつもりだが腕力と勇気とに至っては到底黒の比較にはならないと覚悟はしていたものの、この問に接したる時は、さすがに極りが善くはなかった。けれども事実は事実で詐る訳には行かないから、吾輩は「実はとろうとろうと思ってまだ捕らない」と答えた。黒は彼の鼻の先からぴんと突張っている長い髭をびりびりと震わせて非常に笑った。元来黒は自慢をする丈にどこか足りないところがあって、彼の気焔を感心したように咽喉をころころ鳴らして謹聴していればはなはだ御しやすい猫である。吾輩は彼と近付になってから直にこの呼吸を飲み込んだからこの場合にもなまじい己れを弁護してますます形勢をわるくするのも愚である、いっその事彼に自分の手柄話をしゃべらして御茶を濁す[20]に若くはないと思案を定めた。そこでおとなしく「君などは年が年であるから大分とったろう」とそそのかして見た。果然彼は牆壁の欠所に吶喊して来た。「たんとでもねえが三四十はとったろう」とは得意気なる彼の答であった。彼はなお語をつづけて「鼠の百や二百は一人でいつでも引き受けるがいたちってえ奴は手に合わねえ。一度いたちに向って酷い目に逢った」「へえなるほど」と相槌を打つ。黒は大きな眼をぱちつかせて云う。「去年の大掃除の時だ。うちの亭主が石灰の袋を持って椽の下へ這い込んだら御めえ大きないたちの野郎が面喰って飛び出したと思いねえ[21]」「ふん」と感心して見せる。「いたちってけども何鼠の少し大きいぐれえ[22]のものだ。こん畜生って気で追っかけてとうとう泥溝の中へ追い込んだと思いねえ」「うまくやったね」と喝采してやる。「ところが御めえいざってえ段になると奴め最後っ屁をこきゃがった。臭えの臭くねえのってそれからってえもの[23]はいたちを見ると胸が悪くならあ[24]」彼はここに至ってあたかも去年の臭気を今なお感ずるごとく前足を揚げて鼻の頭を二三遍なで廻わした。吾輩も少々気の毒な感じがする。ちっと景気を付けてやろうと思って「しかし鼠なら君に睨（にら）まれては百年目[25]だろう。君はあまり鼠を捕るのが名人で鼠ばかり食うものだからそんなに肥って色つやが善いのだろう」黒の御機嫌をとるためのこの質問は不思議にも反対の結果を呈出（ていしゅつ）した。彼は喟然（きぜん）として大息（たいそく）していう。「考（かん）げえるとつまらねえ。いくら稼いで鼠をとったって——一（いっ）てえ[26]人間ほどふてえ奴は世の中にいねえぜ。人のとった鼠をみんな取り上げやがって交番へ持って行きゃあがる。交番じゃ誰が捕ったか分らねえからそのたんびに[27]五銭ずつくれるじゃねえか。うちの亭主なんか己の御蔭でもう壱円五十銭くらい儲（もう）けていやがる癖に、碌（ろく）なものを食わせた事もありゃしねえ。おい人間てものあ体（てい）の善（い）い泥棒だぜ」さすが無学の黒もこのくらいの理窟（りくつ）はわかると見えてすこぶる怒った容子で背中の毛を逆立（さかだ）てている。吾輩は少々気味が悪くなったから善い加減にその場を胡魔化（ごまか）して家へ帰った。この時から吾輩は決して鼠をとるまいと決心した。しかし黒の子分になって鼠以外の御馳走を猟（あさ）ってあるく事もしなかった。御馳走を食うよりも寝ていた方が気楽でいい。教師の家にいると猫も教師のような性質になると見える。要心しないと今に胃弱になるかも知れない。

教師といえば吾輩の主人も近頃に至っては到底水彩画において望（のぞみ）のない事を悟ったものと見えて十二月一日の日記にこんな事をかきつけた。

○○と云う人に今日の会で始めて出逢った。あの人は大分（だいぶ）放蕩（ほうとう）をした人だと云うがなるほど通人（つうじん）らしい風采（ふうさい）をしている。こう云う質（たち）の人は女に好かれるものだから○○が放蕩をしたと云うよりも放蕩をするべく余儀なくせられたと云うのが適当であろう。あの人の妻君は芸者だそうだ、羨ましい事である。元来放蕩家を悪くいう人の大部分は放蕩をする資格のないものが多い。また放蕩家をもって自任する連中のうちにも、放蕩する資格のないものが多い。これらは余儀なくされないのに無理に進んでやるのである。あたかも吾輩の水彩画に於けるがごときもので到底卒業する気づかいはない。しかるにも関せず、自分だけは通人だと思って済(すま)している。料理屋の酒を飲んだり待合へ這入るから通人となり得るという論が立つなら、吾輩も一廉(ひとかど)[28]の水彩画家になり得る理窟だ。吾輩の水彩画のごときはかかない方がましであると同じように、愚昧(ぐまい)なる通人よりも山出しの大野暮(おおやぼ)の方が遥かに上等だ。

通人論(つうじんろん)はちょっと首肯(しゅこう)しかねる。また芸者の妻君を羨しいなどというところは教師としては口にすべからざる愚劣の考であるが、自己の水彩画における批評眼だけはたしかなものだ。主人はかくのごとく自知(じち)の明(めい)あるにも関せずその自惚心(うぬぼれしん)はなかなか抜けない。中二日(なかふつか)置いて十二月四日の日記にこんな事を書いている。

昨夜(ゆうべ)は僕が水彩画をかいて到底物にならんと思って、そこらに抛(ほう)って置いたのを誰かが立派な額にして欄間(らんま)に懸(か)けてくれた夢を見た。さて額になったところを見ると我ながら急に上手になった。非常に嬉しい。これなら立派なものだと独(ひと)りで眺め暮らしていると、夜が明けて眼が覚めてやはり元の通り下手である事が朝日と共に明瞭になってしまった。

主人は夢の裡(うち)まで水彩画の未練を背負(しょ)ってあるいていると見える。これでは水彩画家は無論夫子(ふうし)の所謂(いわゆる)通人にもなれない質だ。

主人が水彩画を夢に見た翌日例の金縁眼鏡の美学者が久し振りで主人を訪問した。彼は座につくと劈頭(へきとう)第一に「画はどうかね」と口を切った。主人は平気な顔をして「君の忠告に従って写生を力(つと)めているが、なるほど写生をすると今まで気のつかなかった物の形や、色の精細な変化などがよく分るようだ。西洋では昔しから写生を主張した結果今日のように発達したものと思われる。さすがアンドレア・デル・サルトだ」と日記の事はおくびにも出さないで[29]、またアンドレア・デル・サルトに感心する。美学者は笑いながら「実は君、あれは出鱈目(でたらめ)だよ」と頭を掻(か)く。「何が」と主人はまだわられた事に気がつかない。「何がって君のしきりに感服しているアンドレア・デル・サルトさ。あれは僕のちょっと捏造（ねつぞう）した話だ。君がそんなに真面目（まじめ）に信じようとは思わなかったハハハハ」と大喜悦の体（てい）である。吾輩は椽側でこの対話を聞いて彼の今日の日記にはいかなる事が記（しる）さるるであろうかと予（あらかじ）め想像せざるを得なかった。この美学者はこんな好加（いい）減な事を吹き散らして人を担（かつ）ぐ[30]のを唯一の楽にしている男である。彼はアンドレア・デル・サルト事件が主人の情線（じょうせん）にいかなる響を伝えたかを毫（ごう）も顧慮せざるもののごとく得意になって下（しも）のような事を饒舌（しゃべ）った。「いや時々冗談を言うと人が真（ま）に受けるので大に滑稽的（こっけいてき）美感を挑撥（ちょうはつ）するのは面白い。せんだってある学生にニコラス・ニックルベーがギボンに忠告して彼の一世の大著述なる仏国革命史を仏語で書くのをやめにして英文で出版させたと言ったら、その学生がまた馬鹿に記憶の善い男で、日本文学会の演説会で真面目に僕の話した通りを繰り返したのは滑稽であった。ところがその時の傍聴者は約百名ばかりであったが、皆熱心にそれを傾聴しておった。それからまだ面白い話がある。せんだって或る文学者のいる席でハリソンの歴史小説セオファーノの話しが出たから僕はあれは歴史小説の中（うち）で白眉（はくび）である。ことに女主人公が死ぬところは鬼気（きき）人を襲うようだと評したら、僕の向うに坐っている知らんと云った事のない先生が、そうそうあすこは実に名文だといった。それで僕はこの男もやはり僕同様この小説を読んでおらないという事を知った」神経胃弱性の主人は眼を丸くして問いかけた。「そんな出鱈目をいってもし相手が読んでいたらどうするつもりだ」あたかも人を欺（あざむ）くのは差支（さしつかえ）ない、ただ化（ばけ）の皮（かわ）があらわれた時は困るじゃないかと感じたもののごとくである。美学者は少しも動じない。「なにその時ゃ別の本と間違えたとか何とか云うばかりさ」と云ってけらけら笑っている。この美学者は金縁の眼鏡は掛けているがその性質が車屋の黒に似たところがある。主人は黙って日の出[31]を輪に吹いて吾輩にはそんな勇気はないと云わんばかりの顔をしている。美学者はそれだから画をかいても駄目だという目付で「しかし冗談は冗談だが画というものは実際むずかしいものだよ、レオナルド・ダ・ヴィンチは門下生に寺院の壁のしみを写せと教えた事があるそうだ。なるほど雪隠（せついん）[32]などに這入って雨の漏る壁を余念なく眺めていると、なかなかうまい模様画が自然に出来ているぜ。君注意して写生して見給えきっと面白いものが出来るから」「また欺すのだろう」「いえこれだけはたしかだよ。実際奇警な語じゃないか、ダ・ヴィンチでもいいそうな事だあね」「なるほど奇警には相違ないな」と主人は半分降参をした。しかし彼はまだ雪隠で写生はせぬようだ。

車屋の黒はその後跛になった。彼の光沢ある毛は漸々色が褪めて抜けて来る。吾輩が琥珀よりも美しいと評した彼の眼には眼脂が一杯たまっている。ことに著るしく吾輩の注意を惹いたのは彼の元気の消沈とその体格の悪くなった事である。吾輩が例の茶園で彼に逢った最後の日、どうだと云って尋ねたら「いたちの最後屁と肴屋の天秤棒には懲々だ」といった。

赤松の間に二三段の紅を綴った紅葉は昔しの夢のごとく散ってつくばいに近く代る代る花弁をこぼした紅白の山茶花も残りなく落ち尽した。三間半の南向の椽側に冬の日脚が早く傾いて木枯の吹かない日はほとんど稀になってから吾輩の昼寝の時間も狭められたような気がする。

主人は毎日学校へ行く。帰ると書斎へ立て籠る。人が来ると、教師が厭だ厭だという。水彩画も滅多にかかない。タカジヤスターゼも功能がないといってやめてしまった。小供は感心に休まないで幼稚園へかよう。帰ると唱歌を歌って、毬をついて、時々吾輩を尻尾でぶら下げる。

吾輩は御馳走も食わないから別段肥りもしないが、まずまず健康で跛にもならずにその日その日を暮している。鼠は決して取らない。おさんは未だに嫌いである。名前はまだつけてくれないが、欲をいっても際限がないから生涯この教師の家で無名の猫で終るつもりだ。

◎注釈

①おさん　[おさんどん]の略称。(台所働きの)女中。

②三馬　秋刀魚。

③胸の痞が下りる　心の中にあった悩みや苦しみがなくなる。

④タカジヤスターゼ　消化剤の一種。

⑤言語同断　[言語道断]の当て字。

⑥へっつい　へつひの促音化。かまど。

⑦ほととぎす[不如帰](雑誌名)　俳句雑誌。1897年柳原極堂が松山市で創刊。翌年、発行所を東京に移し高浜虚子が正岡子規らの協力を得て続刊、俳句革新運動の拠点となる。新傾向俳句運動に対し客観写生を唱え、花鳥諷詠の伝統を守り、俳壇の主流を形成して今日に至る。また、夏目漱石らの作品を載せ、写生文の発達に貢献した。

⑧明星[みょうじょう](雑誌名)　詩歌雑誌。1900年創刊、08年廃刊。与謝野鉄幹・晶子を中心に、森鴎外・上田敏らが賛助し、高村光太郎・石川啄木・北原白秋らが同人として活躍。明治30年代の浪漫主義的傾向を領導。のち、大正と第二次大戦後の二度にわたり復刊。

⑨後架　禅寺で、僧堂の後ろに設けた手洗い場。また、そのかたわらに便所もあったところから、便所のこと。

⑩平の宗盛　平安末期の武将。清盛の子。内大臣。清盛の死後、一門を統率して源氏に対抗、壇ノ浦で捕らえられ、近江篠原で義経に斬られた。

⑪燃え出ずる　燃え出る。

⑫出たる　出た。

⑬御めえ　おまえ。

⑭猫が聞いてあきらあ　(男性用語)猫が聞いてあきれるよ。

⑮全てえ　[全体]の音便。

⑯己れあ　おれは。

⑰尻こそばゆき　しりこそばゆい。

⑱極まっていらあな　(口語)極まっているわな。

⑲見ねえ　(口語)みなよ。

⑳御茶を濁す　表面だけ取り繕ってその場を切り抜ける。

㉑思いねえ　(男性用語)思いなさい。

㉒ぐれえ　(口語)ぐらい。

㉓それからってえもの　(口語)それからというもの。

㉔ならあ　(男性用語)なるよ。

㉕~たら(なら、ば)百年目~　[おしまい]の意。

㉖一てえ　(口語)いったい。

㉗たんびに　[たび]の撥音化。

㉘一廉[ひとかど]　普通、一角と書く。

㉙おくびにも出さない　心に秘めて、一言も触れず、素振りにも見せない。

㉚人を担ぐ　人をふざけてだます。

㉛日の出(煙草名)　明治時期のあるバランドの煙草。

㉜雪隠　(禅宗で)便所のこと。

◎作者紹介

夏目　漱石(なつめ　そうせき、1867年2月9日(慶応3年1月5日)—1916年(大正5年)12月9日)。小説家、評論家、英文学者。本名、金之助。江戸牛込馬場下横町(現在の東京都新宿区喜久井町)出身。東京帝国大学英文科卒業後、松山で愛媛県尋常中学校、熊本で第五高等学校などの教師生活を経て、1900年イギリスに留学する。帰国後、東京帝大講師となる。1905年「吾輩は猫である」を雑誌『ホトトギス』に発表。これが評判になり「坊っちゃん」「倫敦塔」などを書く。1907年教職を辞し、朝日新聞社に入社し、創作に専念する。代表作品には、前述した作品の他、『虞美人草』『それから』『門』『行人』『こころ』などがある。晩年は胃潰瘍に悩まされ、「明暗」の連載途中に永眠。当初は余裕派と呼ばれ、晩年に「則天去私」の境地に達したといわれる。東西文明の真髄

を一身に得た漱石は、日本の急激な近代文明流入の様相を凝視し、その中における近代人のあり方、殊に近代知識人の内面、エゴイズムと倫理の対立や葛藤などの問題を鋭く追求する。森鴎外とともに反自然主義の立場で活躍した日本近代文学史上の双璧と見られ、後続の文学世代に多大な影響を与える。

◎解題

「吾輩は猫である。名前はまだ無い。どこで生れたかとんと見当がつかぬ。」という書き出しで始まる長編小説である。中学校の英語教師である珍野苦沙弥の家に飼われている猫である「吾輩」の視点から、珍野一家や、そこに集う彼の友人や門下の書生たちなどの人間模様を風刺的・戯作的に描く。1905 年 1 月に第一回のみを俳句雑誌『ホトトギス』に発表し、高浜虚子の勧めで翌年 8 月まで、全 11 回連載するとなる。夏目漱石が「此書は趣向もなく、構造もなく、尾頭の心元なき海鼠の様な文章である」と「『吾輩は猫である』上篇自序」に述べている。古典落語のパロディが幾つか見られ、「滑稽文学」であると当時自然主義派に見下される。それに対し「多くの人の中には悲劇と喜劇とを比較して、悲劇の方にのみ重きを置き喜劇を軽んずる人もあるが是は大いに謬見だと思う。自分は悲劇も喜劇も其価値は同等で更に軽重がないと思う。」と漱石が「滑稽文学」でいう。舞台化されたほか、『吾輩ハ鼠デアル』『我輩ハ小僧デアル』『吾輩は主婦である』など多くのパロディが生まれた。本文は『夏目漱石全集 1』ちくま文庫、筑摩書房 1987 年版によった。

◎思考問題

1. 本文に滑稽さを含む場面が幾らある。分析してみよう。
2. 当時の自然主義派との論争について調べなさい。それに対し自分の考えを述べてみよう。
3. 「吾輩は猫である」の第 2 回から第 11 回まで自ら読み、それぞれのあらすじをまとめよう。
4. 参考文献の上で自分なりに疑問点を出し考えよう。

◎付録

こころ（抄録）

（上と中の要約：学生である「私」は夏の海で「先生」と偶然知り合い、その思想や人柄にひかれるが、先生は世間と一切交渉していずに夫婦だけで暮らし、親しくなった私にも完全にこころを開かない。先生に何か秘密があるのに気づき、卒業していったん故郷に帰る私は、重病の父を看病する。そこへ先生から長文の郵便が届けられる。）

下　先生と遺書

一

「……私（わたくし）はこの夏あなたから二、三度手紙を受け取りました。東京で相当の地位を得たいから宜（よろ）しく頼むと書いてあったのは、たしか二度目に手に入（い）ったものと記憶しています。私はそれを読んだ時何とかしたいと思ったのです。少なくとも返事を上げなければ済まんとは考えたのです。しかし自白すると、私はあなたの依頼に対して、まるで努力をしなかったのです。ご承知の通り、交際区域の狭いというよりも、世の中にたった一人で暮しているといった方が適切なくらいの私には、そういう努力をあえてする余地が全くないのです。しかしそれは問題ではありません。実をいうと、私はこの自分をどうすれば好（い）いのかと思い煩（わずら）っていたところなのです。このまま人間の中に取り残されたミイラのように存在して行こうか、それとも……その時分の私は「それとも」という言葉を心のうちで繰り返すたびにぞっとしました。馳足（かけあし）で絶壁の端（はじ）まで来て、急に底の見えない谷を覗（のぞ）き込んだ人のように。私は卑怯（ひきょう）でした。そうして多くの卑怯な人と同じ程度において煩悶したのです。遺憾ながら、その時の私には、あなたというものがほとんど存在していなかったといっても誇張ではありません。一歩進めていうと、あなたの地位、あなたの糊口（ここう）の資、そんなものは私にとってまるで無意味なのでした。どうでも構わなかったのです。私はそれどころの騒ぎでなかったのです。私は状差（じょうさし）へあなたの手紙を差したなり、依然として腕組をして考え込んでいました。宅（うち）に相応の財産があるものが、何を苦しんで、卒業するかしないのに、地位地位といって藻掻(もが)き廻(まわ)るのか。私はむしろ苦々(にがにが)しい気分で、遠くにいるあなたにこんな一瞥(いちべつ)を与えただけでした。私は返事を上げなければ済まないあなたに対して、言訳(いいわけ)のためにこんな事を打ち明けるのです。あなたを怒らすためにわざと無躾(ぶしつけ)な言葉を弄(ろう)するのではありません。私の本意は後をご覧になればよく解(わか)る事と信じます。とにかく私は何とか挨拶すべきところを黙っていたのですから、私はこの怠慢の罪をあなたの前に謝したいと思います。

その後私はあなたに電報を打ちました。有体(ありてい)にいえば、あの時私はちょっとあなたに会いたかったのです。それからあなたの希望通り私の過去をあなたのために物語りたかったのです。あなたは返電を掛けて、今東京へは出られないと断って来ましたが、私は失望して永らくあの電報を眺めていました。あなたも電報だけでは気が済まなかったとみえて、また後から長い手紙を寄こしてくれたので、あなたの出京(しゅっきょう)できない事情がよく解りました。私はあなたを失礼な男だとも何とも思う訳がありません。あなたの大事なお父さんの病気をそっち退(の)けにして、何であなたが宅を空(あ)けられるものですか。そのお父さんの生死(しょうし)を忘れているような私の態度こそ不都合です。——私は実際あの電報を打つ時に、あなたのお父さんの事を忘れていたのです。そのくせあなたが東京にいる頃には、難症だからよく注意しなくってはいけないと、あれほど忠告したのは私ですのに。私はこういう矛盾な人間なのです。あるいは私の脳髄(のうずい)よりも、私の過去が私を圧迫する結果こんな矛盾な人間に私を変化させるのかも知れません。私はこの点においても充分私の我(が)を認めています。あなたに許してもらわなくてはなりません。

あなたの手紙、——あなたから来た最後の手紙——を読んだ時、私は悪い事をしたと思いました。それでその意味の返事を出そうかと考えて、筆を執(と)りかけましたが、一行も書かずに已(や)めました。どうせ書くなら、この手紙を書いて上げたかったから、そうしてこの手紙を書くにはまだ時機が少し早過ぎたから、已めにしたのです。私がただ来るに及ばないという簡単な電報を再び打ったのは、それがためです。

二

「私はそれからこの手紙を書き出しました。平生筆を持ちつけない私には、自分の思うように、事件なり思想なりが運ばないのが重い苦痛でした。私はもう少しで、あなたに対する私のこの義務を放擲(ほうてき)するところでした。しかしいくら止(よ)そうと思って筆を擱(お)いても、何にもなりませんでした。私は一時間経たないうちにまた書きたくなりました。あなたから見たら、これが義務の遂行(すいこう)を重んずる私の性格のように思われるかも知れません。私もそれは否(いな)みません。私はあなたの知っている通り、ほとんど世間と交渉のない孤独な人間ですから、義務というほどの義務は、自分の左右前後を見廻しても、どの方角にも根を張っておりません。故意か自然か、私はそれをできるだけ切り詰めた生活をしていたのです。けれども私は義務に冷淡だからこうなったのではありません。むしろ鋭敏(えいびん)過ぎて刺戟(しげき)に堪えるだけの精力がないから、ご覧のように消極的な月日を送る事になったのです。だから一旦約束した以上、それを果たさないのは、大変厭(いや)な心持です。私はあなたに対してこの厭な心持を避けるためにでも、擱いた筆をまた取り上げなければならないのです。

その上私は書きたいのです。義務は別として私の過去を書きたいのです。私の過去は私だけの経験だから、私だけの所有といっても差支(さしつか)えないでしょう。それを人に与えないで死ぬのは、惜しいともいわれるでしょう。私にも多少そんな心持があります。ただし受け入れる事のできない人に与えるくらいなら、私はむしろ私の経験を私の生命(いのち)と共に葬(ほうむ)った方が好いと思います。実際ここにあなたという一人の男が存在していないならば、私の過去はついに私の過去で、間接にも他人の知識にはならないで済んだでしょう。私は何千万といる日本人のうちで、ただあなただけに、私の過去を物語りたいのです。あなたは真面目(まじめ)だから。あなたは真面目に人生そのものから生きた教訓を得たいといったから。

私は暗い人世の影を遠慮なくあなたの頭の上に投げかけて上げます。しかし恐れてはいけません。暗いものを凝と見詰めて、その中からあなたの参考になるものをお攫みなさい。私の暗いというのは、固より倫理的に暗いのです。私は倫理的に生れた男です。また倫理的に育てられた男です。その倫理上の考えは、今の若い人と大分違ったところがあるかも知れません。しかしどう間違っても、私自身のものです。間に合せに借りた損料着ではありません。だからこれから発達しようというあなたには幾分か参考になるだろうと思うのです。

あなたは現代の思想問題について、よく私に議論を向けた事を記憶しているでしょう。私のそれに対する態度もよく解っているでしょう。私はあなたの意見を軽蔑までしなかったけれども、決して尊敬を払い得る程度にはなれなかった。あなたの考えには何らの背景もなかったし、あなたは自分の過去をもつには余りに若過ぎたからです。私は時々笑った。あなたは物足りなそうな顔をちょいちょい私に見せた。その極あなたは私の過去を絵巻物のように、あなたの前に展開してくれと逼った。私はその時心のうちで、始めてあなたを尊敬した。あなたが無遠慮に私の腹の中から、或る生きたものを捕まえようという決心を見せたからです。私の心臓を立ち割って、温かく流れる血潮を啜ろうとしたからです。その時私はまだ生きていた。死ぬのが厭であった。それで他日を約して、あなたの要求を斥けてしまった。私は今自分で自分の心臓を破って、その血をあなたの顔に浴びせかけようとしているのです。私の鼓動が停った時、あなたの胸に新しい命が宿る事ができるなら満足です。

◎参考文献

[1]小宮豊隆　「『吾輩は猫である』」『漱石の芸術』　岩波書店　1942 年

[2]伊藤整　「夏目漱石」『現代日本小説大系 16 巻』　河出書房　1949 年

[3]遠藤祐　「『吾輩は猫である』を成立させたもの—作家漱石の出発をめぐって—」『岩手大学学芸学部研究年報』　1960 年 10 月

[4]畑有三　「笑いと孤独——『吾輩は猫である』論」『国文学』　1971 年 9 月

[5]梅原猛　「日本人の笑い—『吾輩は猫である』をめぐって—」『笑いの構造』　角川書店　1972年

[6]重松泰雄　「〈猫〉の視角——『吾輩は猫である』論」『国文学』　1976年11月

[7]日本文学研究資料刊行会編　『日本文学研究資料叢書　夏目漱石Ⅲ』　有精堂　1985年

[8]浅野洋等編　『漱石作品論集成第一巻「吾輩は猫である」』　桜楓社　1991年

[9]柄谷行人　『漱石論集成』　第三文明社　1992年

[10]小森陽一　『漱石を読みなおす』　筑摩書房　1995年

[11]趙建新　「『吾輩は猫である』と『阿Q正伝』——両作品の笑いの資質について」『立命館文学』　1996年8月

[12]李平　「『吾輩は猫である』そのユーモアを中心として(特集　外国人が見た夏目漱石)——(作品研究の世界)」『国文学　解釈と鑑賞』　1997年6月

[13]柴田庄一　「語り」の機能の拡張と縮小:『吾輩は猫である』に見られる三相のアスペクトをめぐって　『言語文化論集』名古屋大学大学院国際言語文化研究科　2005年10月

[14]佐藤優　「ベストセラーで読む日本の近現代史(第28回)日本における猫小説の古典 吾輩は猫である 夏目漱石」『文芸春秋』　2016年1月

[15]陳宝剣　「作品の笑いを作り出す表現手法について:『吾輩は猫である』を読む」『日本学論壇:新日本文科研究会会誌』　2016年7月

第三課　刺　　青

谷崎潤一郎

其れはまだ人々が「愚(おろか)」と云う貴い徳を持って居て、世の中が今のように激しく軋(きし)み合わない時分であった。殿様や若旦那の長閑(のどか)な顔が曇らぬように、御殿女中や華魁(おいらん)[1]の笑いの種が盡きぬようにと、饒舌(じょうぜつ)を売るお茶坊主だの幇間[2]だのと云う職業が、立派に存在して行けた程、世間がのんびりして居た時分であった。女定九郎、女自雷也、女鳴神[3]、——当時の芝居でも草双紙[4]でも、すべて美しい者は強者であり、醜い者は弱者であった。誰も彼も挙(こぞ)って美しからんと努めた揚句は、天稟(てんぴん)の体へ絵の具を注ぎ込む迄になった。芳烈な、或は絢爛な、線と色とが其の頃の人々の肌に躍った。

馬道[5]を通うお客は、見事な刺青(ほりもの)のある駕籠舁(かごかき)[6]を選んで乗った。吉原、辰巳[7]の女も美しい刺青の男に惚れた。博徒、鳶の者[8]はもとより、町人から稀には侍なども入墨(いれずみ)をした。時々両国で催される刺青会では参会者おのおの肌を叩いて、互に奇抜な意匠を誇り合い、評しあった。

清吉と云う若い刺青師(ほりものし)の腕ききがあった。浅草のちゃり文、松島町の奴平(やつへい)、こんこん次郎などにも劣らぬ名手であると持て囃されて、何十人の人の肌は、彼の絵筆の下に絖地(ぬめじ)となって擴げられた。刺青会で好評を博す刺青の多くは彼の手になったものであった。達磨金(だるまきん)はぼかし刺(ぼり)が得意と云われ、唐草権太は朱刺(しゅぼり)の名手と讃えられ、清吉は又奇警な構図と妖艶な線とで名を知られた。

もと豊国国貞の風を慕って、浮世絵師の渡世(とせい)をして居ただけに、刺青師に堕落してからの清吉にもさすが畫工らしい良心と、鋭感とが残って居た。彼の心を惹きつける程の皮膚と骨組みとを持つ人でなければ、彼の刺青を購う訳には行かなかった。たまたま描いて貰えるとしても、一切の構図と費用とを彼の望むがままにして、其の上堪え難い針先の苦痛を、一と月も二た月もこらえねばならなかった。

この若い刺青師の心には、人知らぬ快楽と宿願とが潜んで居た。彼が人々の肌を針で突き刺す時、真紅に血を含んで脹れ上る肉の疼きに堪えかねて、大抵の男は苦しき呻き声を発したが、其の呻きごえが激しければ激しい程、彼は不思議に云い難き愉快を感じるのであった。刺青のうちでも殊に痛いと云われる朱刺、ぼかしぼり、——それを用うる事を彼は殊更喜んだ。一日平均五六百本の針に刺されて、色上げを良くする為め湯へ浴って出て来る人は、皆半死半生の体で清吉の足下に打ち倒れたまま、暫くは身動きさえも出来なかった。その無残な姿をいつも清吉は冷やかに眺めて、

「嘸お痛みでがしょうなあ[⑨]」

と云いながら、快さそうに笑って居る。

意気地のない男などが、まるで知死期の苦しみのように口を歪め歯を喰いしばり、ひいひいと悲鳴をあげる事があると、彼は、

「お前さんも江戸っ児だ。辛抱しなさい。——この清吉の針は飛び切りに痛えのだから」

こう云って、涙にうるむ男の顔を横目で見ながら、かまわず刺って行った。また我慢づよい者がグッと胆を据えて、眉一つしかめず怺えて居ると、

「ふむ、お前さんは見掛けによらねえ突っ張者だ。——だが見なさい、今にそろそろ疼き出して、どうにもこうにもたまらないようになろうから」

と、白い歯を見せて笑った。

彼の年来の宿願は、光輝ある美女の肌を得て、それへ己れの魂を刺り込む事であった。その女の素質と容貌とに就いては、いろいろの注文があった。啻に美しい顔、美

しい肌とのみでは、彼は中々満足する事が出来なかった。江戸中の色町に名を響かせた女と云う女を調べても、彼の気分に適った味わいと調子とは容易に見つからなかった。まだ見ぬ人の姿かたちを心に描いて、三年四年は空しく憧れながらも、彼はなお其の願いを捨てずに居た。

丁度四年目の夏のとあるゆうべ、深川の料理屋平清の前を通りかかった時、彼はふと門口に待って居る駕籠の簾のかげから、真っ白な女の素足のこぼれて居るのに気がついた。鋭い彼の眼には、人間の足はその顔と同じように複雑な表情を持って映った。その女の足は、彼に取っては貴き肉の宝玉であった。拇指から起って小指に終る繊細な五本の指の整い方、絵の島の海辺で獲れるうすべに色の貝にも劣らぬ爪の色合い、珠のような踵のまる味、清冽な岩間の水が絶えず足下を洗うかと疑われる皮膚の潤沢。この足こそは、やがて男の生血に肥え太り、男のむくろ[10]を踏みつける足であった。この足を持つ女こそは、彼が永年たずねあぐんだ、女の中の女であろうと思われた。清吉は躍りたつ胸をおさえて、其の人の顔が見たさに駕籠の後を追いかけたが、二三町行くと、もう其の影は見えなかった。

清吉の憧れごこちが、激しき恋に変って其の年も暮れ、五年目の春も半ば老い込んだ或る日の朝であった。彼は深川佐賀町の寓居で、房楊枝をくわえながら、錆竹の濡れ縁に萬年青の鉢を眺めて居ると、庭の裏木戸を訪うけはいがして、袖垣のかげから、ついぞ見馴れぬ小娘が這入って来た。

それは清吉が馴染の辰巳の藝妓から寄こされた使の者であった。

「姐さんから此の羽織を親方[11]へお手渡しして、何か裏地へ絵模様を書いて下さるようにお頼み申せって………」

と、娘は鬱金の風呂敷をほどいて、中から岩井杜若の似顔畫のたとうに包まれた女羽織と、一通の手紙とを取り出した。

其の手紙には羽織のことをくれぐれも頼んだ末に、使の娘は近々に私の妹分として御座敷へ出る筈故、私の事も忘れずに、この娘も引き立ててやって下さいと認めてあった。

「どうも見覚えのない顔だと思ったが、それじゃお前は此の頃此方（こっち）へ来なすったのか[12]」

こう云って清吉は、しげしげと娘の姿を見守った。年頃は漸う十六か七かと思われたが、その娘の顔は、不思議にも長い月日を色里（いろざと）に暮らして、幾十人の男の魂を弄（もてあそ）んだ年増のように物凄く整って居た。それは国中の罪と財（たから）との流れ込む都の中で、何十年の昔から生き代り死に代ったみめ麗しい多くの男女の、夢の数々から生れ出づべき器量であった。

「お前は去年の六月ごろ、平清から駕籠で帰ったことがあろうがな」

こう訊ねながら、清吉は娘を縁へかけさせて、備後表（びんごおもて）の台に乗った巧緻な素足を仔細に眺めた。

「ええ、あの時分なら、まだお父さんが生きて居たから、平清へもたびたびまいりましたのさ」

と、娘は奇妙な質問に笑って答えた。

「丁度これで足かけ五年、己はお前を待って居た。顔を見るのは始めてだが、お前の足にはおぼえがある。——お前に見せてやりたいものがあるから、上ってゆっくり遊んで行くがいい」

と、清吉は暇を告げて帰ろうとする娘の手を取って、大川の水に臨む二階座敷へ案内した後、巻物を二本とり出して、先ず其の一つを娘の前に繰り展（ひろ）げた。

それは古の暴君紂王（ちゅうおう）の寵妃（ちょうひ）、末喜（ばっき）を描いた絵であった。瑠璃珊瑚（るりさんご）を鏤（ちりば）めた金冠の重さに得堪えぬなよやかな体を、ぐったり勾欄に靠（もた）れて、羅綾（らりょう）の裳裾（もすそ）を階（きざはし）の中段にひるがえし、右手に大杯を傾けながら、今しも庭前に刑せられんとする犠牲（いけにえ）の男を眺めて居る妃の風情（ふぜい）と云い、鉄の鎖で四肢を銅柱へ縛（ゆ）いつけられ、最後の運命を待ち構えつつ、妃の前に頭をうなだれ、眼を閉じた男の顔色と云い、物凄い迄に巧に描かれて居た。

娘は暫くこの奇怪な絵の面（おもて）を見入って居たが、知らず識らず其の瞳は輝き其の唇は顫えた。怪しくも其の顔はだんだんと妃の顔に似通（にかよ）って来た。娘は其処に隠れたる真の「己（おのれ）」を見出した。

「この絵にはお前の心が映って居るぞ」

こう云って、清吉は快げに笑いながら、娘の顔をのぞき込んだ。

「どうしてこんな恐ろしいものを、私にお見せなさるのです」

と、娘は青褪（あおざ）めた額（ひたい）を擡（もた）げて云った。

「この絵の女はお前なのだ。この女の血がお前の体に交って居る筈だ」

と、彼は更に他の一本の畫幅を展げた。

それは「肥料」と云う畫題であった。畫面の中央に、若い女が桜の幹へ身を倚せて、足下に累々と斃（たお）れて居る多くの男たちの屍骸（むくろ）を見つめて居る。女の身辺を舞いつつ凱歌（かちどき）をうたう小鳥の群、女の瞳に溢れたる抑え難き誇りと歓びの色。それは戦（たたかい）の跡の景色か、花園の春の景色か。それを見せられた娘は、われとわが心の底に潜んで居た何物かを、探りあてたる心地であった。

「これはお前の未来を絵に現わしたのだ。此処に斃れて居る人達は、皆これからお前の為めに命を捨てるのだ」

こう云って、清吉は娘の顔と寸分（すんぶん）違わぬ畫面の女を指さした。

「後生（ごしょう）だから、早く其の絵をしまって下さい」

と、娘は誘惑を避けるが如く、畫面に背（そむ）いて畳の上へ突俯（つっぷ）したが、やがて再び唇をわななかした。

「親方、白状します。私はお前さんのお察し通り、其の絵の女のような性分を持って居ますのさ。——だからもう堪忍して、其れを引っ込めてお呉んなさい」

「そんな卑怯なことを云わずと、もっとよく此の絵を見るがいい。それを恐ろしがるのも、まあ今のうちだろうよ」

こう云った清吉の顔には、いつもの意地の悪い笑いが漂って居た。

然し娘の頭（つむり）は容易に上らなかった。襦袢（じゅばん）の袖に顔を蔽うていつまでも突俯したまま、

「親方、どうか私を帰しておくれ。お前さんの側に居るのは恐ろしいから」

と、幾度か繰り返した。

「まあ待ちなさい。己がお前を立派な器量の女にしてやるから」

と云いながら、清吉は何気なく娘の側に近寄った。彼の懐には嘗て和蘭医から貰った麻睡剤の壜が忍ばせてあった。

日はうららかに川面を射て、八畳の座敷は燃えるように照った。水面から反射する光線が、無心に眠る娘の顔や、障子の紙に金色（こんじき）の波紋を描いてふるえて居た。部屋のしきりを閉（た）て切って刺青の道具を手にした清吉は、暫くは唯恍惚（うっとり）としてすわって居るばかりであった。彼は今始めて女の妙相（みょうそう）をしみじみ味わう事が出来た。その動かぬ顔に相対して、十年百年この一室に静坐するとも、なお飽くことを知るまいと思われた。古のメンフィスの民が、荘厳なる埃及（エジプト）の天地を、ピラミッドとスフィンクスとで飾ったように、清吉は清浄な人間の皮膚を、自分の恋で彩（いろど）ろうとするのであった。

やがて彼は左手の小指と無名指と拇指の間に挿んだ絵筆の穂を、娘の背にねかせ、その上から右手で針を刺して行った。若い刺青師の霊（こころ）は墨汁の中に溶けて、皮膚に滲（にじ）んだ。焼酎に交ぜて刺り込む琉球朱の一滴々々は、彼の命のしたたりであった。彼は其処に我が魂の色を見た。

いつしか午（ひる）も過ぎて、のどかな春の日は漸く暮れかかったが、清吉の手は少しも休まず、女の眠りも破れなかった。娘の帰りの遅きを案じて迎いに出た箱屋迄が、

「あの娘ならもう疾うに帰って行きましたよ」

と云われて追い返された。月が対岸の土州（としゅう）屋敷の上にかかって、夢のような光が沿岸一帯の家々の座敷に流れ込む頃には、刺青はまだ半分も出来上らず、清吉は一心に蝋燭の心（しん）を掻き立てて居た。

一点の色を注ぎ込むのも、彼に取っては容易な業（わざ）でなかった。さす針、ぬく針の度毎

に深い吐息をついて、自分の心が刺されるように感じた。針の痕は次第々々に巨大な女郎蜘蛛(じょろうぐも)の形象(かたち)を具(そな)え始めて、再び夜がしらしらと白み初(そ)めた時分には、この不思議な魔性の動物は、八本の肢(あし)を伸ばしつつ、背一面に蟠(わだかま)った。

春の夜は、上り下りの河船(かわふね)の櫓声(ろごえ)に明け放れて、朝風を孕(はら)んで下る白帆の頂から薄らぎ初める霞の中に、中洲、箱崎、霊岸島の家々の甍(いらか)がきらめく頃、清吉は漸く絵筆を擱(お)いて、娘の背に刺り込まれた蜘蛛のかたちを眺めて居た。その刺青こそは彼の生命のすべてであった。その仕事をなし終えた後の彼の心は空虚(うつろ)であった。

二つの人影は其のまま稍々暫く動かなかった。そうして、低く、かすれた声が部屋の四壁にふるえて聞えた。

「己はお前をほんとうの美しい女にする為めに、刺青の中へ己の魂をうち込んだのだ、もう今からは日本国中に、お前に優(まさ)る女は居ない。お前はもう今迄のような臆病な心は持って居ないのだ。男と云う男は、皆なお前の肥料(こやし)になるのだ。………」

其の言葉が通じたか、かすかに、糸のような呻き声が女の唇にのぼった。娘は次第々々に知覚を恢復して来た。重く引き入れては、重く引き出す肩息に、蜘蛛の肢は生けるが如く蠕動(ぜんどう)した。

「苦しかろう。体を蜘蛛が抱きしめて居るのだから」

こう云われて娘は細く無意味な眼を開いた。其の瞳は夕月の光を増すように、だんだんと輝いて男の顔に照った。

「親方、早く私に背(せなか)の刺青を見せておくれ、お前さんの命を貰った代りに、私は嘸(さぞ)美しくなったろうねえ」

娘の言葉は夢のようであったが、しかし其の調子には何処か鋭い力がこもって居た。

「まあ、これから湯殿へ行って色上げをするのだ。苦しかろうがちッと我慢をしな[13]」

と、清吉は耳元へ口を寄せて、労(いた)わるように囁いた。

「美しくさえなるのなら、どんなにでも辛抱して見せましょうよ」

と、娘は身内の痛みを抑えて、強いて微笑んだ。

「ああ、湯が滲みて苦しいこと。………親方、後生だから私を打っ捨って、二階へ行って待って居てお呉れ、私はこんな悲惨な態を男に見られるのが口惜しいから」

娘は湯上りの体を拭いもあえず、いたわる清吉の手をつきのけて、激しい苦痛に流しの板の間へ身を投げたまま、魘される如くに呻いた。気狂じみた髪が悩ましげに其の頬へ乱れた。女の背後には鏡台が立てかけてあった。真っ白な足の裏が二つ、その面へ映って居た。

昨日とは打って変った女の態度に、清吉は一と方ならず驚いたが、云われるままに独り二階に待って居ると、凡そ半時ばかり経って、女は洗い髪を両肩へすべらせ、身じまいを整えて上って来た。そうして苦痛のかげもとまらぬ晴れやかな眉を張って、欄干に靠れながらおぼろにかすむ大空を仰いだ。

「この絵は刺青と一緒にお前にやるから、其れを持ってもう帰るがいい」

こう云って清吉は巻物を女の前にさし置いた。

「親方、私はもう今迄のような臆病な心を、さらりと捨ててしまいました。——お前さんは真先に私の肥料になったんだねえ」

と、女は剣のような瞳を輝かした。その耳には凱歌の声がひびいて居た。

「帰る前にもう一遍、その刺青を見せてくれ」

清吉はこう云った。

女は黙って頷いて肌を脱いた。折から朝日が刺青の面にさして、女の背は燦爛とした。

◎注釈

①華魁　遊郭で、姉分の女郎。上位の遊女。転じて一般に女郎。遊女。

②幇間　たいこもち。男芸者。客の宴席に遊興を助ける者。

③女定九郎、女自雷也、女鳴神(名)　それぞれ歌舞伎の出し物中の主要人物を、女仕

立てで演じたもの。

④草双紙　江戸中期から明治の初めにかけて作られた挿絵主体の仮名書きの読み物。子供向けの絵解き本に始まり、次第に大人向きのものになり、浄瑠璃の素材や遊里に題材を取り、灑落・滑稽を交えるものが出た。のち教訓物・敵討物が流行した。

⑤馬道　浅草寺の東側を南北に走る道。

⑥駕籠舁　駕籠を担ぐ人夫。

⑦吉原、辰巳　江戸城から見て北、東南のところにある二大遊里であった。

⑧鳶の者　江戸時代の消防夫。

⑨嘸お痛みでがしょうなあ　（俗語）さぞお痛みでがしょうな。「でがす」=「です」

⑩むくろ　（文語）身体。体。

⑪親方　職人に対する敬称。

⑫来なすったのか　（口語）来なさったのか。

⑬我慢をしな　（口語）我慢をしなさい。

◎作者紹介

谷崎　潤一郎（たにざき　じゅんいちろう、1886年（明治19年）7月24日—1965年（昭和40年）7月30日）は、小説家。東京日本橋生まれ。第一高等学校在学中、詩文の才は校内に知れ渡る。東京帝国大学国文科に入り、1910年小山内薫、和辻哲郎、木村荘太らと第二次「新思潮」を創刊、「刺青」「麒麟」などを発表。永井荷風に激賞され新進作家としてデビュー。明治末期から第二次世界大戦後の昭和中期まで、戦中・戦後の一時期を除き永井荷風とともに耽美主義の作家として注目され終生旺盛な執筆活動を続ける。初期の過剰なほどの女性愛、中期の悪魔主義、後期の日本回帰即ち古典的なもの、純日本的な美に関心が集まるという創作過程が見られる。漢語や雅語から俗語や方言までを使いこなす端麗な文章と、作品ごとにがらりと変わる巧みな語り口が特徴。『痴人の愛』『春琴抄』『細雪』など、情痴や時代風俗などのテーマを扱う通俗性と、文体や形式における芸術性を高いレベルで融和させた純文学の秀作により世評高く、「文豪」「大谷崎」と称されたことがある。現在においても近

代日本文学を代表する小説家の一人として、非常に高く評価されている。

◎解題

1910年11月、第二次『新思潮』に発表された「刺青」は谷崎潤一郎の処女作でもあり、代表作でもある。この小説の主題は、冒頭の「すべて美しい者は強者であり、醜い者は弱者であった」とまとめられているように、美への賛仰である。傲慢な美女を創造し、その女体の官能美に至上の快楽を見出そうとする男を描き、またもとは「臆病な心」を持った女が、そういう男の欲望或いは情熱を吸収したことにより、「ほんとうの美しい女」に変身するところに美しい女の存在価値があるのを提示している。この短編小説の中に皮膚や足に対するフェティシズムと、それに溺れる男の性的倒錯など、その後の谷崎作品に共通するモチーフが見られる。永井荷風が「谷崎潤一郎氏の作品」で谷崎の作品の顕著な特質について「第一は肉体的恐怖から生ずる神秘幽玄である。肉体上の残忍から反動的に味い得らるる痛切なる快感である」と評価する。本文は『潤一郎ラビリンスⅠ——初期短編集』中公文庫、中央公論社1998版によった。

◎思考問題

1. 本文にある「悪の快感」と読み取れる場面について分析してみよう。
2. なぜこの小説を谷崎文学のその後を方向付けた重要な作品とされるのか。
3. 現在でも日本の文芸界において耽美派の影響が見えるのか。調べよう。
4. 参考文献の上で自分なりに疑問点を出し考えよう。

◎参考文献

[1]永井荷風　「谷崎潤一郎氏の作品」『三田文学』　1911年
[2]中村光夫　『谷崎潤一郎論』河出書房　1952年
[3]高田瑞穂　「潤一郎と『刺青』」『国文学　解釈と鑑賞』　1956年3月
[4]伊藤整　『谷崎潤一郎の文学』中央公論社　1970年
[5]高田瑞穂　「谷崎文学の原形〈刺青〉（谷崎潤一郎——耽美の構図）——（谷崎文学・耽美の構図）」『国文学　解釈と鑑賞』　1976年10月

[6]千葉俊二 「作品集『刺青』(谷崎潤一郎〈特集〉)——(作品論)」『国文学 解釈と鑑賞』 1983年5月
[7]三島由紀夫 「谷崎潤一郎について」『三島由紀夫評論全集第1巻』新潮社 1989年
[8]永栄啓伸 「物語の内実について——谷崎潤一郎『刺青』を中心に」『皇学館論叢』皇学館大学人文学会 1991年6月
[9]塩崎文雄 「テクスト評釈『刺青』(谷崎潤一郎——問題としてのテクスト〈特集〉)」『国文学 解釈と鑑賞』 1993年12月
[10]八木恵子 「『刺青』について」紬玉大学紀要教養学部 1995年
[11]朴明濬 「谷崎潤一郎『刺青』論——谷崎文学の開闢と女性美の原型」『東洋大学大学院紀要37』 2000年
[12]千葉俊二編 『別冊国文学 谷崎潤一郎必携』学燈社 2001年11月
[13]藤原智子 「谷崎潤一郎『刺青』論」『日本文芸研究』関西学院大学 2003年12月
[14]叶渭渠主编《谷崎潤一郎作品集4冊》中国文聯出版社 2000年

第四課　羅　生　門

芥川龍之介

ある日の暮方の事である。一人の下人（げにん）が、羅生門（らしょうもん）①の下で雨やみを待っていた。

広い門の下には、この男のほかに誰もいない。ただ、所々丹塗（にぬり）の剥（は）げた、大きな円柱に、蟋蟀（きりぎりす）が一匹とまっている。羅生門が、朱雀大路（すざくおおじ）②にある以上は、この男のほかにも、雨やみをする市女笠（いちめがさ）③や揉烏帽子（もみえぼし）④が、もう二三人はありそうなものである。それが、この男のほかには誰もいない。

何故かと云うと、この二三年、京都には、地震とか辻風（つじかぜ）⑤とか火事とか饑饉とか云う災（わざわい）がつづいて起った。そこで洛中（らくちゅう）⑥のさびれ方は一通りではない。旧記⑦によると、仏像や仏具を打砕いて、その丹（に）がついたり、金銀の箔（はく）がついたりした木を、路ばたにつみ重ねて、薪（たきぎ）の料（しろ）に売っていたと云う事である。洛中がその始末であるから、羅生門の修理などは、元より誰も捨てて顧る者がなかった。するとその荒れ果てたのをよい事にして、狐狸（こり）が棲（す）む。盗人（ぬすびと）が棲む。とうとうしまいには、引取り手のない死人を、この門へ持って来て、棄てて行くと云う習慣さえ出来た。そこで、日の目が見えなくなると、誰でも気味を悪るがって、この門の近所へは足ぶみをしない事になってしまったのである。

その代りまた鴉（からす）がどこからか、たくさん集って来た。昼間見ると、その鴉が何羽となく輪を描いて、高い鴟尾（しび）⑧のまわりを啼きながら、飛びまわっている。ことに門の上の空が、夕焼けであかくなる時には、それが胡麻をまいたようにはっきり見えた。鴉は、勿論、門の上にある死人の肉を、啄みに来るのである。——もっとも今日は、刻限が遅いせいか、一羽も見えない。ただ、所々、崩れかかった、そうしてその崩れ目に長い草のはえた石段の上に、鴉の糞が、点々と白くこびりついているのが見える。下人は七段ある石段の一番上の段に、洗いざらした紺の襖の尻を据えて、右の頬に出来た、大きな面皰を気にしながら、ぼんやり、雨のふるのを眺めていた。

作者はさっき、「下人が雨やみを待っていた」と書いた。しかし、下人は雨がやんでも、格別どうしようと云う当てはない。ふだんなら、勿論、主人の家へ帰る可き筈である。所がその主人からは、四五日前に暇を出された[9]。前にも書いたように、当時京都の町は一通りならず衰微していた。今この下人が、永年、使われていた主人から、暇を出されたのも、実はこの衰微の小さな余波にほかならない。だから「下人が雨やみを待っていた」と云うよりも「雨にふりこめられた下人が、行き所がなくて、途方にくれていた」と云う方が、適当である。その上、今日の空模様も少からず、この平安朝の下人のSentimentalismeに影響した。申の刻下り[10]からふり出した雨は、いまだに上るけしきがない。そこで、下人は、何をおいても差当り明日の暮しをどうにかしようとして——云わばどうにもならない事を、どうにかしようとして、とりとめもない考えをたどりながら、さっきから朱雀大路にふる雨の音を、聞くともなく聞いていたのである。

雨は、羅生門をつつんで、遠くから、ざあっと云う音をあつめて来る。夕闇は次第に空を低くして、見上げると、門の屋根が、斜につき出した甍の先に、重たくうす暗い雲を支えている。

どうにもならない事を、どうにかするためには、手段を選んでいる遑はない。選んでいれば、築土の下か、道ばたの土の上で、饑死をするばかりである。そうして、この門の上へ持って来て、犬のように棄てられてしまうばかりである。選ばないとすれば——下人の考えは、何度も同じ道を低徊した揚句に、やっとこの局所へ逢着した。

しかしこの「すれば」は、いつまでたっても、結局「すれば」であった。下人は、手段を選ばないという事を肯定しながらも、この「すれば」のかたをつけるために、当然、その後に来る可き「盗人になるよりほかに仕方がない」と云う事を、積極的に肯定するだけの、勇気が出ずにいたのである。

下人は、大きな嚔（くさめ）をして、それから、大儀（たいぎ）そうに立上った。夕冷えのする京都は、もう火桶（ひおけ）が欲しいほどの寒さである。風は門の柱と柱との間を、夕闇と共に遠慮なく、吹きぬける。丹塗の柱にとまっていた蟋蟀も、もうどこかへ行ってしまった。

下人は、頸（くび）をちぢめながら、山吹（やまぶき）[11]の汗衫（かざみ）に重ねた、紺の襖の肩を高くして門のまわりを見まわした。雨風の患（うれえ）のない、人目にかかる惧（おそれ）のない、一晩楽にねられそうな所があれば、そこでともかくも、夜を明かそうと思ったからである。すると、幸い門の上の楼へ上る、幅の広い、これも丹を塗った梯子（はしご）が眼についた。上なら、人がいたにしても、どうせ死人ばかりである。下人はそこで、腰にさげた聖柄（ひじりづか）[12]の太刀（たち）が鞘走（さやばし）らないように気をつけながら、藁草履（わらぞうり）をはいた足を、その梯子の一番下の段へふみかけた。

それから、何分かの後である。羅生門の楼の上へ出る、幅の広い梯子の中段に、一人の男が、猫のように身をちぢめて、息を殺し[13]ながら、上の容子を窺っていた。楼の上からさす火の光が、かすかに、その男の右の頬をぬらしている。短い鬚の中に、赤く膿（うみ）を持った面皰（にきび）のある頬である。下人は、始めから、この上にいる者は、死人ばかりだと高を括（くく）って[14]いた。それが、梯子を二三段上って見ると、上では誰か火をとぼして、しかもその火をそこここと動かしているらしい。これは、その濁った、黄いろい光が、隅々に蜘蛛の巣をかけた天井裏に、揺れながら映ったので、すぐにそれと知れたのである。この雨の夜に、この羅生門の上で、火をともしているからは、どうせただの者ではない。

下人は、守宮（やもり）のように足音をぬすんで、やっと急な梯子を、一番上の段まで這うようにして上りつめた。そうして体を出来るだけ、平（たいら）にしながら、頸を出来るだけ、前へ出して、恐る恐る、楼の内を覗いて見た。

見ると、楼の内には、噂に聞いた通り、幾つかの死骸（しがい）が、無造作に棄ててあるが、火の光の及ぶ範囲が、思ったより狭いので、数は幾つともわからない。ただ、おぼろげながら、知れるのは、その中に裸の死骸と、着物を着た死骸とがあるという事である。勿論、中には女も男もまじっているらしい。そうして、その死骸は皆、それが、かつて、生きていた人間だと云う事実さえ疑われるほど、土を揑（こ）ねて造った人形のように、口を開いたり手を延ばしたりして、ごろごろ床の上にころがっていた。しかも、肩とか胸とかの高くなっている部分に、ぼんやりした火の光をうけて、低くなっている部分の影を一層暗くしながら、永久に唖（おし）の如く黙っていた。

下人は、それらの死骸の腐爛（ふらん）した臭気に思わず、鼻を掩（おお）った。しかし、その手は、次の瞬間には、もう鼻を掩う事を忘れていた。ある強い感情が、ほとんどことごとくこの男の嗅覚を奪ってしまったからだ。

下人の眼は、その時、はじめてその死骸の中に蹲（うずくま）っている人間を見た。檜皮色（ひわだいろ）の着物を着た、背の低い、痩せた、白髪頭（しらがあたま）の、猿のような老婆である。その老婆は、右の手に火をともした松の木片（きぎれ）を持って、その死骸の一つの顔を覗きこむように眺めていた。髪の毛の長い所を見ると、多分女の死骸であろう。

下人は、六分の恐怖と四分の好奇心とに動かされて、暫時（ざんじ）は呼吸（いき）をするのさえ忘れていた。旧記の記者の語を借りれば、「頭身（とうしん）の毛も太る[15]」ように感じたのである。すると老婆は、松の木片を、床板の間に挿して、それから、今まで眺めていた死骸の首に両手をかけると、丁度、猿の親が猿の子の虱（しらみ）をとるように、その長い髪の毛を一本ずつ抜きはじめた。髪は手に従って抜けるらしい。

その髪の毛が、一本ずつ抜けるのに従って、下人の心からは、恐怖が少しずつ消えて行った。そうして、それと同時に、この老婆に対するはげしい憎悪が、少しずつ動いて来た。——いや、この老婆に対すると云っては、語弊（ごへい）があるかも知れない。むしろ、あらゆる悪に対する反感が、一分毎に強さを増して来たのである。この時、誰かがこの下人に、さっき門の下でこの男が考えていた、饑死をするか盗人になるかと云う問題を、改めて持出したら、恐らく下人は、何の未練もなく、饑死を選んだ事であろう。それほど、この男の悪を憎む心は、老婆の床に挿した松の木片のように、勢いよく燃え上り出していたのである。

下人には、勿論、何故老婆が死人の髪の毛を抜くかわからなかった。従って、合理的には、それを善悪のいずれに片づけてよいか知らなかった。しかし下人にとっては、この雨の夜に、この羅生門の上で、死人の髪の毛を抜くと云う事が、それだけで既に許すべからざる悪であった。勿論、下人は、さっきまで自分が、盗人になる気でいた事なぞは、とうに忘れていたのである。

そこで、下人は、両足に力を入れて、いきなり、梯子から上へ飛び上った。そうして聖柄の太刀に手をかけながら、大股に老婆の前へ歩みよった。老婆が驚いたのは云うまでもない。

老婆は、一目下人を見ると、まるで弩（いしゆみ）にでも弾（はじ）かれたように、飛び上った。

「おのれ[16]、どこへ行く。」

下人は、老婆が死骸につまずきながら、慌てふためいて逃げようとする行手を塞いで、こう罵（ののし）った。老婆は、それでも下人をつきのけて行こうとする。下人はまた、それを行かすまいとして、押しもどす。二人は死骸の中で、しばらく、無言のまま、つかみ合った。しかし勝敗は、はじめからわかっている。下人はとうとう、老婆の腕をつかんで、無理にそこへじ倒した。丁度、鶏の脚のような、骨と皮ばかりの腕である。

「何をしていた。云え。云わぬと、これだぞよ。」

下人は、老婆をつき放すと、いきなり、太刀の鞘（さや）を払って、白い鋼（はがね）の色をその眼の前へつきつけた。けれども、老婆は黙っている。両手をわなわなふるわせて、肩で息を切りながら、眼を、眼球がの外へ出そうになるほど、見開いて、唖のように執拗（しゅうね）く黙っている。これを見ると、下人は始めて明白にこの老婆の生死が、全然、自分の意志に支配されていると云う事を意識した。そうしてこの意識は、今までけわしく燃えていた憎悪の心を、いつの間にか冷ましてしまった。後に残ったのは、ただ、ある仕事をして、それが円満に成就した時の、安らかな得意と満足とがあるばかりである。そこで、下人は、老婆を見下しながら、少し声を柔らげてこう云った。

「己(おれ)は検非違使(けびいし)の庁[17]の役人などではない。今し方この門の下を通りかかった旅の者だ。だからお前に縄をかけて、どうしようと云うような事はない。ただ、今時分この門の上で、何をして居たのだか、それを己に話しさえすればいいのだ。」

すると、老婆は、見開いていた眼を、一層大きくして、じっとその下人の顔を見守った。まぶたの赤くなった、肉食鳥のような、鋭い眼で見たのである。それから、皺で、ほとんど、鼻と一つになった唇を、何か物でも噛んでいるように動かした。細い喉で、尖った喉仏(のどぼとけ)の動いているのが見える。その時、その喉から、鴉の啼くような声が、喘(あえ)ぎ喘ぎ、下人の耳へ伝わって来た。

「この髪を抜いてな、この髪を抜いてな、鬘(かずら)にしようと思うたのじゃ。」

下人は、老婆の答が存外、平凡なのに失望した。そうして失望すると同時に、また前の憎悪が、冷やかな侮蔑(ぶべつ)と一しょに、心の中へはいって来た。すると、その気色(けしき)が、先方へも通じたのであろう。老婆は、片手に、まだ死骸の頭から奪った長い抜け毛を持ったなり、蟇(ひき)[18]のつぶやくような声で、口ごもりながら、こんな事を云った。

「成程な、死人(しびと)の髪の毛を抜くと云う事は、何ぼう悪い事かも知れぬ。じゃが、ここにいる死人どもは、皆、そのくらいな事を、されてもいい人間ばかりだぞよ。現在、わしが今、髪を抜いた女などはな、蛇を四寸(しすん)ばかりずつに切って干したのを、干魚(ほしうお)だと云うて、太刀帯(たてわき)の陣[19]へ売りに往(い)んだわ。疫病(えやみ)にかかって死ななんだら、今でも売りに往んでいた事であろ。それもよ、この女の売る干魚は、味がよいと云うて、太刀帯どもが、欠かさず菜料(さいりよう)に買っていたそうな。わしは、この女のした事が悪いとは思うていぬ。せねば、饑死をするのじゃて、仕方がなくした事であろ。されば、今また、わしのしていた事も悪い事とは思わぬぞよ。これとてもやはりせねば、饑死をするじゃて、仕方がなくする事じゃわいの。じゃて、その仕方がない事を、よく知っていたこの女は、大方わしのする事も大目に見てくれるであろ。」

老婆は、大体こんな意味の事を云った。

下人は、太刀を鞘におさめて、その太刀の柄を左の手でおさえながら、冷然として、この話を聞いていた。勿論、右の手では、赤く頬に膿を持った大きな面皰を気にしながら、聞いているのである。しかし、これを聞いている中に、下人の心には、ある勇気が生まれて来た。それは、さっき門の下で、この男には欠けていた勇気である。そうして、またさっきこの門の上へ上って、この老婆を捕えた時の勇気とは、全然、反対な方向に動こうとする勇気である。下人は、饑死をするか盗人になるかに、迷わなかったばかりではない。その時のこの男の心もちから云えば、饑死などと云う事は、ほとんど、考える事さえ出来ないほど、意識の外に追い出されていた。

「きっと、そうか。」

老婆の話が完(おわ)ると、下人は嘲(あざけ)るような声で念を押した。そうして、一足前へ出ると、不意に右の手を面皰から離して、老婆の襟上(えりがみ)をつかみながら、噛みつくようにこう云った。

「では、己が引剥(ひはぎ)をしようと恨むまいな。己もそうしなければ、饑死をする体なのだ。」

下人は、すばやく、老婆の着物を剥ぎとった。それから、足にしがみつこうとする老婆を、手荒く死骸の上へ蹴倒した。梯子の口までは、僅に五歩を数えるばかりである。下人は、剥ぎとった檜皮色の着物をわきにかかえて、またたく間に急な梯子を夜の底へかけ下りた。

しばらく、死んだように倒れていた老婆が、死骸の中から、その裸の体を起したのは、それから間もなくの事である。老婆はつぶやくような、うめくような声を立てながら、まだ燃えている火の光をたよりに、梯子の口まで、這って行った。そうして、そこから、短い白髪を倒(さかさま)にして、門の下を覗きこんだ。外には、ただ、黒洞々(こくとうとう)たる夜があるばかりである。

下人の行方(ゆくえ)は、誰も知らない。

（大正四年九月）

◎注釈

①羅生門　平城京・平安京の都城の正門。朱雀大路の南端に位置し、北端の朱雀門と相対する。

②朱雀大路　平城京・平安京の中央を南北に走る大路。大内裏の南面の朱雀門から南端の羅城門に至る。

③市女笠　頂に高い巾子のある菅の笠。

④揉烏帽子　塗り固めず、柔らかく作った烏帽子。兜の下に着ける。

⑤辻風　つむじ風。旋風。

⑥洛中　みやこの中。京都の市中。

⑦旧記　古い記録。この部分の記事は「方丈記」に見える。

⑧鴟尾　古代の宮殿や寺院の大棟の両端に据える、沓形の飾り瓦。魚の尾をかたどったものといわれ、防火の呪いとした。

⑨暇を出される　解雇される。

⑩申の刻下がり　今の午後四時ごろ。

⑪山吹　ここでは「山吹色」のこと。わずかに赤みを帯びた鮮やかな黄色。

⑫聖柄　皮などをつけない木地のままの刀の柄。

⑬息を殺す　呼吸を抑えて静かにしている。

⑭高を括る　大したことはないと見くびる。

⑮頭身の毛も太る　異常な恐ろしさの形容。「今昔物語集・巻二十四」などにある表現。

⑯おのれ　二人称。目下の人に対して、または相手を見下し、ののしっていうときに用いる。お前。貴様。

⑰検非違使の庁　平安時代、都の警察・裁判をつかさどった官庁。

⑱蟇　ヒキガエルの別名。

⑲太刀帯の陣　皇太子の身辺を警護する役人の詰め所。

◎作者紹介

芥川 龍之介（あくたがわ りゅうのすけ、1892年(明治25年)3月1日—1927年(昭和

2年)7月24日)は、小説家。東京京橋区生の新原敏三の長男として生まれる。生後九ヶ月で母の発狂のため、その実家芥川家に育てられることになる。東京帝国大学英文学科卒業。東大在学中に同人雑誌「新思潮」に発表した「鼻」で夏目漱石に激賞され、文壇へ登場。その後、大阪毎日新聞社社員として、専属作家となる。1927年体力の衰えと「何か僕の将来に対するぼんやりした不安」を抱いて服毒自殺。その死は大正時代文学の終焉と重なっている。芥川の作品の多くは短編である。また、「芋粥」「藪の中」「地獄変」など、『今昔物語集』『宇治拾遺物語』といった古典から題材をとったものが多い。「蜘蛛の糸」「杜子春」といった児童向けの作品もある。王朝もの、近世初期のキリシタン文学、江戸時代の人物・事件、明治の文明開化期など、さまざまな時代の歴史的文献に題材をとり、スタイルや文体を使い分けたたくさんの才気あふれる短編小説を書いている。

◎解題

1915年11月に雑誌「帝国文学」に発表された短編小説である。1917年5月には「鼻」「芋粥」の短編とともに阿蘭陀書房から第1短編集『羅生門』として出版。『今昔物語集』の本朝世俗部巻二十九「羅城門登上層見死人盗人語第十八」を基に、巻三十一「太刀帯陣売魚姫語第三十一」の内容を一部に交える形で書かれた近代心理小説だと考えられる。極端な境遇の下で生きるための人間のエゴイズムを暴露しているという考え方が圧倒的である。また戦後、高校教科書に多く採用されている。

最後の結びの一文はたびたび修正されている。上述『帝国文学』の初出では「下人は、既に、雨を冒して、京都の町へ強盗を働きに急ぎつつあつた。」となっており、二年半後の短篇集『鼻』(1918年大正7年7月(春陽堂))収録時に改稿され、現在のように「下人の行方は、誰も知らない」となった。関口安義らが編集された『芥川龍之介全作品事典』にこう述べてある。「これによってテクストに空白が生じ、読者の参与がいっそう加わる余地が生まれた。」とある。本文は『芥川龍之介全集1』ちくま文庫、筑摩書房1986版によった。

◎思考問題

1. 結末の改稿について、自分の意見を述べてみよう。
2. 「今昔物語」との違いについて検討してみよう。
3. 魯迅の中国語訳本及び付録などとあわせて、この小説の主題を考えよう。
4. 付録の資料及び参考文献の上で自分なりに疑問点を出し考えよう。

◎付録

羅生門の後に

この集にはいっている短篇は、「羅生門」「貉(むじな)」「忠義」を除いて、大抵過去一年間——数え年にして、自分が廿五歳の時に書いたものである。そうして半(なかば)は、自分たちが経営している雑誌「新思潮」に、一度掲載されたものである。

この期間の自分は、東京帝国文科大学の怠惰なる学生であった。講義は一週間に六七時間しか、聴きに行かない。試験は何時(いつ)も、甚だ曖昧な答案を書いて通過する、卒業論文の如(ごと)きは、一週間で怱忙(そうぼう)の中に作成した。その自分がこれらの余戯(よぎ)に耽(ふけ)り乍(なが)ら、とにかく卒業する事の出来たのは、一に同大学諸教授の雅量に負う所が少くない。唯(ただ)偏狭なる自分が衷心から其(その)雅量に感謝する事の出来ないのは、遺憾である。

自分は「羅生門」以前にも、幾つかの短篇を書いていた。恐らく未完成の作をも加えたら、この集に入れたものの二倍には、上っていた事であろう。当時、発表する意志も、発表する機関もなかった自分は、作家と読者と批評家とを一身に兼ねて、それで格別不満にも思わなかった。尤(もっと)も、途中で三代目の「新思潮」の同人になって、短篇を一つ発表した事がある。が、間もなく「新思潮」が廃刊すると共に、自分は又元の通り文壇とは縁のない人間になってしまった。

それが彼是(かれこれ)一年ばかり続く中に、一度「帝国文学」の新年号へ原稿を持ちこんで、返された覚えがあるが、間もなく二度目のがやっと同じ雑誌で活字になり、三度目のが又、半年ばかり経って、どうにか日の目を見るような運びになった。その三度目が、この中へ入れた「羅生門」である。その発表後間もなく、自分は人伝(ひとづて)に加藤武雄君が、自分の小説を読んだと云(い)う事を聞いた。断って置くが、読んだと云う事を聞いたので、褒めたと云う事を聞いたのではない。けれども自分はそれだけで満足であった。これが、自分の小説も友人以外に読者がある、そうして又同時にあり得ると云う事を知った始である。

次いで、四代目の「新思潮」が久米、松岡、菊池、成瀬、自分の五人の手で、発刊された。そうして、その初号に載った「鼻」を、夏目先生に、手紙で褒めて頂いた。これが、自分の小説を友人以外の人に批評された、そうして又同時に、褒めて貰(もら)った始めである。

爾来(じらい)程なく、鈴木三重吉氏の推薦によって、「芋粥(いもがゆ)」を「新小説」に発表したが、「新思潮」以外の雑誌に寄稿したのは、寧(むし)ろ「希望」に掲げられた、「虱(しらみ)」を以(もっ)て始めとするのである。

自分が、以上の事をこの集の後に記したのは、これらの作品を書いた時の自分を幾分でも自分に記念したかったからに外ならない。自分の創作に対する所見、態度の如きは、自(おのずか)ら他に発表する機会があるであろう。唯、自分は近来ますます自分らしい道を、自分らしく歩くことによってのみ、多少なりとも成長し得る事を感じている。従って、屢々(しばしば)自分の頂戴する新理智派と云い、新技巧派と云う名称の如きは、何(いず)れも自分にとっては寧ろ迷惑な貼札たるに過ぎない。それらの名称によって概括される程、自分の作品の特色が鮮明で単純だとは、到底自信する勇気がないからである。

最後に自分は、常に自分を刺戟(しげき)し鼓舞してくれる「新思潮」の同人に対して、改めて感謝の意を表したいと思う。この集の如きも、或は諸君の名によって——同人の一人の著作として覚束(おぼつか)ない存在を未来に保つような事があるかも知れない。そうなれば、勿論自分は満足である。が、そうならなくとも亦(また)必ずしも満足でない事はない。敢(あえ)て同人に語を寄せる所以(ゆえん)である。

大正六年五月

(「日本の文学　33　羅生門」ほるぷ1984版によった)

杜子春

一

或(ある)春の日暮です。

唐(とう)の都(みやこ)洛陽(らくよう)の西の門の下に、ぼんやり空を仰いでいる、一人の若者がありました。

若者は名を杜子春といって、元は金持の息子でしたが、今は財産を費(つか)い尽して、その日の暮しにも困る位、憐(あわれ)な身分になっているのです。

何しろその頃洛陽といえば、天下に並ぶもののない、繁昌を極めた都ですから、往来にはまだしっきりなく、人や車が通っていました。門一ぱいに当っている、油のような夕日の光の中に、老人のかぶった紗の帽子や、土耳古(トルコ)の女の金の耳環(みみわ)や、白馬に飾った色糸の手綱(たづな)が、絶えず流れて行く容子(ようす)は、まるで画のような美しさです。

しかし杜子春は相変らず、門の壁に身を凭(もた)せて、ぼんやり空ばかり眺めていました。空には、もう細い月が、うらうらと靡(なび)いた霞(かすみ)の中に、まるで爪の痕(あと)かと思う程、かすかに白く浮んでいるのです。

「日は暮れるし、腹は減るし、その上もうどこへ行っても、泊めてくれる所はなさそうだし——こんな思いをして生きている位なら、一そ川へでも身を投げて、死んでしまった方がましかも知れない」

杜子春はひとりさっきから、こんな取りとめもないことを思いめぐらしていたのです。

するとどこからやって来たか、突然彼の前へ足を止めた、片目眇(すがめ)の老人があります。それが夕日の光を浴びて、大きな影を門へ落すと、じっと杜子春の顔を見ながら、

「お前は何を考えているのだ」と、横柄に声をかけました。

「私(わたし)ですか。私は今夜寝る所もないので、どうしたものかと考えているのです」

老人の尋ね方が急でしたから、杜子春はさすがに眼を伏せて、思わず正直な答をしました。

「そうか。それは可哀そうだな」

老人は暫（しばら）く何事か考えているようでしたが、やがて、往来にさしている夕日の光を指さしながら、

「ではおれが好（い）いことを一つ教えてやろう。今この夕日の中に立って、お前の影が地に映ったら、その頭に当る所を夜中に掘って見るが好い。きっと車に一ぱいの黄金が埋まっている筈（はず）だから」

「ほんとうですか」

杜子春は驚いて、伏せていた眼を挙（あ）げました。ところが更に不思議なことには、あの老人はどこへ行ったか、もうあたりにはそれらしい、影も形も見当りません。その代り空の月の色は前よりも猶（なお）白くなって、休みない往来の人通りの上には、もう気の早い蝙蝠（こうもり）が二三匹ひらひら舞っていました。

二

杜子春は一日の内に、洛陽の都でも唯（ただ）一人という大金持になりました。あの老人の言葉通り、夕日に影を映して見て、その頭に当る所を、夜中にそっと掘って見たら、大きな車にも余る位、黄金が一山出て来たのです。

大金持になった杜子春は、すぐに立派な家（うち）を買って、玄宗皇帝にも負けない位、贅沢（ぜいたく）な暮しをし始めました。蘭陵の酒を買わせるやら、桂州の竜眼肉をとりよせるやら、日に四度（よたび）色の変る牡丹を庭に植えさせるやら、白孔雀を何羽も放し飼いにするやら、玉を集めるやら、錦（にしき）を縫わせるやら、香木（こうぼく）の車を造らせるやら、象牙の椅子を誂（あつら）えるやら、その贅沢を一々書いていては、いつになってもこの話がおしまいにならない位です。

するとこういう噂（うわさ）を聞いて、今までは路（みち）で行き合っても、挨拶さえしなかった友だちなどが、朝夕遊びにやって来ました。それも一日毎（ごと）に数が増して、半年ばかり経つ内には、洛陽の都に名を知られた才子や美人が多い中で、杜子春の家へ来ないものは、

一人もない位になってしまったのです。杜子春はこの御客たちを相手に、毎日酒盛りを開きました。その酒盛りの又盛(さかん)なことは、中々(なかなか)口には尽されません。極(ごく)かいつまんだだけをお話しても、杜子春が金の杯(さかずき)に西洋から来た葡萄酒を汲(く)んで、天竺生れの魔法使が刀を呑(の)んで見せる芸に見とれていると、そのまわりには二十人の女たちが、十人は翡翠の蓮の花を、十人は瑪瑙の牡丹の花を、いずれも髪に飾りながら、笛や琴を節(ふし)面白く奏しているという景色なのです。

しかしいくら大金持でも、御金には際限がありますから、さすがに贅沢家の杜子春も、一年二年と経つ内には、だんだん貧乏になり出しました。そうすると人間は薄情なもので、昨日までは毎日来た友だちも、今日は門の前を通ってさえ、挨拶一つして行きません。ましてとうとう三年目の春、又杜子春が以前の通り、一文無しになって見ると、広い洛陽の都の中にも、彼に宿を貸そうという家は、一軒もなくなってしまいました。いや、宿を貸すどころか、今では椀(わん)に一杯の水も、恵んでくれるものはないのです。

そこで彼は或日の夕方、もう一度あの洛陽の西の門の下へ行って、ぼんやり空を眺めながら、途方に暮れて立っていました。するとやはり昔のように、片目眇の老人が、どこからか姿を現して、

「お前は何を考えているのだ」と、声をかけるではありませんか。

杜子春は老人の顔を見ると、恥しそうに下を向いたまま、暫くは返事もしませんでした。が、老人はその日も親切そうに、同じ言葉を繰返しますから、こちらも前と同じように、

「私は今夜寝る所もないので、どうしたものかと考えているのです」と、恐る恐る返事をしました。

「そうか。それは可哀そうだな。ではおれが好いことを一つ教えてやろう。今この夕日の中へ立って、お前の影が地に映ったら、その胸に当る所を、夜中に掘って見るが好い。きっと車に一ぱいの黄金が埋まっている筈だから」

老人はこう言ったと思うと、今度もまた人ごみの中へ、掻(か)き消すように隠れてしまい

ました。

杜子春はその翌日から、忽(たちま)ち天下第一の大金持に返りました。と同時に相変らず、仕放題な贅沢をし始めました。庭に咲いている牡丹の花、その中に眠っている白孔雀、それから刀を呑んで見せる、天竺から来た魔法使——すべてが昔の通りなのです。

ですから車に一ぱいにあった、あの夥(おびただ)しい黄金も、又三年ばかり経つ内には、すっかりなくなってしまいました。

三

「お前は何を考えているのだ」

片目眇の老人は、三度杜子春の前へ来て、同じことを問いかけました。勿論彼はその時も、洛陽の西の門の下に、ほそぼそと霞を破っている三日月の光を眺めながら、ぼんやり佇(たたず)んでいたのです。

「私ですか。私は今夜寝る所もないので、どうしようかと思っているのです」

「そうか。それは可哀そうだな。ではおれが好いことを教えてやろう。今この夕日の中へ立って、お前の影が地に映ったら、その腹に当る所を、夜中に掘って見るが好い。きっと車に一ぱいの——」

老人がここまで言いかけると、杜子春は急に手を挙げて、その言葉を遮(さえぎ)りました。

「いや、お金はもういらないのです」

「金はもういらない？ははあ、では贅沢をするにはとうとう飽きてしまったと見えるな」

老人は審(いぶか)しそうな眼つきをしながら、じっと杜子春の顔を見つめました。

「何、贅沢に飽きたのじゃありません。人間というものに愛想(あいそ)がつきたのです」

杜子春は不平そうな顔をしながら、突慳貪(つっけんどん)にこう言いました。

「それは面白いな。どうして又人間に愛想が尽きたのだ?」

「人間は皆薄情です。私が大金持になった時には、世辞も追従(ついしょう)もしますけれど、一旦貧乏になって御覧なさい。柔(やさ)しい顔さえもして見せはしません。そんなことを考えると、たといもう一度大金持になったところが、何にもならないような気がするのです」

老人は杜子春の言葉を聞くと、急ににやにや笑い出しました。

「そうか。いや、お前は若い者に似合わず、感心に物のわかる男だ。ではこれからは貧乏をしても、安らかに暮して行くつもりか」

杜子春はちょいとためらいました。が、すぐに思い切った眼を挙げると、訴えるように老人の顔を見ながら、

「それも今の私には出来ません。ですから私はあなたの弟子になって、仙術の修業をしたいと思うのです。いいえ、隠してはいけません。あなたは道徳の高い仙人でしょう。仙人でなければ、一夜（ひとよ）の内に私を天下第一の大金持にすることは出来ない筈です。どうか私の先生になって、不思議な仙術を教えて下さい」

老人は眉をひそめたまま、暫くは黙って、何事か考えているようでしたが、やがて又にっこり笑いながら、

「いかにもおれは峨眉山に棲（す）んでいる、鉄冠子という仙人だ。始めお前の顔を見た時、どこか物わかりが好さそうだったから、二度まで大金持にしてやったのだが、それ程仙人になりたければ、おれの弟子にとり立ててやろう」と、快く願を容（い）れてくれました。

杜子春は喜んだの、喜ばないのではありません。老人の言葉がまだ終らない内に、彼は大地に額をつけて、何度も鉄冠子に御時宜（おじぎ）をしました。

「いや、そう御礼などは言って貰うまい。いくらおれの弟子にしたところが、立派な仙人になれるかなれないかは、お前次第で決まることだからな。——が、ともかくもまずおれと一しょに、峨眉山の奥へ来て見るが好（い）い。おお、幸（さいわい）、ここに竹杖（たけづえ）が一本落ちている。では早速これへ乗って、一飛びに空を渡るとしよう」

鉄冠子はそこにあった青竹を一本拾い上げると、口の中（うち）に咒文（じゅもん）を唱えながら、杜子春と一しょにその竹へ、馬にでも乗るように跨（またが）りました。すると不思議ではありませ

んか。竹杖は忽ち竜のように、勢(いきおい)よく大空へ舞い上って、晴れ渡った春の夕空を峨眉山の方角へ飛んで行きました。

杜子春は胆(きも)をつぶしながら、恐る恐る下を見下しました。が、下には唯青い山々が夕明(ゆうあか)りの底に見えるばかりで、あの洛陽の都の西の門は、(とうに霞に紛れたのでしょう)どこを探しても見当りません。その内に鉄冠子は、白い鬢(びん)の毛を風に吹かせて、高らかに歌を唱(うた)い出しました。

朝(あした)に北海に遊び、暮(くれ)には蒼梧(そうご)。

袖裏(しゅうり)の青蛇(せいだ)、胆気粗(たんきそ)なり。

三たび岳陽に入れども、人識(し)らず。

朗吟して、飛過(ひか)す洞庭湖。

四

二人を乗せた青竹は、間もなく峨眉山へ舞い下(さが)りました。

そこは深い谷に臨んだ、幅の広い一枚岩の上でしたが、よくよく高い所だと見えて、中空(なかぞら)に垂れた北斗の星が、茶碗程の大きさに光っていました。元より人跡(じんせき)の絶えた山ですから、あたりはしんと静まり返って、やっと耳にはいるものは、後の絶壁に生(は)えている、曲りくねった一株の松が、こうこうと夜風に鳴る音だけです。

二人がこの岩の上に来ると、鉄冠子は杜子春を絶壁の下に坐らせて、

「おれはこれから天上へ行って、西王母に御眼にかかって来るから、お前はその間ここに坐って、おれの帰るのを待っているが好い。多分おれがいなくなると、いろいろな魔性(ましょう)が現れて、お前をたぶらかそうとするだろうが、たといどんなことが起ろうとも、決して声を出すのではないぞ。もし一言でも口を利(き)いたら、お前は到底仙人にはなれないものだと覚悟をしろ。好いか。天地が裂けても、黙っているのだぞ」と言いました。

「大丈夫です。決して声なぞは出しません。命がなくなっても、黙っています」

「そうか。それを聞いて、おれも安心した。ではおれは行って来るから」

老人は杜子春に別れを告げると、又あの竹杖に跨って、夜目にも削ったような山々の空へ、一文字に消えてしまいました。

杜子春はたった一人、岩の上に坐ったまま、静に星を眺めていました。するとかれこれ半時(はんとき)ばかり経って、深山の夜気が肌寒く薄い着物に透(とお)り出した頃、突然空中に声があって、

「そこにいるのは何者だ」と、叱りつけるではありませんか。

しかし杜子春は仙人の教(おしえ)通り、何とも返事をしずにいました。

ところが又暫くすると、やはり同じ声が響いて、

「返事をしないと立ちどころに、命はないものと覚悟しろ」と、いかめしく嚇(おど)しつけるのです。

杜子春は勿論黙っていました。

と、どこから登って来たか、爛々(らんらん)と眼を光らせた虎が一匹、忽然(こつぜん)と岩の上に躍(おど)り上って、杜子春の姿を睨(にら)みながら、一声高く哮(たけ)りました。のみならずそれと同時に、頭の上の松の枝が、烈(はげ)しくざわざわ揺れたと思うと、後の絶壁の頂からは、四斗樽(しとだる)程の白蛇が一匹、炎のような舌を吐いて、見る見る近くへ下りて来るのです。

杜子春はしかし平然と、眉毛も動かさずに坐っていました。

虎と蛇とは、一つ餌食(えじき)を狙(ねら)って、互に隙でも窺(うかが)うのか、暫くは睨合いの体(てい)でしたが、やがてどちらが先ともなく、一時に杜子春に飛びかかりました。が虎の牙(きば)に噛(か)まれるか、蛇の舌に呑まれるか、杜子春の命は瞬(またた)く内に、なくなってしまうと思った時、虎と蛇とは霧の如く、夜風と共に消え失(う)せて、後には唯、絶壁の松が、さっきの通りこうこうと枝を鳴らしているばかりなのです。杜子春はほっと一息しながら、今度はどんなことが起るかと、心待ちに待っていました。

すると一陣の風が吹き起って、墨のような黒雲が一面にあたりをとざすや否や、うす紫の稲妻がやにわに闇を二つに裂いて、凄(すさま)じく雷(らい)が鳴り出しました。いや、雷ばかり

ではありません。それと一しょに瀑(たき)のような雨も、いきなりどうどうと降り出したのです。杜子春はこの天変の中(なか)に、恐れ気(げ)もなく坐っていました。風の音、雨のしぶき、それから絶え間ない稲妻の光、——暫くはさすがの峨眉山も、覆(くつがえ)るかと思う位でしたが、その内に耳をもつんざく程、大きな雷鳴が轟(とどろ)いたと思うと、空に渦(うず)巻いた黒雲の中から、まっ赤な一本の火柱が、杜子春の頭へ落ちかかりました。

杜子春は思わず耳を抑えて、一枚岩の上へひれ伏しました。が、すぐに眼を開いて見ると、空は以前の通り晴れ渡って、向うに聳(そび)えた山々の上にも、茶碗ほどの北斗の星が、やはりきらきら輝いています。して見れば今の大あらしも、あの虎や白蛇と同じように、鉄冠子の留守をつけこんだ、魔性の悪戯(いたずら)に違いありません。杜子春は漸(ようや)く安心して、額の冷汗(ひやあせ)を拭(ぬぐ)いながら、又岩の上に坐り直しました。

が、そのため息がまだ消えない内に、今度は彼の坐っている前へ、金の鎧(よろい)を着下(きくだ)した、身の丈(たけ)三丈もあろうという、厳(おごそ)かな神将が現れました。神将は手に三叉(みつまた)の戟(ほこ)を持っていましたが、いきなりその戟の切先(きっさき)を杜子春の胸(むな)もとへ向けながら、眼を嗔(いか)らせて叱りつけるのを聞けば、

「こら、その方は一体何物だ。この峨眉山という山は、天地開闢(かいびゃく)の昔から、おれが住居(すまい)をしている所だぞ。それも憚(はばか)らずたった一人、ここへ足を踏み入れるとは、よもや唯の人間ではあるまい。さあ命が惜しかったら、一刻も早く返答しろ」と言うのです。

しかし杜子春は老人の言葉通り、黙然(もくねん)と口を噤(つぐ)んでいました。

「返事をしないか。——しないな。好し。しなければ、しないで勝手にしろ。その代りおれの眷属(けんぞく)たちが、その方をずたずたに斬(き)ってしまうぞ」

神将は戟を高く挙げて、向うの山の空を招きました。その途端に闇がさっと裂けると、驚いたことには無数の神兵が、雲の如く空に充満(みちみ)ちて、それが皆槍(やり)や刀をきらめかせながら、今にもここへ一なだれに攻め寄せようとしているのです。

この景色を見た杜子春は、思わずあっと叫びそうにしましたが、すぐに又鉄冠子の言葉を思い出して、一生懸命に黙っていました。神将は彼が恐れないのを見ると、怒ったの怒らないのではありません。

「この剛情者め。どうしても返事をしなければ、約束通り命はとってやるぞ」

神将はこう喚(わめ)くが早いか、三叉の戟を閃(ひらめ)かせて、一突きに杜子春を突き殺しました。そうして峨眉山もどよむ程、からからと高く笑いながら、どこともなく消えてしまいました。勿論この時はもう無数の神兵も、吹き渡る夜風の音と一しょに、夢のように消え失せた後だったのです。

北斗の星は又寒そうに、一枚岩の上を照らし始めました。絶壁の松も前に変らず、こうこうと枝を鳴らせています。が、杜子春はとうに息が絶えて、仰向(あおむ)けにそこへ倒れていました。

五

杜子春の体は岩の上へ、仰向けに倒れていましたが、杜子春の魂は、静に体から抜け出して、地獄の底へ下りて行きました。

この世と地獄との間には、闇穴道(あんけつどう)という道があって、そこは年中暗い空に、氷のような冷たい風がぴゅうぴゅう吹き荒(すさ)んでいるのです。杜子春はその風に吹かれながら、暫くは唯木の葉のように、空を漂って行きましたが、やがて森羅殿(しんらでん)という額(がく)の懸(かか)った立派な御殿の前へ出ました。

御殿の前にいた大勢の鬼は、杜子春の姿を見るや否や、すぐにそのまわりを取り捲(ま)いて、階(きざはし)の前へ引き据えました。階の上には一人の王様が、まっ黒な袍(きもの)に金の冠をかぶって、いかめしくあたりを睨んでいます。これは兼ねて噂に聞いた、閻魔(えんま)大王に違いありません。杜子春はどうなることかと思いながら、恐る恐るそこへ跪(ひざまず)いていました。

「こら、その方は何の為(ため)に、峨眉山の上へ坐っていた?」

閻魔大王の声は雷のように、階の上から響きました。杜子春は早速その問に答えようとしましたが、ふと又思い出したのは、「決して口を利くな」という鉄冠子の戒(いまし)めの言葉です。そこで唯頭(かしら)を垂れたまま、唖(おし)のように黙っていました。すると閻魔大王は、持っていた鉄の笏(しゃく)を挙げて、顔中の鬚(ひげ)を逆立てながら、

「その方はここをどこだと思う？　速(すみやか)に返答をすれば好し、さもなければ時を移さず、地獄の呵責(かしゃく)に遇(あ)わせてくれるぞ」と、威丈高(いたけだか)に罵(ののし)りました。

が、杜子春は相変らず唇(くちびる)一つ動かしません。それを見た閻魔大王は、すぐに鬼どもの方を向いて、荒々しく何か言いつけると、鬼どもは一度に畏(かしこま)って、忽(たちま)ち杜子春を引き立てながら、森羅殿の空へ舞い上りました。

地獄には誰でも知っている通り、剣(つるぎ)の山や血の池の外にも、焦熱地獄という焔(ほのお)の谷や極寒(ごくかん)地獄という氷の海が、真暗な空の下に並んでいます。鬼どもはそういう地獄の中へ、代る代る杜子春を抛(ほう)りこみました。ですから杜子春は無残にも、剣に胸を貫かれるやら、焔に顔を焼かれるやら、舌を抜かれるやら、皮を剥(は)がれるやら、鉄の杵(きね)に撞(つ)かれるやら、油の鍋に煮られるやら、毒蛇に脳味噌(のうみそ)を吸われるやら、熊鷹(くまたか)に眼を食われるやら、——その苦しみを数え立てていては、到底際限がない位、あらゆる責苦(せめく)に遇わされたのです。それでも杜子春は我慢強く、じっと歯を食いしばったまま、一言も口を利きませんでした。

これにはさすがの鬼どもも、呆(あき)れ返ってしまったのでしょう。もう一度夜のような空を飛んで、森羅殿の前へ帰って来ると、さっきの通り杜子春を階(きざはし)の下に引き据えながら、御殿の上の閻魔大王に、

「この罪人はどうしても、ものを言う気色(けしき)がございません」と、口を揃(そろ)えて言上(ごんじょう)しました。

閻魔大王は眉をひそめて、暫く思案に暮れていましたが、やがて何か思いついたと見えて、

「この男の父母（ちちはは）は、畜生道（ちくしょうどう）に落ちている筈だから、早速ここへ引き立てて来い」と、一匹の鬼に言いつけました。

鬼は忽ち風に乗って、地獄の空へ舞い上りました。と思うと、又星が流れるように、二匹の獣（けもの）を駆り立てながら、さっと森羅殿の前へ下りて来ました。その獣を見た杜子春は、驚いたの驚かないのではありません。なぜかといえばそれは二匹とも、形は見すぼらしい痩せ馬でしたが、顔は夢にも忘れない、死んだ父母の通りでしたから。

「こら、その方は何のために、峨眉山の上に坐っていたか、まっすぐに白状しなければ、今度はその方の父母に痛い思いをさせてやるぞ」

杜子春はこう嚇されても、やはり返答をしずにいました。

「この不孝者めが。その方は父母が苦しんでも、その方さえ都合が好ければ、好いと思っているのだな」

閻魔大王は森羅殿も崩（くず）れる程、凄（すさま）じい声で喚きました。

「打て。鬼ども。その二匹の畜生を、肉も骨も打ち砕いてしまえ」

鬼どもは一斉に「はっ」と答えながら、鉄の鞭（むち）をとって立ち上ると、四方八方から二匹の馬を、未練未釈（みしゃく）なく打ちのめしました。鞭はりゅうりゅうと風を切って、所嫌（きら）わず雨のように、馬の皮肉を打ち破るのです。馬は、——畜生になった父母は、苦しそうに身を悶（もだ）えて、眼には血の涙を浮べたまま、見てもいられない程嘶（いなな）き立てました。

「どうだ。まだその方は白状しないか」

閻魔大王は鬼どもに、暫く鞭の手をやめさせて、もう一度杜子春の答を促しました。もうその時には二匹の馬も、肉は裂け骨は砕けて、息も絶え絶えに階の前へ、倒れ伏していたのです。

杜子春は必死になって、鉄冠子の言葉を思い出しながら、緊（かた）く眼をつぶっていました。するとその時彼の耳には、殆（ほとんど）声とはいえない位、かすかな声が伝わって来ました。

「心配をおしでない。私たちはどうなっても、お前さえ仕合せになれるのなら、それより結構なことはないのだからね。大王が何と仰(おっしゃ)っても、言いたくないことは黙って御出(おい)で」

それは確に懐しい、母親の声に違いありません。杜子春は思わず、眼をあきました。そうして馬の一匹が、力なく地上に倒れたまま、悲しそうに彼の顔へ、じっと眼をやっているのを見ました。母親はこんな苦しみの中にも、息子の心を思いやって、鬼どもの鞭に打たれたことを、怨(うら)む気色さえも見せないのです。大金持になれば御世辞を言い、貧乏人になれば口も利かない世間の人たちに比べると、何という有難い志でしょう。何という健気(けなげ)な決心でしょう。杜子春は老人の戒めも忘れて、転(まろ)ぶようにその側へ走りよると、両手に半死の馬の頸(くび)を抱いて、はらはらと涙を落しながら、「お母(っか)さん」と一声を叫びました。…………

六

その声に気がついて見ると、杜子春はやはり夕日を浴びて、洛陽の西の門の下に、ぼんやり佇(たたず)んでいるのでした。霞んだ空、白い三日月、絶え間ない人や車の波、——すべてがまだ峨眉山へ、行かない前と同じことです。

「どうだな。おれの弟子になったところが、とても仙人にはなれはすまい」

片目眇の老人は微笑を含みながら言いました。

「なれません。なれませんが、しかし私はなれなかったことも、反(かえ)って嬉しい気がするのです」

杜子春はまだ眼に涙を浮べたまま、思わず老人の手を握りました。

「いくら仙人になれたところが、私はあの地獄の森羅殿の前に、鞭を受けている父母を見ては、黙っている訳には行きません」

「もしお前が黙っていたら——」と鉄冠子は急に厳(おごそか)な顔になって、じっと杜子春を見つめました。

「もしお前が黙っていたら、おれは即座にお前の命を絶ってしまおうと思っていたのだ。——お前はもう仙人になりたいという望(のぞみ)も持っていまい。大金持になることは、元より愛想がつきた筈だ。ではお前はこれから後、何になったら好いと思うな」

「何になっても、人間らしい、正直な暮しをするつもりです」

杜子春の声には今までにない晴れ晴れした調子が罩(こも)っていました。

「その言葉を忘れるなよ。ではおれは今日限り、二度とお前には遇わないから」

鉄冠子はこう言う内に、もう歩き出していましたが、急に又足を止めて、杜子春の方を振り返ると、

「おお、幸、今思い出したが、おれは泰山の南の麓(ふもと)に一軒の家を持っている。その家を畑ごとお前にやるから、早速行って住まうが好い。今頃は丁度家のまわりに、桃の花が一面に咲いているだろう」と、さも愉快そうにつけ加えました。

◎参考文献

[1]森常治　「芥川竜之介の『羅生門』」『国文学　解釈と鑑賞』 1965年6月

[2]小堀桂一郎　「芥川龍之介の出発—『羅生門』恣考—」『日本文学研究資料叢書　芥川龍之介』有精堂　1970年

[3]三好行雄　「芥川竜之介『羅生門』—1—(近代文学作品研究—9—)」『国文学　解釈と鑑賞』 1972年12月

[4]三好行雄　「無名の闇—『羅生門』の世界—」『芥川龍之介論』筑摩書房　1976年

[5]吉田精一　『吉田精一著作集第一巻　芥川龍之介』桜楓社　1979年

[6]笹淵友一　「芥川龍之介『羅生門』新釈」『山梨英和短期大学国文学論集』 1981年10月

[7]小泉浩一郎　「『羅生門』(初稿)の空間——その主題把握をめぐり(虚構の時空〈特集〉)『日本文学』 1986年1月

[8]海老井英次　『芥川龍之介論考—自己覚醒から解体へ——』桜楓社　1988年

[9]関口安義　『「羅生門」を読む』三省堂書店　1992年

[10]許南薫　「芥川龍之介『羅生門』論」『論究日本文学』立命館　1996年5月

[11]関口安義、庄司達也　『芥川龍之介全作品事典』勉成出版　2000年

[12]志村有弘　『芥川龍之介「羅生門」作品論集』クレス出版　2000年

[13]永栄啓伸　「『羅生門』論のむずかしさ ——下人の正義・語り手への偏重」『皇学館論叢』　2000 年 2 月

[14]小谷野敦　「『羅生門』は名作か?（特集　芥川龍之介を読み直す）」『国文学　解釈と鑑賞』　2010 年 2 月

[15]清水康次　「下人の物語の始まりと終わり——芥川龍之介『羅生門』（特集〈終わり〉を読む——近現代文学篇）——（〈終わり〉を読む）」『国文学　解釈と鑑賞』　2010 年 9 月

[16]浅野洋　「小説家たちの起源（3）芥川龍之介：『羅生門』再読」『渾沌（9）』近畿大学大学院文芸学研究科　2012 年

[17]大石富美　「芥川龍之介『羅生門』受容史年表（1915—2015）（特集『羅生門』百年）」『敍説. 3：文学批評』　2016 年 3 月

第五課　高　瀬　舟

森鴎外

高瀬舟(たかせぶね)は京都の高瀬川①を上下(じょうげ)する小舟である。徳川時代に京都の罪人が遠島(えんとう)を申し渡されると、本人の親類が牢屋敷(ろうやしき)へ呼び出されて、そこで暇乞(いとまご)いをすることを許された。それから罪人は高瀬舟に載せられて、大阪へ回されることであった。それを護送するのは、京都町奉行(まちぶぎょう)②の配下にいる同心(どうしん)③で、この同心は罪人の親類の中で、おも立った一人(にん)を大阪まで同船させることを許す慣例であった。これは上(かみ)へ通った事ではないが、いわゆる大目に見るのであった、黙許であった。

当時遠島を申し渡された罪人は、もちろん重い科(とが)を犯したものと認められた人ではあるが、決して盗みをするために、人を殺し火を放ったというような、獰悪(どうあく)な人物が多数を占めていたわけではない。高瀬舟に乗る罪人の過半は、いわゆる心得違いのために、思わぬ科を犯した人であった。有りふれた例をあげてみれば、当時相対死(あいたいし)④と言った情死をはかって、相手の女を殺して、自分だけ生き残った男というような類(たぐい)である。

そういう罪人を載せて、入相(いりあい)の鐘の鳴るころにこぎ出された高瀬舟は、黒ずんだ京都の町の家々を両岸に見つつ、東へ走って、加茂川(かもがわ)⑤を横ぎって下るのであった。この舟の中で、罪人とその親類の者とは夜どおし身の上を語り合う。いつもいつも悔やんでも返らぬ繰(く)り言(こと)である。護送の役をする同心は、そばでそれを聞いて、罪人を出した親戚眷族(しんせきけんぞく)の悲惨な境遇を細かに知ることができた。所詮(しょせん)町奉行の白州(しらす)⑥で、表向きの口供を聞いたり、役所の机の上で、口書を読んだりする役人の夢にもうかがうことのできぬ境遇である。

同心を勤める人にも、いろいろの性質があるから、この時ただうるさいと思って、耳をおおいたく思う冷淡な同心があるかと思えば、またしみじみと人の哀れを身に引き受けて、役がらゆえ気色には見せぬながら、無言のうちにひそかに胸を痛める同心もあった。場合によって非常に悲惨な境遇に陥った罪人とその親類とを、特に心弱い、涙もろい同心が宰領[7]してゆくことになると、その同心は不覚の涙を禁じ得ぬのであった。

そこで高瀬舟の護送は、町奉行所の同心仲間で不快な職務としてきらわれていた。

いつのころであったか。たぶん江戸で白河楽翁侯[8]が政柄[9]を執っていた寛政のころででもあっただろう。智恩院[10]の桜が入相の鐘に散る春の夕べに、これまで類のない、珍しい罪人が高瀬舟に載せられた。

それは名を喜助と言って、三十歳ばかりになる、住所不定の男である。もとより牢屋敷に呼び出されるような親類はないので、舟にもただ一人で乗った。

護送を命ぜられて、いっしょに舟に乗り込んだ同心羽田庄兵衛は、ただ喜助が弟殺しの罪人だということだけを聞いていた。さて牢屋敷から桟橋まで連れて来る間、この痩肉の、色の青白い喜助の様子を見るに、いかにも神妙に、いかにもおとなしく、自分をば公儀の役人として敬って、何事につけても逆らわぬようにしている。しかもそれが、罪人の間に往々見受けるような、温順を装って権勢に媚びる態度ではない。

庄兵衛は不思議に思った。そして舟に乗ってからも、単に役目の表で見張っているばかりでなく、絶えず喜助の挙動に、細かい注意をしていた。

その日は暮れ方から風がやんで、空一面をおおった薄い雲が、月の輪郭をかすませ、ようよう近寄って来る夏の温かさが、両岸の土からも、川床の土からも、もやになって立ちのぼるかと思われる夜であった。下京[11]の町を離れて、加茂川を横ぎったころからは、あたりがひっそりとして、ただ舳(へさき)にさかれる水のささやきを聞くのみである。

夜舟(よふね)で寝ることは、罪人にも許されているのに、喜助は横になろうともせず、雲の濃淡に従って、光の増したり減じたりする月を仰いで、黙っている。その額は晴れやかで目にはかすかなかがやきがある。

庄兵衛はまともには見ていぬが、始終喜助の顔から目を離さずにいる。そして不思議だ、不思議だと、心の内で繰り返している。それは喜助の顔が縦から見ても、横から見ても、いかにも楽しそうで、もし役人に対する気がねがなかったなら、口笛を吹きはじめるとか、鼻歌を歌い出すとかしそうに思われたからである。

庄兵衛は心の内に思った。これまでこの高瀬舟の宰領をしたことは幾たびだか知れない。しかし載せてゆく罪人は、いつもほとんど同じように、目も当てられぬ気の毒な様子をしていた。それにこの男はどうしたのだろう。遊山船(ゆさんぶね)にでも乗ったような顔をしている。罪は弟を殺したのだそうだが、よしやその弟が悪いやつで、それをどんなゆきがかりになって殺したにせよ、人の情(じょう)としていい心持ちはせぬはずである。この色の青いやせ男が、その人の情というものが全く欠けているほどの、世にもまれな悪人であろうか。どうもそうは思われない。ひょっと気でも狂っているのではあるまいか。いやいや。それにしては何一つつじつまの合わぬことばや挙動がない。この男はどうしたのだろう。庄兵衛がためには喜助の態度が考えれば考えるほどわからなくなるのである。

しばらくして、庄兵衛はこらえ切れなくなって呼びかけた。「喜助。お前何を思っているのか。」

「はい」と言ってあたりを見回した喜助は、何事をかお役人に見とがめられたのではないかと気づかうらしく、居ずまいを直して庄兵衛の気色を伺った。

庄兵衛は自分が突然問いを発した動機を明かして、役目を離れた応対を求める言いわけをしなくてはならぬように感じた。そこでこう言った。「いや。別にわけがあって聞いたのではない。実はな、おれはさっきからお前の島へゆく心持ちが聞いてみたかったのだ。おれはこれまでこの舟でおおぜいの人を島へ送った。それはずいぶんいろいろな身の上の人だったが、どれもどれも島へゆくのを悲しがって、見送りに来て、いっしょに舟に乗る親類のものと、夜どおし泣くにきまっていた。それにお前の様子を見れば、どうも島へゆくのを苦にしてはいないようだ。いったいお前はどう思っているのだい。」

喜助はにっこり笑った。「御親切におっしゃってくだすって、ありがとうございます。なるほど島へゆくということは、ほかの人には悲しい事でございましょう。その心持ちはわたくしにも思いやってみることができます。しかしそれは世間でらくをしていた人だからでございます。京都は結構な土地ではございますが、その結構な土地で、これまでわたくしのいたして参ったような苦しみは、どこへ参ってもなかろうと存じます。お上のお慈悲で、命を助けて島へやってくださいます。島はよしやつらい所でも、鬼のすむ所ではございますまい。わたくしはこれまで、どこといって自分のいていい所というものがございませんでした。こん度お上で島にいろとおっしゃってくださいます。そのいろとおっしゃる所に落ち着いていることができますのが、まず何よりもありがたい事でございます。それにわたくしはこんなにかよわいからだではございますが、ついぞ[⑫]病気をいたしたことはございませんから、島へ行ってから、どんなつらい仕事をしたって、からだを痛めるようなことはあるまいと存じます。それからこん度島へおやりくださるにつきまして、二百文（もん）[⑬]の鳥目（ちょうもく）[⑭]をいただきました。それをここに持っております。」こう言いかけて、喜助は胸に手を当てた。遠島を仰せつけられる[⑮]ものには、鳥目二百銅をつかわすというのは、当時の掟（おきて）であった。

喜助はことばをついだ。「お恥ずかしい事を申し上げなくてはなりませぬが、わたくしは今日（こんにち）まで二百文というお足を、こうしてふところに入れて持っていたことはございませぬ。どこかで仕事に取りつきたいと思って、仕事を尋ねて歩きまして、それが見つかり次第、骨を惜しまずに働きました。そしてもらった銭（ぜに）は、いつも右から左へ人手に渡さなくてはなりませなんだ。それも現金で物が買って食べられる時は、わたくしの工面（くめん）のいい時で、たいていは借りたものを返して、またあとを借りたのでございます。それがお牢（ろう）にはいってからは、仕事をせずに食べさせていただきます。わたくしはそればかりでも、お上に対して済まない事をいたしているようでなりませぬ。それにお牢を出る時に、この二百文をいただきましたのでございます。こうして相変わらずお上の物を食べていて見ますれば、この二百文はわたくしが使わずに持っていることができます。お足を自分の物にして持っているということは、わたくしにとっては、これが始めでございます。島へ行ってみますまでは、どんな仕事ができるかわかりませんが、わたくしはこの二百文を島でする仕事の本手(もとで)にしようと楽しんでおります。」こう言って、喜助は口をつぐんだ。

庄兵衛は「うん、そうかい」とは言ったが、聞く事ごとにあまり意表に出たので、これもしばらく何も言うことができずに、考え込んで黙っていた。

庄兵衛はかれこれ初老に手の届く年になっていて、もう女房に子供を四人生ませている。それに老母が生きているので、家は七人暮らしである。平生人には吝嗇(りんしょく)と言われるほどの、倹約な生活をしていて、衣類は自分が役目のために着るもののほか、寝巻しかこしらえぬくらいにしている。しかし不幸な事には、妻をいい身代(しんだい)の商人の家から迎えた。そこで女房は夫のもらう扶持米(ふちまい)[16]で暮らしを立ててゆこうとする善意はあるが、ゆたかな家にかわいがられて育った癖があるので、夫が満足するほど手元を引き締めて暮らしてゆくことができない。ややもすれば月末になって勘定が足りなくなる。すると女房が内証で里から金を持って来て帳尻(ちょうじり)を合わせる。それは夫が借財というものを毛虫のようにきらうからである。そういう事は所詮夫に知れずにはいない。庄兵衛は五節句[17]だと言っては、里方(さとかた)から物をもらい、子供の七五三[18]の祝いだと言っては、里方から子供に衣類をもらうのでさえ、心苦しく思っているのだから、暮らしの穴をうめてもらったのに気がついては、いい顔はしない。格別平和を破るような事のない羽田の家に、おりおり波風の起こるのは、これが原因である。

庄兵衛は今喜助の話を聞いて、喜助の身の上をわが身の上に引き比べてみた。喜助は仕事をして給料を取っても、右から左へ人手に渡してなくしてしまうと言った。いかにも哀れな、気の毒な境界(きょうがい)である。しかし一転してわが身の上を顧みれば、彼と我れとの間に、はたしてどれほどの差があるか。自分も上からもらう扶持米を、右から左へ人手に渡して暮らしているに過ぎぬではないか。彼と我れとの相違は、いわば十露盤（そろばん）の桁（けた）が違っているだけで、喜助のありがたがる二百文に相当する貯蓄だに、こっちはないのである。

さて桁を違えて考えてみれば、鳥目（ちょうもく）二百文をでも、喜助がそれを貯蓄と見て喜んでいるのに無理はない。その心持ちはこっちから察してやることができる。しかしいかに桁を違えて考えてみても、不思議なのは喜助の欲のないこと、足ることを知っていることである。

喜助は世間で仕事を見つけるのに苦しんだ。それを見つけさえすれば、骨を惜しまずに働いて、ようよう[19]口を糊（のり）することのできるだけで満足した。そこで牢に入ってからは、今まで得がたかった食が、ほとんど天から授けられるように、働かずに得られるのに驚いて、生まれてから知らぬ満足を覚えたのである。

庄兵衛はいかに桁を違えて考えてみても、ここに彼と我れとの間に、大いなる懸隔（けんかく）のあることを知った。自分の扶持米で立ててゆく暮らしは、おりおり足らぬことがあるにしても、たいてい出納（すいとう）が合っている。手いっぱいの生活である。しかるにそこに満足を覚えたことはほとんどない。常は幸いとも不幸とも感ぜずに過ごしている。しかし心の奥には、こうして暮らしていて、ふいとお役が御免になったらどうしよう、大病にでもなったらどうしようという疑懼（ぎく）が潜んでいて、おりおり妻が里方から金を取り出して来て穴うめをしたことなどがわかると、この疑懼が意識の閾（しきい）の上に頭をもたげて来るのである。

いったいこの懸隔はどうして生じて来るだろう。ただ上（うわ）べだけを見て、それは喜助には身に係累がないのに、こっちにはあるからだと言ってしまえばそれまでである。しかしそれはうそである。よしや自分が一人者（ひとりもの）であったとしても、どうも喜助のような心持ちにはなられそうにない。この根底はもっと深いところにあるようだと、庄兵衛は思った。

庄兵衛はただ漠然（ばくぜん）と、人の一生というような事を思ってみた。人は身に病があると、この病がなかったらと思う。その日その日の食がないと、食ってゆかれたらと思う。万一の時に備えるたくわえがないと、少しでもたくわえがあったらと思う。たくわえがあっても、またそのたくわえがもっと多かったらと思う。かくのごとくに先から先へと考えてみれば、人はどこまで行って踏み止まることができるものやらわからない。それを今目の前で踏み止まって見せてくれるのがこの喜助だと、庄兵衛は気がついた。

庄兵衛は今さらのように驚異の目をみはって喜助を見た。この時庄兵衛は空を仰いでいる喜助の頭から毫光（ごうこう）がさすように思った。

庄兵衛は喜助の顔をまもりつつまた、「喜助さん」と呼びかけた。今度は「さん」と言ったが、これは充分の意識をもって称呼を改めたわけではない。その声がわが口から出てわが耳に入（い）るや否や、庄兵衛はこの称呼の不穏当なのに気がついたが、今さらすでに出たことばを取り返すこともできなかった。

「はい」と答えた喜助も、「さん」と呼ばれたのを不審に思うらしく、おそるおそる庄兵衛の気色をうかがった。

庄兵衛は少し間（ま）の悪いのをこらえて言った。「いろいろの事を聞くようだが、お前が今度島へやられるのは、人をあやめた[20]からだという事だ。おれについでにそのわけを話して聞せてくれぬか。」

喜助はひどく恐れ入った様子で、「かしこまりました」と言って、小声で話し出した。「どうも飛んだ心得違い[21]で、恐ろしい事をいたしまして、なんとも申し上げようがございませぬ。あとで思ってみますと、どうしてあんな事ができたかと、自分ながら不思議でなりませぬ。全く夢中でいたしましたのでございます。わたくしは小さい時に二親（ふたおや）が時疫（じえき）でなくなりまして、弟と二人あとに残りました。初めはちょうど軒下に生まれた犬の子にふびんを掛けるように町内の人たちがお恵みくださいますので、近所じゅうの走り使いなどをいたして、飢え凍えもせずに、育ちました。次第に大きくなりまして職を捜しますにも、なるたけ二人が離れないようにいたして、いっしょにいて、助け合って働きました。去年の秋の事でございます。わたくしは弟といっしょに、西陣（にしじん）[22]

の織場にはいりまして、空引き[23]ということをいたすことになりました。そのうち弟が病気で働けなくなったのでございます。そのころわたくしどもは北山[24]の掘立小屋同様の所に寝起きをいたして、紙屋川の橋を渡って織場へ通っておりましたが、わたくしが暮れてから、食べ物などを買って帰ると、弟は待ち受けていて、わたくしを一人でかせがせてはすまないすまないと申しておりました。ある日いつものように何心なく帰って見ますと、弟はふとんの上に突っ伏していまして、周囲は血だらけなのでございます。わたくしはびっくりいたして、手に持っていた竹の皮包みや何かを、そこへおっぽり出して、そばへ行って『どうしたどうした』と申しました。すると弟はまっ青な顔の、両方の頬からあごへかけて血に染まったのをあげて、わたくしを見ましたが、物を言うことができませぬ。息をいたすたびに、傷口でひゅうひゅうという音がいたすだけでございます。わたくしにはどうも様子がわかりませんので、『どうしたのだい、血を吐いたのかい』と言って、そばへ寄ろうといたすと、弟は右の手を床に突いて、少しからだを起こしました。左の手はしっかりあごの下の所を押えていますが、その指の間から黒血の固まりがはみ出しています。弟は目でわたくしのそばへ寄るのを留めるようにして口をききました。ようよう物が言えるようになったのでございます。『すまない。どうぞ堪忍してくれ。どうせなおりそうにもない病気だから、早く死んで少しでも兄きにらくがさせたいと思ったのだ。笛を切ったら、すぐ死ねるだろうと思ったが息がそこから漏れるだけで死ねない。深く深くと思って、力いっぱい押し込むと、横へすべってしまった。刃はこぼれはしなかったようだ。これをうまく抜いてくれたらおれは死ねるだろうと思っている。物を言うのがせつなくっていけない。どうぞ手を借して抜いてくれ』と言うのでございます。弟が左の手をゆるめるとそこからまた息が漏ります。わたくしはなんと言おうにも、声が出ませんので、黙って弟の喉の傷をのぞいて見ますと、なんでも右の手に剃刀を持って、横に笛を切ったが、それでは死に切れなかったので、そのまま剃刀を、えぐるように深く突っ込んだものと見えます。柄がやっと二寸ばかり傷口から出ています。わたくしはそれだけの事を見て、どうしようという思案もつかずに、弟の顔を見ました。弟はじっとわたくしを見詰めています。わたくしはやっとの事で、『待っていてくれ、お医者を呼んで来るから』と申しました。弟は恨めしそうな目つきをいたしましたが、また左の手で喉をしっかり押えて、『医者がなんになる、あゝ苦しい、早く抜いてくれ、頼む』と言うのでございます。わたくしは途方に暮れたような心持ちになって、ただ弟の顔ばかり見ております。こんな時は、不思議なもので、目が物を言います。弟の目は『早くしろ、早くしろ』と言って、さも恨めしそうにわたくしを見ています。わたくしの頭の中では、なんだかこう車の輪のような物がぐるぐる回っているようでございましたが、弟の目は恐ろしい催促をやめません。それにその目の恨めしそうなのがだんだん険しくなって来て、とうとう敵（かたき）の顔をでもにらむような、憎々しい目になってしまいます。それを見ていて、わたくしはとうとう、これは弟の言ったとおりにしてやらなくてはならないと思いました。わたくしは『しかたがない、抜いてやるぞ』と申しました。すると弟の目の色がからりと変わって、晴れやかに、さもうれしそうになりました。わたくしはなんでもひと思いにしなくてはと思ってひざを撞（つ）くようにしてからだを前へ乗り出しました。弟は突いていた右の手を放して、今まで喉を押えていた手のひじを床に突いて、横になりました。わたくしは剃刀の柄をしっかり握って、ずっと引きました。この時わたくしの内から締めておいた表口の戸をあけて、近所のばあさんがはいって来ました。留守の間、弟に薬を飲ませたり何かしてくれるように、わたくしの頼んでおいたばあさんなのでございます。もうだいぶ内のなかが暗くなっていましたから、わたくしにはばあさんがどれだけの事を見たのだかわかりませんでしたが、ばあさんはあっと言ったきり、表口をあけ放しにしておいて駆け出してしまいました。わたくしは剃刀を抜く時、手早く抜こう、まっすぐに抜こうというだけの用心はいたしましたが、どうも抜いた時の手ごたえは、今まで切れていなかった所を切ったように思われました。刃が外のほうへ向いていましたから、外のほうが切れたのでございましょう。わたくしは剃刀を握ったまま、ばあさんのはいって来てまた駆け出して行ったのを、ぼんやりして見ておりました。ばあさんが行ってしまってから、気がついて弟を見ますと、弟はもう息が切れておりました。傷口からはたいそうな血が出ておりました。それから年寄（としより）㉕衆（しゅう）がおいでになって、役場へ連れてゆかれますまで、わたくしは剃刀をそばに置いて、目を半分あいたまま死んでいる弟の顔を見詰めていたのでございます。」

少しうつ向きかげんになって庄兵衛の顔を下から見上げて話していた喜助は、こう言ってしまって視線をひざの上に落とした。

喜助の話はよく条理が立っている。ほとんど条理が立ち過ぎていると言ってもいいくらいである。これは半年ほどの間、当時の事を幾たびも思い浮かべてみたのと、役場で問われ、町奉行所で調べられるそのたびごとに、注意に注意を加えてさらってみさせられたのとのためである。

庄兵衛はその場の様子を目(ま)のあたり見るような思いをして聞いていたが、これがはたして弟殺しというものだろうか、人殺しというものだろうかという疑いが、話を半分聞いた時から起こって来て、聞いてしまっても、その疑いを解くことができなかった。弟は剃刀を抜いてくれたら死なれるだろうから、抜いてくれと言った。それを抜いてやって死なせたのだ、殺したのだとは言われる。しかしそのままにしておいても、どうせ死ななくてはならぬ弟であったらしい。それが早く死にたいと言ったのは、苦しさに耐えなかったからである。喜助はその苦(く)を見ているに忍びなかった。苦から救ってやろうと思って命を絶った。それが罪であろうか。殺したのは罪に相違ない。しかしそれが苦から救うためであったと思うと、そこに疑いが生じて、どうしても解けぬのである。

庄兵衛の心の中には、いろいろに考えてみた末に、自分よりも上のものの判断に任すほかないという念、オオトリテエ㉖に従うほかないという念が生じた。庄兵衛はお奉行様の判断を、そのまま自分の判断にしようと思ったのである。そうは思っても、庄兵衛はまだどこやらにふに落ちぬ㉗ものが残っているので、なんだかお奉行様に聞いてみたくてならなかった。

次第にふけてゆくおぼろ夜に、沈黙の人二人を載せた高瀬舟は、黒い水の面をすべって行った。

◎注釈

①高瀬川　京都市中南部にある運河。17 世紀初め角倉了以が鴨川ぞいに開いた鴨川の

分水路。貨物運送の高瀬舟が上下したところから名づけられた。

②町奉行　江戸幕府が直轄下の主要都市(江戸・大坂・京都など)に設置した老中直属の行政官をいう。町方の行政・司法・警察を担当し、大坂・京都の場合は近国に散在する天領の支配・管轄権をも委ねられていた。

③同心　江戸幕府の下級役人。庶務・警察のことなどに当たった。

④相対死　心中。幕府が享保7年(以後)、禁止令を出してこれを取り締まり、心中の語を禁じて、「相対死」と改めた。

⑤加茂川　京都市街東部を貫流し、桂川に注ぐ川。

⑥白州　江戸時代、奉行所の罪人を取り調べた法廷。

⑦宰領　荷物運搬などの仕事をする者を監督し取り締まること。また、その人。

⑧白河楽翁　松平定信。政治家、学者。奥州白河藩(今の福島県南部)の藩主。かつて、老中筆頭の職にあり、徳川家斉を助けて寛政の改革を行った。隠居して「楽翁」と号した。

⑨政柄　政治を行う権力。政権。

⑩智恩院　京都市東山区にある浄土宗総本山。高瀬川の東岸にある。

⑪下京　京都の四条通り以南をさしていった称。

⑫ついぞ　(下に打消しの語を伴って)その行為や状態をこれまで一度も経験したことがないさま。いまだかつて。

⑬文　昔の貨幣の単位。一貫の千文の一。四貫が一両に相当。

⑭鳥目　銭。金銭。昔の丸い穴あき銭の形が鳥の目に似ていることから。

⑮仰せつける　「言いつける」の尊敬語。お言いつけになる。

⑯扶持米　扶持として与えられた俸禄米。

⑰五節句　一年間の重要な五つの節句。1月7日(人日)・3月3日(上巳)・5月5日(端午)・7月7日(七夕)・9月9日(重陽)の五つ。

⑱七五三　男三歳と五歳、女三歳と七歳のときに子供の成長を祝う行事。11月15日にその年の晴れ着を着せ、神社・氏神などに詣でる。

⑲ようよう　「ようやく」の転。

⑳あやめる　人を殺傷する。

㉑心得違い　思い違い。勘違い。誤解。

㉒西陣　京都市上京区にある機業地区。一条通り以北、堀川以西の地域をさす。家内工業的な機屋が集まり、近世以来絹織物業の中心地。

㉓空引き　空引き機の略。ここでは、その機を織ること。

㉔北山　京都北方の、船岡山・衣笠山・岩倉山などの諸山の称。

㉕年寄　江戸時代、農村で、名主・庄屋を補佐する村役人。

㉖オオトリテエ　オーソリティー。権威。

㉗ふに落ちぬ　納得できない。

◎作者紹介

森　鴎外(もり おうがい、1862年2月17日(文久2年1月19日)—1922年(大正11年)7月9日)小説家・劇作家・評論家・翻訳家・軍医。本名林太郎。石見国鹿足郡津和野町(現・島根県鹿足郡津和野町)生まれ。代々津和野藩亀井家の典医の家柄で、鴎外もその影響から第一大学区医学校(現・東大医学部)予科に入学、19歳の若さで卒業。陸軍軍医となり、1884年から5年間ドイツに留学し衛生学などを学ぶ。帰国後、陸軍軍医学校長・近衛師団軍医部長等を経て、1907年陸軍軍医創刊陸軍省医務局長となる。そのかたわら創作・翻訳などに多彩な文学活動を展開。夏目漱石とともに反自然主義的立場に立ち、数多くの名作を創作した明治の文豪と言われる。「舞姫」「うたかたの記」「ヰタ・セクスアリス」などのようなドイツ時代の作品もあり、「高瀬舟」「阿部一族」「山椒大夫」などの歴史小説や史伝もある。

◎解題

1926年1月「中央公論」に発表された歴史小説である。1928年2月春陽堂刊の短編集『高瀬舟』に収録。付録の「高瀬舟縁起」に述べたように、これは『翁草』という随筆集の中の「流人の話」に取材したものである。その話の中から知足・財産観念、安楽死という分裂した二つの主題が読み取れる。死に瀕する娘の安楽死を考える体験を持った森鴎外の描いたその歴史離れの歴史小説は、後の芥川龍之介や菊池寛らのテーマ小説の先駆をなした作品である。場面、人物と心理を鮮やかに描き出した佳作として、正宗白鳥から「澄み切った晩秋の月夜を見るような気がする」といわれている。本文は『山椒大夫・高瀬舟』岩波文庫、岩波書店1967年版によった。

◎思考問題

1. 主人公である「喜助」の罪についてどう考えているのか。
2. 森鴎外は二つの問題を作中に提出したが、その解決を与えているのか。
3. 鴎外の「歴史離れ」の歴史小説について検討してみよう。
4. 付録の資料及び参考文献の上で自分なりに疑問点を出し考えよう。

◎付録

高瀬舟縁起

京都の高瀬川は、五条から南は天正十五年に、二条から五条までは慶長十七年に、角倉了以（すみのくらりょうい）が掘ったものだそうである。そこを通う舟は曳舟（ひきふね）である。元来たかせは舟の名で、その舟の通う川を高瀬川と言うのだから、同名の川は諸国にある。しかし舟は曳舟には限らぬので、『和名鈔（わみょうしょう）』には釈名（しゃくめい）の「艇小而深者曰（ていしょうにしてふかきものをきょうという）」とあるの字をたかせに当ててある。竹柏園文庫（ちくはくえんぶんこ）の『和漢船用集』を借覧するに、「おもて高く、とも、よこともにて、低く平らなるものなり」と言ってある。そして図にはで行（や）る舟がかいてある。

徳川時代には京都の罪人が遠島を言い渡されると、高瀬舟で大阪へ回されたそうである。それを護送してゆく京都町奉行付（まちぶぎょうづき）の同心（どうしん）が悲しい話ばかり聞かせられる。あるときこの舟に載せられた兄弟殺しの科（とが）を犯した男が、少しも悲しがっていなかった。その子細を尋ねると、これまで食（しょく）を得（う）ることに困っていたのに、遠島を言い渡された時、銅銭二百文をもらったが、銭を使わずに持っているのは始めだと答えた。また人殺しの科はどうして犯したかと問えば、兄弟は西陣に雇われて、空引きということをしていたが、給料が少なくて暮らしが立ちかねた、そのうち同胞が自殺をはかったが、死に切れなかった、そこで同胞が所詮助からぬから殺してくれと頼むので殺してやったと言った。

この話は『翁草（おきなぐさ）』に出ている。池辺義象（いけべよしかた）さんの校訂した活字本で一ペエジ余に書いてある。私はこれを読んで、その中に二つの大きい問題が含まれていると思った。一つは財産というものの観念である。銭を待ったことのない人の銭を持った喜びは、銭の多少には関せない。人の欲には限りがないから、銭を持ってみると、いくらあればよいという限界は見いだされないのである。二百文を財産として喜んだのがおもしろい。今一つは死にかかっていて死なれずに苦しんでいる人を、死なせてやるという事である。人を死なせてやれば、すなわち殺すということになる。どんな場合にも人を殺してはならない。『翁草』にも、教えのない民だから、悪意がないのに人殺しになったというような、批評のことばがあったように記憶する。しかしこれはそう容易に杓子定木（しゃくしじょうぎ）で決してしまわれる問題ではない。ここに病人があって死に瀕（ひん）して苦しんでいる。それを救う手段は全くない。そばからその苦しむのを見ている人はどう思うであろうか。たとい教えのある人でも、どうせ死ななくてはならぬものなら、あの苦しみを長くさせておかずに、早く死なせてやりたいという情は必ず起こる。ここに麻酔薬を与えてよいか悪いかという疑いが生ずるのである。その薬は致死量でないにしても、薬を与えれば、多少死期を早くするかもしれない。それゆえやらずにおいて苦しませていなくてはならない。従来の道徳は苦しませておけと命じている。しかし医学社会には、これを非とする論がある。すなわち死に瀕して苦しむものがあったら、らくに死なせて、その苦を救ってやるがいいというのである。これをユウタナジイという。らくに死なせるという意味である。高瀬舟の罪人は、ちょうどそれと同じ場合にいたように思われる。私にはそれがひどくおもしろい。

こう思って私は「高瀬舟」という話を書いた。『中央公論』で公にしたのがそれである。

◎参考文献

[1]唐木順三　『鴎外の精神』筑摩書房　1943年

[2]井上正敏　「森鴎外『高瀬舟』考」福岡学芸大学紀要10　1960年

[3]長船省吾　「疑懼と晴やかさ——森鴎外『高瀬舟』の解釈」『国語国文』　1962年1月

[4]前田愛　「『高瀬舟』の原拠——森鴎外と古典」『国文学』　1967年2月

[5]稲垣達郎　『森鴎外必携』学燈社　1968年

[6]三好行雄　『鴎外と漱石　明治のエートス』力富書房　1983年

[7]長谷川泉　『鴎外文学管窺—世界の日本文学シリーズ』明治書院　1987年

[8]檀原みすず　「『高瀬舟』(森鴎外の世界〈特集〉)——(作品の世界)」『国文学　解釈と鑑賞』　1992年11月

[9]清田文武　「『高瀬舟』(特集：森鴎外を読むための研究事典)」『国文学　解釈と教材の研究』　1998年1月

[10]谷沢永一、山崎国紀　『森鴎外研究』新潮社　2004年

[11]加藤郁夫　「「公」と「私」の揺れの間で——『高瀬舟』(森鴎外)導入部の仕掛けを読む」『研究紀要』(7)　2005年

[12]滝藤満義　「高瀬舟——語り手のスタンス」千葉大学人文研究(35)　2006年

[13]柳澤浩哉　「『高瀬舟』の真相——小説史上，最も読者を欺いた殺人犯」　広島大学日本語教育研究(20)　2010年

第六課　注文の多い料理店

宮沢賢治

二人の若い紳士(しんし)が、すっかりイギリスの兵隊のかたちをして、ぴかぴかする鉄砲(てっぽう)をかついで、白熊のような犬を二疋(ひき)つれて、だいぶ山奥(やまおく)の、木の葉のかさかさしたとこを、こんなことを云(い)いながら、あるいておりました。

「ぜんたい、ここらの山は怪(け)しからんね。鳥も獣も一疋も居やがらん①。なんでも構わないから、早くタンタアーン②と、やって見たいもんだなあ。」

「鹿の黄いろな横っ腹なんぞに、二三発お見舞もうしたら、ずいぶん痛快だろうねえ。くるくるまわって、それからどたっと③倒れるだろうねえ。」

それはだいぶの山奥でした。案内してきた専門の鉄砲打ちも、ちょっとまごついて、どこかへ行ってしまったくらいの山奥でした。

それに、あんまり山が物凄(ものすご)いので、その白熊のような犬が、二疋いっしょにめまいを起こして、しばらく吠(うな)って、それから泡を吐いて死んでしまいました。

「じつにぼくは、二千四百円の損害だ」と一人の紳士が、その犬の眼(ま)ぶたを、ちょっとかえしてみて言いました。

「ぼくは二千八百円の損害だ。」と、もひとり④が、くやしそうに、あたまをまげて言いました。

はじめの紳士は、すこし顔いろを悪くして、じっと、もひとりの紳士の、顔つきを見ながら云いました。

「ぼくはもう戻ろうとおもう。」

「さあ、ぼくもちょうど寒くはなったし腹は空（す）いてきたし戻ろうとおもう。」

「そいじゃ、これで切りあげよう。なあに戻りに、昨日の宿屋で、山鳥を拾円（じゅうえん）も買って帰ればいい。」

「兎（うさぎ）もでていたねえ。そうすれば結局おんなじこった[5]。では帰ろうじゃないか」

ところがどうも困ったことは、どっちへ行けば戻れるのか、いっこうに見当がつかなくなっていました。

風がどうと吹いてきて、草はざわざわ、木の葉はかさかさ、木はごとんごとんと鳴りました。

「どうも腹が空いた。さっきから横っ腹が痛くてたまらないんだ。」

「ぼくもそうだ。もうあんまりあるきたくないな。」

「あるきたくないよ。ああ困ったなあ、何かたべたいなあ。」

「喰（た）べたいもんだなあ」

二人の紳士は、ざわざわ鳴るすすきの中で、こんなことを云いました。

その時ふとうしろを見ますと、立派な一軒（いっけん）の西洋造りの家がありました。

そして玄関には

RESTAURANT

西洋料理店

WILDCAT HOUSE

山猫軒

という札がでていました。

「君、ちょうどいい。ここはこれでなかなか開けてるんだ。入ろうじゃないか」

「おや、こんなとこにおかしいね。しかしとにかく何か食事ができるんだろう」

「もちろんできるさ。看板にそう書いてあるじゃないか」

「はいろうじゃないか。ぼくはもう何か喰べたくて倒れそうなんだ。」

二人は玄関に立ちました。玄関は白い瀬戸（せと）の煉瓦（れんが）で組んで、実に立派なもんです。

そして硝子（がらす）の開き戸がたって、そこに金文字でこう書いてありました。

「どなたもどうかお入りください。決してご遠慮はありません」

二人はそこで、ひどくよろこんで言いました。

「こいつはどうだ、やっぱり世の中はうまくできてるねえ、きょう一日なんぎ⑥したけれど、こんどはこんないいこともある。このうちは料理店だけれどもただでご馳走するんだぜ。」

「どうもそうらしい。決してご遠慮はありませんというのはその意味だ。」

二人は戸を押して、なかへ入りました。そこはすぐ廊下（ろうか）になっていました。その硝子戸の裏側には、金文字でこうなっていました。

「ことに肥（ふと）ったお方や若いお方は、大歓迎いたします」

二人は大歓迎というので、もう大よろこびです。

「君、ぼくらは大歓迎にあたっているのだ。」

「ぼくらは両方兼ねてるから」

ずんずん廊下を進んで行きますと、こんどは水いろのペンキ塗りの扉（と）がありました。

「どうも変な家（うち）だ。どうしてこんなにたくさん戸があるのだろう。」

「これはロシア式だ。寒いとこや山の中はみんなこうさ。」

そして二人はその扉をあけようとしますと、上に黄いろな字でこう書いてありました。

「当軒は注文の多い料理店ですからどうかそこはご承知ください」

「なかなかはやってるんだ。こんな山の中で。」

「それあそうだ。見たまえ、東京の大きな料理屋だって大通りにはすくないだろう」

二人は云いながら、その扉をあけました。するとその裏側に、

「注文はずいぶん多いでしょうがどうか一々こらえて下さい。」

「これはぜんたいどういうんだ。」ひとりの紳士は顔をしかめました。

「うん、これはきっと注文があまり多くて支度（したく）が手間取るけれどもごめん下さいと斯（こ）ういうことだ。」

「そうだろう。早くどこか室の中にはいりたいもんだな。」

「そしてテーブルに座りたいもんだな。」

ところがどうもうるさいことは、また扉が一つありました。そしてそのわきに鏡がかかって、その下には長い柄のついたブラシが置いてあったのです。

扉には赤い字で、

「お客さまがた、ここで髪をきちんとして、それからはきものの泥を落してください。」

と書いてありました。

「これはどうも尤もだ。僕もさっき玄関で、山のなかだとおもって見くびったんだよ」

「作法の厳しい家だ。きっとよほど偉い人たちが、たびたび来るんだ。」

そこで二人は、きれいに髪をけずって、靴の泥を落しました。

そしたら、どうです。ブラシを板の上に置くや否や、そいつがぼうっとかすんで無くなって、風がどうっと室の中に入ってきました。

二人はびっくりして、互によりそって、扉をがたんと開けて、次の室へ入って行きました。早く何か暖いものでもたべて、元気をつけて置かないと、もう途方もないことになってしまうと、二人とも思ったのでした。

扉の内側に、また変なことが書いてありました。

「鉄砲と弾丸をここへ置いてください。」

見るとすぐ横に黒い台がありました。

「なるほど、鉄砲を持ってものを食うという法はない。」

「いや、よほど偉いひとが始終来ているんだ。」

二人は鉄砲をはずし、帯皮を解いて、それを台の上に置きました。

また黒い扉がありました。

「どうか帽子と外套と靴をおとり下さい。」

「どうだ、とるか。」

「仕方ない、とろう。たしかによっぽどえらいひとなんだ。奥に来ているのは」

二人は帽子とオーバーコートを釘（くぎ）にかけ、靴をぬいでぺたぺたあるいて扉の中にはいりました。

扉の裏側には、

「ネクタイピン、カフスボタン⑦、眼鏡、財布、その他金物類、

ことに尖（とが）ったものは、みんなここに置いてください」

と書いてありました。扉のすぐ横には黒塗りの立派な金庫も、ちゃんと口を開けて置いてありました。鍵まで添（そ）えてあったのです。

「ははあ、何かの料理に電気をつかうと見えるね。金気（かなけ）のものはあぶない。ことに尖ったものはあぶないと斯う云うんだろう。」

「そうだろう。して見ると勘定（かんじょう）は帰りにここで払うのだろうか。」

「どうもそうらしい。」

「そうだ。きっと。」

二人はめがねをはずしたり、カフスボタンをとったり、みんな金庫のなかに入れて、ぱちんと錠（じょう）をかけました。

すこし行きますとまた扉（と）があって、その前に硝子の壺（つぼ）が一つありました。扉には斯う書いてありました。

「壺のなかのクリームを顔や手足にすっかり塗ってください。」

みるとたしかに壺のなかのものは牛乳のクリームでした。

「クリームをぬれというのはどういうんだ。」

「これはね、外がひじょうに寒いだろう。室のなかがあんまり暖いとひびがきれるから、その予防なんだ。どうも奥には、よほどえらいひとがきている。こんなとこで、案外ぼくらは、貴族とちかづきになるかも知れないよ。」

二人は壺のクリームを、顔に塗って手に塗ってそれから靴下をぬいで足に塗りました。それでもまだ残っていましたから、それは二人ともめいめいこっそり顔へ塗るふりをしながら喰べました。

それから大急ぎで扉をあけますと、その裏側には、

「クリームをよく塗りましたか、耳にもよく塗りましたか、」

と書いてあって、ちいさなクリームの壺がここにも置いてありました。

「そうそう、ぼくは耳には塗らなかった。あぶなく耳にひびを切らすとこだった。ここの主人はじつに用意周到（しゅうとう）だね。」

「ああ、細かいとこまでよく気がつくよ。ところでぼくは早く何か喰べたいんだが、どうも斯うどこまでも廊下じゃ仕方ないね。」

するとすぐその前に次の戸がありました。

「料理はもうすぐできます。

十五分とお待たせはいたしません。

すぐたべられます。

早くあなたの頭に瓶（びん）の中の香水をよく振りかけてください。」

そして戸の前には金ピカの香水の瓶が置いてありました。

二人はその香水を、頭へぱちゃぱちゃ振りかけました。

ところがその香水は、どうも酢（す）のような匂（におい）がするのでした。

「この香水はへんに酢くさい。どうしたんだろう。」

「まちがえたんだ。下女が風邪でも引いてまちがえて入れたんだ。」

二人は扉をあけて中にはいりました。

扉の裏側には、大きな字で斯う書いてありました。

「いろいろ注文が多くてうるさかったでしょう。お気の毒でした。

もうこれだけです。どうかからだ中に、壺の中の塩をたくさん

よくもみ込んでください。」

なるほど立派な青い瀬戸の塩壺は置いてありましたが、こんどというこんどは二人ともぎょっとしてお互にクリームをたくさん塗った顔を見合せました。

「どうもおかしいぜ。」

「ぼくもおかしいとおもう。」

「沢山（たくさん）の注文というのは、向うがこっちへ注文してるんだよ。」

「だからさ、西洋料理店というのは、ぼくの考えるところでは、西洋料理を、来た人にたべさせるのではなくて、来た人を西洋料理にして、食べてやる家とこういうことなんだ。これは、その、つ、つ、つ、つまり、ぼ、ぼ、ぼくらが……。」がたがたがたがた、ふるえだしてもうものが言えませんでした。

「その、ぼ、ぼくらが、……うわあ。」がたがたがたがたふるえだして、もうものが言えませんでした。

「遁(に)げ……。」がたがたしながら一人の紳士はうしろの戸を押そうとしましたが、どうです、戸はもう一分(いちぶ)も動きませんでした。

奥の方にはまだ一枚扉があって、大きなかぎ穴が二つつき、銀いろのホーク[8]とナイフの形が切りだしてあって、

「いや、わざわざご苦労です。

大へん結構にできました。

さあさあおなかにおはいりください。」

と書いてありました。おまけにかぎ穴からはきょろきょろ二つの青い眼玉(めだま)がこっちをのぞいています。

「うわあ。」がたがたがたがた。

「うわあ。」がたがたがたがた。

ふたりは泣き出しました。

すると戸の中では、こそこそこんなことを云っています。

「だめだよ。もう気がついたよ。塩をもみこまないようだよ。」

「あたりまえさ。親分[9]の書きようがまずいんだ。あすこへ、いろいろ注文が多くてうるさかったでしょう、お気の毒でしたなんて、間抜(まぬ)けたことを書いたもんだ。」

「どっちでもいいよ。どうせぼくらには、骨も分けて呉(く)れやしないんだ。」

「それはそうだ。けれどももしここへあいつらがはいって来なかったら、それはぼくらの責任だぜ。」

「呼ぼうか、呼ぼう。おい、お客さん方、早くいらっしゃい。いらっしゃい。いらっ

しゃい。お皿も洗ってありますし、菜っ葉ももうよく塩でもんで置きました。あとはあなたがたと、菜っ葉をうまくとりあわせて、まっ白なお皿にのせるだけです。はやくいらっしゃい。」

「へい、いらっしゃい、いらっしゃい。それともサラド[10]はお嫌いですか。そんならこれから火を起してフライにしてあげましょうか。とにかくはやくいらっしゃい。」

二人はあんまり心を痛めたために、顔がまるでくしゃくしゃの紙屑(かみくず)のようになり、お互にその顔を見合せ、ぶるぶるふるえ、声もなく泣きました。

中ではふっふっとわらってまた叫んでいます。

「いらっしゃい、いらっしゃい。そんなに泣いては折角(せっかく)のクリームが流れるじゃありませんか。へい、ただいま。じきもってまいります。さあ、早くいらっしゃい。」

「早くいらっしゃい。親方がもうナフキンをかけて、ナイフをもって、舌なめずりして、お客さま方を待っていられます。」

二人は泣いて泣いて泣いて泣いて泣きました。

そのときうしろからいきなり、

「わん、わん、ぐゎあ。」という声がして、あの白熊のような犬が二疋、扉をつきやぶって室の中に飛び込んできました。鍵穴の眼玉はたちまちなくなり、犬どもはううとうなってしばらく室の中をくるくる廻(まわ)っていましたが、また一声

「わん。」と高く吠(ほ)えて、いきなり次の扉に飛びつきました。戸はがたりとひらき、犬どもは吸い込まれるように飛んで行きました。

その扉の向うのまっくらやみのなかで、

「にゃあお、くゎあ、ごろごろ。」という声がして、それからがさがさ鳴りました。

室はけむりのように消え、二人は寒さにぶるぶるふるえて、草の中に立っていました。

見ると、上着や靴や財布やネクタイピンは、あっちの枝にぶらさがったり、こっちの根もとにちらばったりしています。風がどうと吹いてきて、草はざわざわ、木の葉はかさかさ、木はごとんごとんと鳴りました。

犬がふうとうなって戻ってきました。

そしてうしろからは、

「旦那(だんな)あ、旦那あ、」と叫ぶものがあります。

二人は俄(にわ)かに元気がついて

「おおい、おおい、ここだぞ、早く来い。」と叫びました。

簑帽子(みのぼうし)をかぶった専門の猟師が、草をざわざわ分けてやってきました。

そこで二人はやっと安心しました。

そして猟師のもってきた団子をたべ、途中で十円だけ山鳥を買って東京に帰りました。

しかし、さっき一ぺん紙くずのようになった二人の顔だけは、東京に帰っても、お湯にはいっても、もうもとのとおりになおりませんでした。

◎注釈

①居やがらん　(俗語)いないなあ。

②タンタアーン　擬声語。銃声を表す。

③どたっと　「どたりと」の意。

④もひとり　「もうひとり」の意。

⑤こった　「ことだ」の意。

⑥なんぎ　難しいこと。めんどうなこと。また、そのさま。

⑦カフスボタン　ワイシャツなどのカフスをとめる実用と装飾を兼ねたボタン。

⑧ホーク　「フォーク」の転。

⑨親分　徒党を組む者の頭。

⑩サラド　「サラダ」の転。

◎作者紹介

宮沢　賢治(しまざき　とうそん、1896年8月27日(明治29年2月17日)—1933年(昭和8年)9月21日)は、詩人、童話作家。岩手県花巻生まれ。盛岡高等農林農卒。稗

貫農学校の教諭を経て、農業指導者として活躍のかたわら詩や童話を創作。自然と農民生活で育まれた独特の宇宙的感覚や宗教的信条にみちた詩と童話を残す。生涯、法華経を敬信、また農民生活に根ざし、創作に強い影響を与える。その特徴として、旺盛な自然との交感力、童話作品によくみられる擬声語の多用、世界主義的な雰囲気、また岩手県という郷土への愛着などが挙げられる。生前賢治の刊行された作品は詩集『春と修羅』と童話集『注文の多い料理店』の二冊しかなく、ほとんど一般には知られず無名に近かった。『農民芸術概論綱要』において「永久の未完成これ完成である」という賢治の記述があるように、彼の作品が完成した後も何度も修正される。没後草野心平らの尽力により彼の作品が広く知られ、世評が急速に高まり国民的作家となっている。

◎解題

「注文の多い料理店」は、宮沢賢治の生前に出版された唯一の児童文学の同名短編集に収録された表題作である。「銀河鉄道の夜」「風の又三郎」などとともに賢治の童話代表作として知られる。賢治が「『注文の多い料理店』新刊案内」に「二人の青年紳士が猟に出て路を迷い、「注文の多い料理店」にはいり、その途方もない経営者からかえって注文されていたはなし。糧に乏しい村のこどもらが、都会文明と放恣な階級とに対するやむにやまれない反感です。」とこの童話のあらすじと意図を述べている。この中心的な位置を占めている見方の他、「語り手」と「読み手」の関係、また「猫と風」というヒントを意識し考えるという読み方もある。本文は『注文の多い料理店』新潮文庫、新潮社1990年版によった。

◎思考問題

1. 本文にある二回の「風」に対する描写の意味について考えよう。
2. 文中の掛け言葉を探し出し、分析してみよう。。
3. 本文で描かれた「山猫」にはどういう印象を持っているのか。「山猫」を主人公とする宮沢賢治の他の童話もあるので、読んで比較してみよう。

4. 付録と参考文献の上で自分なりに疑問点を出し考えよう。

◎付録

『注文の多い料理店』序

わたしたちは、氷砂糖をほしいくらいもたないでも、きれいにすきとおった風をたべ、桃いろのうつくしい朝の日光をのむことができます。

またわたくしは、はたけや森の中で、ひどいぼろぼろのきものが、いちばんすばらしいびろうどや羅紗や、宝石いりのきものに、かわっているのをたびたび見ました。

わたくしは、そういうきれいなたべものやきものをすきです。

これらのわたくしのおはなしは、みんな林や野はらや鉄道線路やらで、虹や月あかりからもらってきたのです。

ほんとうに、かしわばやしの青い夕方を、ひとりで通りかかったり、十一月の山の風のなかに、ふるえながら立ったりしますと、もうどうしてもこんな気がしてしかたないのです。ほんとうにもう、どうしてもこんなことがあるようでしかたないということを、わたくしはそのとおり書いたまでです。

ですから、これらのなかには、あなたのためになるところもあるでしょうし、ただそれっきりのところもあるでしょうが、わたくしには、そのみわけがよくつきません。なんのことだか、わけのわからないところもあるでしょうが、そんなところは、わたくしにもまた、わけがわからないのです。

けれども、わたくしは、これらのちいさなものがたりの幾きれかが、おしまい、あなたのすきとおったほんとうのたべものになることを、どんなにねがうかわかりません。

大正十二年十二月二十日

宮沢賢治

『注文の多い料理店』新刊案内

イーハトヴは一つの地名である。しいて、その地点を求(もと)むるならば、それは、大小クラウスたちの耕(たがや)していた、野原(のはら)や、少女アリスがたどった鏡の国と同じ世界の中、テパーンタール砂漠（さばく）のはるかな北東、イヴン王国の遠い東と考えられる。

じつにこれは著者の心象中に、このような状景（じょうけい）をもって実在（じつざい）したドリームランドとしての日本岩手県である。

そこでは、あらゆることが可能である。人は一瞬（いっしゅん）にして氷雲（ひょううん）の上に飛躍（ひやく）し大循環（だいじゅんかん）の風を従（したが）えて北に旅することもあれば、赤い花杯（はなさかずき）の下を行く蟻（あり）と語ることもできる。

罪や、かなしみでさえそこでは聖（きよ）くきれいにかがやいている。

深い椈（ママ）の森や、風や影、肉之草（ママ）や、不思議な都会、ベーリング市まで続く電柱（でんちゅう）の列、それはまことにあやしくも楽しい国土である。この童話集の一列は実に作者の心象スケッチの一部である。それは少年少女期（き）の終りごろから、アドレッセンス中葉（ちゅうよう）に対する一つの文学としての形式をとっている。

この見地からその特色を数えるならば次の諸点に帰する。

一　これは正しいものの種子（しゅし）を有（ゆう）し、その美しい発芽（はつが）を待つものである。しかもけっして既成（きせい）の疲れた宗教や、道徳（どうとく）の残滓（ざんし）を、色あせた仮面（かめん）によって純真（じゅんしん）な心意（しんい）の所有者たちに欺（あざむ）き与えんとするものではない。

二　これらは新しい、よりよい世界の構成材料を提供しようとはする。けれどもそれは全（まった）く、作者に未知（みち）な絶（た）えざる驚異（きょうい）に値（あたい）する世界自身の発展であって、けっして畸形（きけい）に捏（こ）ねあげられた煤色（すすいろ）のユートピアではない。

三　これらはけっして偽（いつわり）でも仮空（ママ）でも竊盗（せっとう）でもない。

多少の再度（さいど）の内省（ないせい）と分析とはあっても、たしかにこのとおりその時心象（しんしょう）の中に現われたものである。ゆえにそれは、どんなに馬鹿（ばか）げていても、難解でも必ず心の深部において万人の共通である。卑怯（ひきょう）な成人たちに畢竟（ひっきょう）不可解（ふかかい）なだけである。

四　これは田園（でんえん）の新鮮な産物である。われらは田園の風と光の中からつややかな果実（かじつ）や、青い蔬菜（そさい）といっしょにこれらの心象スケッチを世間に提供するものである。

注文の多い料理店はその十二巻（かん）のセリーズの中の第一冊でまずその古風な童話としての形式と地方色[#「地方色」は底本では「地方名」]とをもって類集（るいしゅう）したものであって次の九編からなる。

目次と……その説明

（中略、ここに「注文の多い料理店」の中扉のカットを挿入（そうにゅう）してある）

1　どんぐりと山猫

山猫拝（やまねこはい）と書いたおかしな葉書が来たので、こどもが山の風の中へ出かけて行くはなし。必ず比較をされなければならないいまの学童（がくどう）たちの内奥（ないおう）からの反響（はんきょう）です。

2　狼森と笊森、盗森

人と森との原始的な交渉で　1自然の順違二面（じゅんいにめん）が農民に与えた永（なが）い間の印象です。森が子供らや農具をかくすたびに、みんなは「探しに行くぞお」と叫び、森は「来（こ）お」と答えました。

3　烏の北斗七星

戦うものの内的感情です。

4　注文の多い料理店

二人の青年紳士が猟（りょう）に出（で）て路（みち）を迷い、「注文の多い料理店」にはいり、その途方もない経営者からかえって注文されていたはなし。糧（かて）に乏（とぼ）しい村のこどもらが、都会文明と放恣（ほうし）な階級とに対するやむにやまれない反感です。

5　水仙月の四日

赤い毛布（ケット）を被（かつ）ぎ、「カリメラ」の銅鍋（どうなべ）や青い焔（ほのお）を考えながら雪の高原を歩いていたこどもと、「雪婆（ゆきば）ンゴ」や雪狼（ゆきオイノ）、雪童子（ゆきわらす）とのものがたり。

6　山男の四月

四月のかれ草の中にねころんだ山男の夢です。烏（からす）の北斗七星（ほくとしちせい）といっしょに、一つの小さなこころの種子を有(も)ちます。

7　かしわばやしの夜

桃色の大きな月はだんだん小さく青じろくなり、かしわはみんなざわざわ言い、画描きは自分の靴の中に鉛筆を削(けず)って変なメタルの歌をうたう、たのしい「夏の踊りの第三夜」です。

8　月夜のでんしんばしら

うろこぐもと鉛色(なまりいろ)の月光、九月のイーハトヴの鉄道線路の内想です。

9　鹿踊りのはじまり

まだ剖(わか)れない巨(おお)きな愛の感情です。すすきの花の向い火や、きらめく赤褐(せっかつ)の樹立(こだち)のなかに、鹿が無心に遊んでいます。ひとは自分と鹿との区別を忘れ、いっしょに踊ろうとさえします。

〔雨ニモマケズ〕

雨ニモマケズ
風ニモマケズ
雪ニモ夏ノ暑サニモマケヌ
丈夫ナカラダヲモチ
慾ハナク
決シテ瞋ラズ
イツモシヅカニワラッテヰル
一日ニ玄米四合ト
味噌ト少シノ野菜ヲタベ
アラユルコトヲ
ジブンヲカンジョウニ入レズニ
ヨクミキキシワカリ
ソシテワスレズ

野原ノ松ノ林ノ蔭ノ

小サナ萓ブキノ小屋ニヰテ

東ニ病気ノコドモアレバ

行ッテ看病シテヤリ

西ニツカレタ母アレバ

行ッテソノ稲ノ束ヲ負ヒ

南ニ死ニサウナ人アレバ

行ッテコハガラナクテモイヽトイヒ

北ニケンクヮヤソショウガアレバ

ツマラナイカラヤメロトイヒ

ヒドリノトキハナミダヲナガシ

サムサノナツハオロオロアルキ

ミンナニデクノボートヨバレ

ホメラレモセズ

クニモサレズ

サウイフモノニ

ワタシハナリタイ

南無無辺行菩薩

南無上行菩薩

南無多宝如来

南無妙法蓮華経

南無釈迦牟尼仏

南無浄行菩薩

南無安立行菩薩

どんぐりと山猫

おかしなはがきが、ある土曜日の夕がた、一郎のうちにきました。

かねた一郎さま　九月十九日
あなたは、ごきげんよろしいほで、けっこです。
あした、めんどなさいばんしますから、おいで
んなさい。とびどぐもたないでくなさい。
山ねこ　拝

こんなのです。字はまるでへたで、墨(すみ)もがさがさして指につくくらいでした。けれども一郎はうれしくてうれしくてたまりませんでした。はがきをそっと学校のかばんにしまって、うちじゅうとんだりはねたりしました。

ね床(どこ)にもぐってからも、山猫のにゃあとした顔や、そのめんどうだという裁判のけしきなどを考えて、おそくまでねむりませんでした。

けれども、一郎が眼(め)をさましたときは、もうすっかり明るくなっていました。おもてにでてみると、まわりの山は、みんなたったいまできたばかりのようにうるうるもりあがって、まっ青なそらのしたにならんでいました。一郎はいそいでごはんをたべて、ひとり谷川に沿ったこみちを、かみの方へのぼって行きました。

すきとおった風がざあっと吹くと、栗の木はばらばらと実をおとしました。一郎は栗の木をみあげて、

「栗の木、栗の木、やまねこがここを通らなかったかい。」とききました。栗の木はちょっとしずかになって、

「やまねこなら、けさはやく、馬車でひがしの方へ飛んで行きましたよ。」と答えました。

「東ならぼくのいく方だねえ、おかしいな、とにかくもっといってみよう。栗の木ありがとう。」

栗の木はだまってまた実をばらばらとおとしました。

一郎がすこし行きますと、そこはもう笛(ふえ)ふきの滝(たき)でした。笛ふきの滝というのは、まっ白な岩の崖(がけ)のなかほどに、小さな穴があいていて、そこから水が笛のように鳴って飛び出し、すぐ滝になって、ごうごう谷におちているのをいうのでした。

一郎は滝に向いて叫びました。

「おいおい、笛ふき、やまねこがここを通らなかったかい。」

滝がぴーぴー答えました。

「やまねこは、さっき、馬車で西の方へ飛んで行きましたよ。」

「おかしいな、西ならぼくのうちの方だ。けれども、まあも少し行ってみよう。ふえふき、ありがとう。」

滝はまたもとのように笛を吹きつづけました。

一郎がまたすこし行きますと、一本のぶなの木のしたに、たくさんの白いきのこが、どってこどってこどってこと、変な楽隊をやっていました。

一郎はからだをかがめて、

「おい、きのこ、やまねこが、ここを通らなかったかい。」

とききました。するときのこは

「やまねこなら、けさはやく、馬車で南の方へ飛んで行きましたよ。」とこたえました。一郎は首をひねりました。

「みなみならあっちの山のなかだ。おかしいな。まあもすこし行ってみよう。きのこ、ありがとう。」

きのこはみんないそがしそうに、どってこどってこと、あのへんな楽隊をつづけました。

一郎はまたすこし行きました。すると一本のくるみの木の梢(こずえ)を、栗鼠(りす)がぴょんととんでいました。一郎はすぐ手まねぎしてそれをとめて、

「おい、りす、やまねこがここを通らなかったかい。」とたずねました。するとりすは、木の上から、額に手をかざして、一郎を見ながらこたえました。

「やまねこなら、けさまだくらいうちに馬車でみなみの方へ飛んで行きましたよ。」

「みなみへ行ったなんて、二(ふた)とこでそんなことを言うのはおかしいなあ。けれどもまあもすこし行ってみよう。りす、ありがとう。」りすはもう居ませんでした。ただくるみのいちばん上の枝がゆれ、となりのぶなの葉がちらっとひかっただけでした。

一郎がすこし行きましたら、谷川にそったみちは、もう細くなって消えてしまいました。そして谷川の南の、まっ黒な榧(かや)の木の森の方へ、あたらしいちいさなみちがついていました。一郎はそのみちをのぼって行きました。榧の枝はまっくろに重なりあって、青ぞらは一きれも見えず、みちは大へん急な坂になりました。一郎が顔をまっかにして、汗をぽとぽとおとしながら、その坂をのぼりますと、にわかにぱっと明るくなって、眼がちくっとしました。そこはうつくしい黄金(きん)いろの草地で、草は風にざわざわ鳴り、まわりは立派なオリーブいろのかやの木のもりでかこまれてありました。

その草地のまん中に、せいの低いおかしな形の男が、膝を曲げて手に革鞭(かわむち)をもって、だまってこっちをみていたのです。

一郎はだんだんそばへ行って、びっくりして立ちどまってしまいました。その男は、片眼で、見えない方の眼は、白くびくびくうごき、上着のような半纏(はんてん)のようなへんなものを着て、だいいち足が、ひどくまがって山羊(やぎ)のよう、ことにそのあしさきときたら、ごはんをもるへらのかたちだったのです。一郎は気味が悪かったのですが、なるべく落ちついてたずねました。

「あなたは山猫をしりませんか。」

するとその男は、横眼で一郎の顔を見て、口をまげてにやっとわらって言いました。

「山ねこさまはいますぐに、ここに戻ってお出(で)やるよ。おまえは一郎さんだな。」

一郎はぎょっとして、一あしうしろにさがって、

「え、ぼく一郎です。けれども、どうしてそれを知ってますか。」と言いました。するとその奇体(きたい)な男はいよいよにやにやしてしまいました。

「そんだら、はがき見だべ。」

「見ました。それで来たんです。」

「あのぶんしょうは、ずいぶん下手だべ。」と男は下をむいてかなしそうに言いました。一郎はきのどくになって、

「さあ、なかなか、ぶんしょうがうまいようでしたよ。」

と言いますと、男はよろこんで、息をはあはあして、耳のあたりまでまっ赤になり、きもののえりをひろげて、風をからだに入れながら、

「あの字もなかなかうまいか。」とききました。一郎は、おもわず笑いだしながら、へんじしました。

「うまいですね。五年生だってあのくらいには書けないでしょう。」

すると男は、急にまたいやな顔をしました。

「五年生っていうのは、尋常(じんじょう)五年生だべ。」その声が、あんまり力なくあわれに聞えましたので、一郎はあわてて言いました。

「いいえ、大学校の五年生ですよ。」

すると、男はまたよろこんで、まるで、顔じゅう口のようにして、にたにたにたにた笑って叫びました。

「あのはがきはわしが書いたのだよ。」

一郎はおかしいのをこらえて、

「ぜんたいあなたはなにですか。」とたずねますと、男は急にまじめになって、

「わしは山ねこさまの馬車別当(べっとう)だよ。」と言いました。

そのとき、風がどうと吹いてきて、草はいちめん波だち、別当は、急にていねいなおじぎをしました。

一郎はおかしいとおもって、ふりかえって見ますと、そこに山猫が、黄いろな陣羽織(じんばおり)のようなものを着て、緑いろの眼をまん円にして立っていました。やっぱり山猫の耳は、立って尖(とが)っているなと、一郎がおもいましたら、山ねこはぴょこっとおじぎをしました。一郎もていねいに挨拶しました。

「いや、こんにちは、きのうははがきをありがとう。」

山猫はひげをぴんとひっぱって、腹をつき出して言いました。

「こんにちは、よくいらっしゃいました。じつはおとといから、めんどうなあらそいがおこって、ちょっと裁判にこまりましたので、あなたのお考えを、うかがいたいとおもいましたのです。まあ、ゆっくり、おやすみください。じき、どんぐりどもがまいりましょう。どうもまい年、この裁判でくるしみます。」山ねこは、ふところから、巻煙草（まきたばこ）の箱を出して、じぶんが一本くわえ、

「いかがですか。」と一郎に出しました。一郎はびっくりして、

「いいえ。」と言いましたら、山ねこはおおようにわらって、

「ふふん、まだお若いから、」と言いながら、マッチをしゅっと擦（す）って、わざと顔をしかめて、青いけむりをふうと吐きました。山ねこの馬車別当は、気を付けの姿勢で、しゃんと立っていましたが、いかにも、たばこのほしいのをむりにこらえているらしく、なみだをぼろぼろこぼしました。

そのとき、一郎は、足もとでパチパチ塩のはぜるような、音をききました。びっくりして屈（かが）んで見ますと、草のなかに、あっちにもこっちにも、黄金いろの円いものが、ぴかぴかひかっているのでした。よくみると、みんなそれは赤いずぼんをはいたどんぐりで、もうその数ときたら、三百でも利（き）かないようでした。わあわあわあわあわあ、みんななにか云（い）っているのです。

「あ、来たな。蟻（あり）のようにやってくる。おい、さあ、早くベルを鳴らせ。今日はそこが日当りがいいから、そこのとこの草を刈（か）れ。」やまねこは巻たばこを投げすてて、大いそぎで馬車別当にいいつけました。馬車別当もたいへんあわてて、腰から大きな鎌（かま）をとりだして、ざっくざっくと、やまねこの前のとこの草を刈りました。そこへ四方の草のなかから、どんぐりどもが、ぎらぎらひかって、飛び出して、わあわあわあわあわあ言いました。

馬車別当が、こんどは鈴をがらんがらんがらんがらんと振りました。音はかやの森に、がらんがらんがらんがらんとひびき、黄金のどんぐりどもは、すこししずかになりました。見ると山ねこは、もういつか、黒い長い繻子（しゅす）の服を着て、勿体（もったい）らしく、どん

ぐりどもの前にすわっていました。まるで奈良のだいぶつさまにさんけいするみんなの絵のようだと一郎はおもいました。別当がこんどは、革鞭を二三べん、ひゅうぱちっ、ひゅう、ぱちっと鳴らしました。

空が青くすみわたり、どんぐりはぴかぴかしてじつにきれいでした。

「裁判ももう今日で三日目だぞ、いい加減になかなおりをしたらどうだ。」山ねこが、すこし心配そうに、それでもむりに威張(いば)って言いますと、どんぐりどもは口々に叫びました。

「いえいえ、だめです、なんといったって頭のとがってるのがいちばんえらいんです。そしてわたしがいちばんとがっています。」

「いいえ、ちがいます。まるいのがえらいのです。いちばんまるいのはわたしです。」

「大きなことだよ。大きなのがいちばんえらいんだよ。わたしがいちばん大きいからわたしがえらいんだよ。」

「そうでないよ。わたしのほうがよほど大きいと、きのうも判事さんがおっしゃったじゃないか。」

「だめだい、そんなこと。せいの高いのだよ。せいの高いことなんだよ。」

「押しっこのえらいひとだよ。押しっこをしてきめるんだよ。」もうみんな、がやがやがやがや言って、なにがなんだか、まるで蜂の巣をつっついたようで、わけがわからなくなりました。そこでやまねこが叫びました。

「やかましい。ここをなんとこころえる。しずまれ、しずまれ。」

別当がむちをひゅうぱちっとならしましたのでどんぐりどもは、やっとしずまりました。やまねこは、ぴんとひげをひねって言いました。

「裁判ももうきょうで三日目だぞ。いい加減に仲なおりしたらどうだ。」

すると、もうどんぐりどもが、くちぐちに云いました。

「いえいえ、だめです。なんといったって、頭のとがっているのがいちばんえらいのです。」

「いいえ、ちがいます。まるいのがえらいのです。」

「そうでないよ。大きなことだよ。」がやがやがやがや、もうなにがなんだかわからなくなりました。山猫が叫びました。

「だまれ、やかましい。ここをなんと心得る。しずまれしずまれ。」

別当が、むちをひゅうぱちっと鳴らしました。山猫がひげをぴんとひねって言いました。

「裁判ももうきょうで三日目だぞ。いい加減になかなおりをしたらどうだ。」

「いえ、いえ、だめです。あたまのとがったものが……」がやがやがやがや。

山ねこが叫びました。

「やかましい。ここをなんとこころえる。しずまれ、しずまれ。」

別当が、むちをひゅうぱちっと鳴らし、どんぐりはみんなしずまりました。山猫が一郎にそっと申しました。

「このとおりです。どうしたらいいでしょう。」

一郎はわらってこたえました。

「そんなら、こう言いわたしたらいいでしょう。このなかでいちばんばかで、めちゃくちゃで、まるでなっていないようなのが、いちばんえらいとね。ぼくお説教できいたんです。」

山猫はなるほどというふうにうなずいて、それからいかにも気取って、繻子のきものの胸（えり）を開いて、黄いろの陣羽織をちょっと出してどんぐりどもに申しわたしました。

「よろしい。しずかにしろ。申しわたしだ。このなかで、いちばんえらくなくて、ばかで、めちゃくちゃで、てんでなっていなくて、あたまのつぶれたようなやつが、いちばんえらいのだ。」

どんぐりは、しいんとしてしまいました。それはそれはしいんとして、堅まってしまいました。

そこで山猫は、黒い繻子の服をぬいで、額の汗をぬぐいながら、一郎の手をとりました。別当も大よろこびで、五六ぺん、鞭をひゅうぱちっ、ひゅうぱちっ、ひゅうひゅうぱちっと鳴らしました。やまねこが言いました。

「どうもありがとうございました。これほどのひどい裁判を、まるで一分半でかたづけてくださいました。どうかこれからわたしの裁判所の、名誉（めいよ）判事になってください。これからも、葉書が行ったら、どうか来てくださいませんか。そのたびにお礼はいたします。」

「承知しました。お礼なんかいりませんよ。」

「いいえ、お礼はどうかとってください。わたしのじんかくにかかわりますから。そしてこれからは、葉書にかねた一郎どのと書いて、こちらを裁判所としますが、ようございますか。」

一郎が「ええ、かまいません。」と申しますと、やまねこはまだなにか言いたそうに、しばらくひげをひねって、眼をぱちぱちさせていましたが、とうとう決心したらしく言い出しました。

「それから、はがきの文句ですが、これからは、用事これありに付き、明日（みょうにち）出頭すべしと書いてどうでしょう。」

一郎はわらって言いました。

「さあ、なんだか変ですね。そいつだけはやめた方がいいでしょう。」

山猫は、どうも言いようがまずかった、いかにも残念だというふうに、しばらくひげをひねったまま、下を向いていましたが、やっとあきらめて言いました。

「それでは、文句はいままでのとおりにしましょう。そこで今日のお礼ですが、あなたは黄金のどんぐり一升（しょう）と、塩鮭（しおざけ）のあたまと、どっちをおすきですか。」

「黄金のどんぐりがすきです。」

山猫は、鮭（しゃけ）の頭でなくて、まあよかったというように、口早に馬車別当に云いました。

「どんぐりを一升早くもってこい。一升にたりなかったら、めっきのどんぐりもまぜてこい。はやく。」

別当は、さっきのどんぐりをますに入れて、はかって叫びました。

「ちょうど一升あります。」

山ねこの陣羽織が風にばたばた鳴りました。そこで山ねこは、大きく延びあがって、めをつぶって、半分あくびをしながら言いました。

「よし、はやく馬車のしたくをしろ。」白い大きなきのこでこしらえた馬車が、ひっぱりだされました。そしてなんだかねずみいろの、おかしな形の馬がついています。

「さあ、おうちへお送りいたしましょう。」山猫が言いました。二人は馬車にのり別当は、どんぐりのますを馬車のなかに入れました。

ひゅう、ぱちっ。

馬車は草地をはなれました。木や藪(やぶ)がけむりのようにぐらぐらゆれました。一郎は黄金のどんぐりを見、やまねこはとぼけたかおつきで、遠くをみていました。

馬車が進むにしたがって、どんぐりはだんだん光がうすくなって、まもなく馬車がとまったときは、あたりまえの茶いろのどんぐりに変っていました。そして、山ねこの黄いろな陣羽織も、別当も、きのこの馬車も、一度に見えなくなって、一郎はじぶんのうちの前に、どんぐりを入れたますを持って立っていました。

それからあと、山ねこ拝というはがきは、もうきませんでした。やっぱり、出頭すべしと書いてもいいと言えばよかったと、一郎はときどき思うのです。

◎参考文献

[1]『国文学解釈と鑑賞　宮沢賢治の世界』至文堂　1973 年

[2]佐藤泰正　『別冊国文学　宮沢賢治必携』学燈社　1980 年春季号

[3]『国文学解釈と鑑賞　賢治童話の〈解析〉』学燈社　1982 年 2 月

[4]小沢俊郎　『宮沢賢治論集 1　作家研究・童話研究』有精堂　1987 年

[5]小倉豊文　『注文の多い料理店解説』角川文庫　1988 年

[6]原子朗　『宮沢賢治語彙辞典』東京書籍　1989 年

[7]鈴木健司　「注文の多い料理店」『国文学　解釈と教材の研究』　1989 年 12 月

[8]西田良子『賢治童話の擬人法』東京図書センター　1992 年

[9]小森陽一　『最新宮沢賢治講義』朝日新聞社　1996 年

[10]北野昭彦　「宮澤賢治『注文の多い料理店』の〈山猫〉像: 猫の民俗誌と諷刺文学論の視点から読み直す」『龍谷大学論集』　2001 年 1 月

[11]萩原桂子　「宮沢賢治『注文の多い料理店』論:〈ほんたうのたべもの〉について」『九州女子大学紀要. 人文・社会科学編』　2001 年 9 月

[12]中地文　「『注文の多い料理店』とファンタジー(特集=宮沢賢治童話の再検討——生誕百十年記念)——(作品の再検討)」『国文学』　2006 年 9 月

[13]安藤恭子　「「注文の多い料理店」——再構造化の戦略(特集 宮沢賢治を読み直す)——(童話)」『国文学　解釈と鑑賞』　2009 年 6 月

[14]青山英正　「宮沢賢治「注文の多い料理店」論——猟師・犬・団子への着目」『明星大学研究紀要　人文学部・日本文化学科(19)』　2011 年

[15]彭懿《宫泽贤治童话论》少年儿童出版社 2003 年

第七課　セメント樽の中の手紙

葉山嘉樹

松戸与三はセメントあけをやっていた。外の部分は大して目立たなかったけれど、頭の毛と、鼻の下は、セメントで灰色に蔽われていた。彼は鼻の穴に指を突っ込んで、鉄筋コンクリートのように、鼻毛をしゃちこばらせている、コンクリートを除りたかったのだが一分間に十才[1]ずつ吐き出す、コンクリートミキサーに、間に合わせるためには、とても指を鼻の穴に持って行く間はなかった。

彼は鼻の穴を気にしながら遂々十一時間、——その間に昼飯と三時休みと二度だけ休みがあったんだが、昼の時は腹の空いてる為めに、も一つ[2]はミキサーを掃除していて暇がなかったため、遂々鼻にまで手が届かなかった——の間、鼻を掃除しなかった。彼の鼻は石膏細工の鼻のように硬化したようだった。

彼が仕舞時分に、ヘトヘトになった手で移した、セメントの樽から小さな木の箱が出た。

「何だろう?」と彼はちょっと不審に思ったが、そんなものに構って居られなかった。彼はシャヴル[3]で、セメン桝にセメントを量り込んだ。そして桝から舟へセメントを空けると又すぐその樽を空けにかかった。

「だが待てよ。セメント樽から箱が出るって法はねえぞ」

彼は小箱を拾って、腹かけの丼[4]の中へ抛り込んだ。箱は軽かった。

「軽い処を見ると、金も入っていねえようだな」

彼は、考える間もなく次の樽を空け、次の枡を量らねばならなかった。

ミキサーはやがて空廻（からまわ）りを始めた。コンクリがすんで終業時間になった。

彼は、ミキサーに引いてあるゴムホースの水で、一（ひ）と先（ま）ず顔や手を洗った。そして弁当箱を首に巻きつけて、一杯飲んで食うことを専門に考えながら、彼の長屋へ帰って行った。発電所は八分通り出来上っていた。夕暗に聳（そび）える恵那山（えなさん）[5]は真っ白に雪を被（かぶ）っていた。汗ばんだ体は、急に凍（こご）えるように冷たさを感じ始めた。彼の通る足下では木曽川（きそがわ）[6]の水が白く泡を噛んで、吠えていた。

「チェッ！ やり切れねえなあ、嬶（かかあ）は又腹を膨（ふく）らかしやがったし、……」彼はウヨウヨしている子供のことや、又此寒さを目がけて産れる子供のことや、滅茶苦茶に産む嬶の事を考えると、全くがっかりしてしまった。

「一円九十銭の日当の中から、日に、五十銭の米を二升[7]食われて、九十銭で着たり、住んだり、篦棒奴（べらぼうめ）！ どうして飲めるんだい！」

が、フト彼は丼の中にある小箱の事を思い出した。彼は箱についてるセメントを、ズボンの尻でこすった。

箱には何にも書いてなかった。そのくせ、頑丈（がんじょう）に釘づけしてあった。

「思わせ振りしやがらあ、釘づけなんぞにしやがって」

彼は石の上へ箱を打（ぶ）っ付けた。が、壊われなかったので、此の世の中でも踏みつぶす気になって、自棄（やけ）に踏みつけた。

彼が拾った小箱の中からは、ボロに包んだ紙切れが出た。それにはこう書いてあった。

——私はNセメント会社の、セメント袋を縫う女工です。私の恋人は破砕器（クラッシャー）へ石を入れることを仕事にしていました。そして十月の七日の朝、大きな石を入れる時に、その石と一緒に、クラッシャーの中へ嵌（はま）りました。

仲間の人たちは、助け出そうとしましたけれど、水の中へ溺（おぼ）れるように、石の下へ私の恋人は沈んで行きました。そして、石と恋人の体とは砕け合って、赤い細い石になって、ベルトの上へ落ちました。ベルトは粉砕筒（ふんさいとう）へ入って行きました。そこで鋼鉄の弾丸と一緒になって、細く細く、はげしい音に呪（のろい）の声を叫びながら、砕かれました。そうして焼かれて、立派にセメントとなりました。

骨も、肉も、魂も、粉々になりました。私の恋人の一切はセメントになってしまいました。残ったものはこの仕事着のボロ許（ばか）りです。私は恋人を入れる袋を縫っています。

私の恋人はセメントになりました。私はその次の日、この手紙を書いて此樽の中へ、そうと仕舞い込みました。

あなたは労働者ですか、あなたが労働者だったら、私を可哀相（かわいそう）だと思って、お返事下さい。

此樽の中のセメントは何に使われましたでしょうか、私はそれが知りとう御座います[8]。

私の恋人は幾樽のセメントになったでしょうか、そしてどんなに方々へ使われるのでしょうか。あなたは左官屋さんですか、それとも建築屋さんですか。

私は私の恋人が、劇場の廊下になったり、大きな邸宅の塀（へい）になったりするのを見るに忍びません。ですけれどそれをどうして私に止めることができましょう！あなたが、若し労働者だったら、此セメントを、そんな処に使わないで下さい。

いいえ、ようございます[9]、どんな処にでも使って下さい。私の恋人は、どんな処に埋められても、その処々によってきっといい事をします。構いませんわ、あの人は気象（きしょう）の確（しっ）かりした人ですから、きっとそれ相当な働きをしますわ。

あの人は優しい、いい人でしたわ。そして確かりした男らしい人でしたわ。未（ま）だ若うございました[10]。二十六になった許りでした。あの人はどんなに私を可愛がって呉れたか知れませんでした。それだのに、私はあの人に経帷布（きょうかたびら）[11]を着せる代りに、セメント袋を着せているのですわ！あの人は棺（かん）に入らないで回転窯（かいてんがま）の中へ入ってしまいましたわ。

私はどうして、あの人を送って行きましょう。あの人は西へも東へも、遠くにも近くにも葬(ほうむ)られているのですもの。

あなたが、若(も)し労働者だったら、私にお返事下さいね。その代り、私の恋人の着ていた仕事着の裂(きれ)を、あなたに上げます。この手紙を包んであるのがそうなのですよ。この裂には石の粉と、あの人の汗とが浸(し)み込んでいるのですよ。あの人が、この裂の仕事着で、どんなに固く私を抱いて呉れたことでしょう。

お願いですからね。此セメントを使った月日と、それから委(くわ)しい所書と、どんな場所へ使ったかと、それにあなたのお名前も、御迷惑でなかったら、是非々々お知らせ下さいね。あなたも御用心なさいませ。さようなら。

松戸与三は、湧(わ)きかえるような、子供たちの騒ぎを身の廻りに覚えた。

彼は手紙の終りにある住所と名前を見ながら、茶碗に注いであった酒をぐっと一息に呻(あお)った。

「へべれけ⑫に酔っ払いてえなあ⑬。そうして何もかも打ち壊して見てえなあ」と怒鳴った。

「へべれけになって暴(あば)れられて堪(たま)るもんですか、子供たちをどうします」

細君がそう云った。

彼は、細君の大きな腹の中に七人目の子供を見た。

（大正十五年一月）

◎注釈

①才　船荷や石材を量る単位。一立方尺(0.0278立方メートル)。

②も一つ　もう一つ。

③シャヴル　「シャベル」の意。土砂をすくったりまぜたり、また、穴を掘ったりするために使う、長い柄が付いて先端がさじ形の道具。

④丼　職人などの腹掛けの前部につけてある物入れ。

⑤恵那山　岐阜県南東部、長野県境にある山。

⑥木曽川　長野県中部の鉢盛山に発し、木曽谷の峡谷をつくり、濃尾平野を通って伊勢湾に注ぐ川。

⑦升　尺貫法の体積の単位。一升は約1.8039リットル。

⑧知りとう御座います　(敬語)知りたいです。

⑨ようございます　(敬語)いいです。

⑩若うございました　(敬語)若かったです。

⑪経帷布　仏式で死者を葬るとき、死者に着せる着物。薄い白麻などで作り、衽や背に名号・題目・真言などを書く。

⑫へべれけ　ひどく酒に酔って正体を失うさま。

⑬酔っ払いてえなあ　(口語)酔っ払いたいな。

◎作者紹介

葉山 嘉樹(はやま よしき、1894年(明治27年)3月12日—1945年(昭和20年)10月18日)はプロレタリア文学の作家である。福岡県京都郡豊津村生まれ。士族の家庭に生まれる。旧制豊津中学から1913年に早稲田大学高等予科に進学するが、経済の問題で中退。その後、船員、セメント工場での勤務などを経て、名古屋労働者協会に加入、各種労働争議を指導する。1923年、「名古屋共産党事件」で検挙、投獄され、獄中で「淫売婦」「難破」(のちに「海に生くる人々」と改題)を執筆。1925年出獄後、「淫売婦」「セメント樽の中の手紙」を『文芸戦線』に、日本プロレタリア文学の記念碑的な傑作と絶賛された「海に生くる人々」を改造社から書き下ろしで発表し、文壇で一躍注目されるようになる。プロレタリア文学運動の『文芸戦線』派に属し、その代表的な作家として活動する。当時の観念的、図式的な日本プロレタリア文学作品と比べ、葉山の作品は大衆の苦悩や嘆きなどの人間の自然な感情を一種独特のユーモアをもってのびのび描き出し、芸術性の高いものだと思われる。激しい特別高等警察による思想統制と中国大陸への侵出に統一されていく日本の国論の重圧の下で、葉山は転向し、1943年に「満蒙開拓団」員として中国の東北地方に渡り、敗戦後帰国する途

中列車の中で病死。

◎解題

1926年に『文芸前線』に発表された短編小説である。労働者は自分の命を食いつぶすようなことをしていかなくては生きていけなく、すべてのものは資本家に吸い取られて、死んでまでも彼らの利益につながっているということを語っている。同時無名であった小林多喜二(同じくプロレタリア文学の代表作家)はこの作品に対し「その着想がまずいい。悲惨な事実を描きながら、この中の女主人公の態度で、立派に自然主義文学から抜き出ている。『淫売婦』の一篇とともに大正文壇の収穫だ」と評価している。中井裕子がこの作品はその労働基底部の人間の「賎の貴」を鮮やかに切り取って見せた名作だと主張しているように、この短編小説に対する評価は高い。これは『全集・現代文学の発見・第一巻　最初の衝撃』学芸書林1968年版によった。

◎思考問題

1. 葉山嘉樹が日本プロレタリア文学の代表作家として独自の文体を持ち、高く評価されている。本文に比喩的な表現がよく見えるが、探し出しその意味を考えよう。
2. 「女工」の手紙の意味と役割について分析してみよう。
3. 結末をどう理解すればいいか。
4. 参考文献の上で自分なりに疑問点を出し考えよう。

◎参考文献

[1]平岡敏夫　「肉体破砕のイメージ——葉山嘉樹論」大東文化大学『日本文学研究』第7号　1968年12月

[2]日本文学研究資料刊行会編『日本文学研究叢書　プロレタリア文学』有精堂　1971年

[3]栗原幸夫　『プロレタリア文学と時代』平凡社　1971年

[4]松田章一　「『セメント樽の中の手紙』その構成」『近代文学論集——研究と資料』教育出版社　1978年

[5]祖父江昭二　「『セメント樽の中の手紙』—新しい女性像と原点的な労働者像の対照的な交錯」日本文学協会国語部会編「講座/現代の文学教育学・高校・小説編」　1984年5月
[6]浅田隆　『葉山嘉樹：文学的抵抗の軌跡』翰林書房　1995年
[7]石川巧　「〈あなた〉への誘惑—葉山嘉樹『セメント樽の中の手紙』論」『山口国文』19号　1996年3月
[8]栩沢健　「プロレタリアのお化け—葉山嘉樹『セメント樽の中の手紙』」早稲田大学国文学会『国文学研究』126集　1998年10月
[9]高橋博史　「『セメント樽の中の手紙』」『〈新しい作品論〉へ、〈新しい教材論〉へ』(田中実等編)右文書院　1999年
[10]津波孝　「葉山嘉樹『セメント樽の中の手紙』の手紙の役割」『沖縄国際大学語文と教育の研究』　2000年3月
[11]渥見秀夫　「『セメント樽の中の手紙』論」『愛媛国文と教育』33集　2000年12月
[12]加藤邦彦　「届けられた手紙、送られる返信：葉山嘉樹『セメント樽の中の手紙』論」『梅光学院大学論集』　2012年1月

第八課　檸　　檬

梶井基次郎

えたいの知れない不吉な塊が私の心を始終圧(おさ)えつけていた。焦躁(しょうそう)と言おうか、嫌悪と言おうか——酒を飲んだあとに宿酔(ふつかよい)があるように、酒を毎日飲んでいると宿酔に相当した時期がやって来る。それが来たのだ。これはちょっといけなかった。結果した肺尖(はいせん)カタルや神経衰弱がいけないのではない。また背を焼くような借金などがいけないのではない。いけないのはその不吉な塊だ。以前私を喜ばせたどんな美しい音楽も、どんな美しい詩の一節も辛抱がならなくなった。蓄音器を聴かせてもらいにわざわざ出かけて行っても、最初の二三小節で不意に立ち上がってしまいたくなる。何かが私を居堪(いたたま)らず①させるのだ。それで始終私は街から街を浮浪し続けていた。

何故(なぜ)だかその頃私は見すぼらしくて美しいものに強くひきつけられたのを覚えている。風景にしても壊れかかった街だとか、その街にしてもよそよそしい表通りよりもどこか親しみのある、汚い洗濯物が干してあったりがらくたが転がしてあったりむさくるしい部屋が覗(のぞ)いていたりする裏通りが好きであった。雨や風が蝕(むしば)んでやがて土に帰ってしまう、と言ったような趣きのある街で、土塀(どべい)が崩れていたり家並が傾きかかっていたり——勢いのいいのは植物だけで、時とするとびっくりさせるような向日葵(ひまわり)があったりカンナが咲いていたりする。

時どき私はそんな路を歩きながら、ふと、そこが京都ではなくて京都から何百里も離れた仙台とか長崎とか——そのような市へ今自分が来ているのだ——という錯覚を起こそうと努める。私は、できることなら京都から逃げ出して誰一人知らないような市へ行ってしまいたかった。第一に安静。がらんとした旅館の一室。清浄な蒲団(ふとん)。匂(にお)いのいい蚊帳(かや)と糊(のり)のよくきいた浴衣。そこで一月ほど何も思わず横になりたい。希(ねが)わくはここがいつの間にかその市になっているのだったら。——錯覚がようやく成功しはじめると私はそれからそれへ想像の絵具を塗りつけてゆく。なんのことはない、私の錯覚と壊れかかった街との二重写しである。そして私はその中に現実の私自身を見失うのを楽しんだ。

私はまたあの花火というやつが好きになった。花火そのものは第二段として、あの安っぽい絵具で赤や紫や黄や青や、さまざまの縞模様(しまもよう)を持った花火の束、中山寺の星下り、花合戦、枯れすすき。それから鼠花火というのは一つずつ輪になっていて箱に詰めてある。そんなものが変に私の心を唆(そそ)った。

それからまた、びいどろ[2]という色硝子(ガラス)で鯛や花を打ち出してあるおはじき[3]が好きになったし、南京玉(なんきんだま)が好きになった。またそれを嘗(な)めてみるのが私にとってなんともいえない享楽だったのだ。あのびいどろの味ほど幽(かす)かな涼しい味があるものか。私は幼い時よくそれを口に入れては父母に叱られたものだが、その幼時のあまい記憶が大きくなって落ち魄(ぶ)れた私に蘇(よみが)えってくる故(せい)だろうか、まったくあの味には幽かな爽やかななんとなく詩美と言ったような味覚が漂って来る。

察しはつくだろうが私にはまるで金がなかった。とは言えそんなものを見て少しでも心の動きかけた時の私自身を慰めるためには贅沢(ぜいたく)ということが必要であった。二銭や三銭のもの——と言って贅沢なもの。美しいもの——と言って無気力な私の触角にむしろ媚(こ)びて来るもの。——そう言ったものが自然私を慰めるのだ。

生活がまだ蝕まれていなかった以前私の好きであった所は、たとえば丸善であった。赤や黄のオードコロン[4]やオードキニン[5]。洒落(しゃれ)た切子細工や典雅なロココ趣味の浮模様を持った琥珀色や翡翠色の香水壜(こうすいびん)。煙管(きせる)、小刀、石鹸(せっけん)、煙草。私はそんなものを見るのに小一時間も費すことがあった。そして結局一等いい鉛筆を一本買うくらいの贅沢をするのだった。しかしここももうその頃の私にとっては重くるしい場所に過ぎなかった。書籍、学生、勘定台、これらはみな借金取りの亡霊のように私には見えるのだった。

ある朝——その頃私は甲の友達から乙の友達へというふうに友達の下宿を転々として暮らしていたのだが——友達が学校へ出てしまったあとの空虚な空気のなかにぽつねんと一人取り残された。私はまたそこから彷徨(さまよ)い出なければならなかった。何かが私を追いたてる。そして街から街へ、先に言ったような裏通りを歩いたり、駄菓子屋の前で立ち留(ど)まったり、乾物屋の乾蝦(ほしえび)や棒鱈(ぼうだら)や湯葉(ゆば)を眺めたり、とうとう私は二条の方へ寺町を下(さが)り、そこの果物屋で足を留(と)めた。ここでちょっとその果物屋を紹介したいのだが、その果物屋は私の知っていた範囲で最も好きな店であった。そこは決して立派な店ではなかったのだが、果物屋固有の美しさが最も露骨に感ぜられた。果物はかなり勾配の急な台の上に並べてあって、その台というのも古びた黒い漆塗(うるしぬ)りの板だったように思える。何か華やかな美しい音楽の快速調(アッレグロ)の流れが、見る人を石に化したというゴルゴン[6]の鬼面——的なものを差しつけられて、あんな色彩やあんなヴォリウム[7]に凝り固まったというふうに果物は並んでいる。青物もやはり奥へゆけばゆくほど堆(うず)高く積まれている。——実際あそこの人参葉(にんじんば)の美しさなどは素晴(すばら)しかった。それから水に漬(つ)けてある豆だとか慈姑(くわい)だとか。

またそこの家の美しいのは夜だった。寺町通はいったいに賑(にぎや)かな通りで——と言って感じは東京や大阪よりはずっと澄んでいるが——飾窓の光がおびただしく街路へ流れ出ている。それがどうしたわけかその店頭の周囲だけが妙に暗いのだ。もともと片方は暗い二条通に接している街角になっているので、暗いのは当然であったが、その隣家が寺町通にある家にもかかわらず暗かったのが瞭然(はっきり)しない。しかしその家が暗くなかったら、あんなにも私を誘惑するには至らなかったと思う。もう一つはその家の打ち出した廂(ひさし)なのだが、その廂が眼深(まぶか)に冠った帽子の廂のように——これは形容というよりも、

「おや、あそこの店は帽子の廂をやけに下げているぞ」と思わせるほどなので、廂の上はこれも真暗なのだ。そう周囲が真暗なため、店頭に点けられた幾つもの電燈が驟雨（しゅうう）のように浴びせかける絢爛（けんらん）は、周囲の何者にも奪われることなく、ほしいままにも美しい眺めが照らし出されているのだ。裸の電燈が細長い螺旋棒（らせんぼう）をきりきり眼の中へ刺し込んでくる往来に立って、また近所にある鎰屋（かぎや）の二階の硝子窓をすかして眺めたこの果物店の眺めほど、その時どきの私を興がらせたものは寺町の中でも稀（まれ）だった。

その日私はいつになくその店で買物をした。というのはその店には珍しい檸檬（れもん）が出ていたのだ。檸檬などごくありふれている。がその店というのも見すぼらしく[8]はないまでもただあたりまえの八百屋に過ぎなかったので、それまであまり見かけたことはなかった。いったい私はあの檸檬が好きだ。レモンエロウの絵具をチューブから搾り出して固めたようなあの単純な色も、それからあの丈（たけ）の詰まった紡錘形の恰好（かっこう）も。——結局私はそれを一つだけ買うことにした。それからの私はどこへどう歩いたのだろう。私は長い間街を歩いていた。始終私の心を圧えつけていた不吉な塊がそれを握った瞬間からいくらか弛（ゆる）んで来たとみえて、私は街の上で非常に幸福であった。あんなに執拗（しつこ）かった憂鬱が、そんなものの一顆（いっか）で紛らされる[9]——あるいは不審なことが、逆説的なほんとうであった。それにしても心というやつはなんという不可思議なやつだろう。

その檸檬の冷たさはたとえようもなくよかった。その頃私は肺尖を悪くしていていつも身体に熱が出た。事実友達の誰彼[10]に私の熱を見せびらかす[11]ために手の握り合いなどをしてみるのだが、私の掌が誰のよりも熱かった。その熱い故だったのだろう、握っている掌から身内に浸み透ってゆくようなその冷たさは快いものだった。

私は何度も何度もその果実を鼻に持っていっては嗅いでみた。それの産地だというカリフォルニヤが想像に上って来る。漢文で習った「売柑者之言」の中に書いてあった「鼻を撲（う）つ」という言葉が断（き）れぎれに浮かんで来る。そしてふかぶかと胸一杯に匂やかな空気を吸い込めば、ついぞ胸一杯に呼吸したことのなかった私の身体や顔には温い血のほとぼりが昇って来てなんだか身内に元気が目覚めて来たのだった。……

実際あんな単純な冷覚や触覚や嗅覚や視覚が、ずっと昔からこればかり探していたのだと言いたくなったほど私にしっくりしたなんて私は不思議に思える——それがあの頃のことなんだから。

私はもう往来を軽やかな昂奮に弾んで、一種誇りかな気持さえ感じながら、美的装束をして街をした詩人のことなど思い浮かべては歩いていた。汚れた手拭の上へ載せてみたりマントの上へあてがって[12]みたりして色の反映を量（はか）ったり、またこんなことを思ったり、

——つまりはこの重さなんだな。——

その重さこそ常づね尋ねあぐんでいたもので、疑いもなくこの重さはすべての善いものすべての美しいものを重量に換算して来た重さであるとか、思いあがった諧謔心（かいぎゃくしん）からそんな馬鹿げたことを考えてみたり——なにがさて私は幸福だったのだ。

どこをどう歩いたのだろう、私が最後に立ったのは丸善の前だった。平常あんなに避けていた丸善がその時の私にはやすやすと入れるように思えた。

「今日は一つ入ってみてやろう」そして私はずかずか入って行った。

しかしどうしたことだろう、私の心を充たしていた幸福な感情はだんだん逃げていった。香水の壜にも煙管（きせる）にも私の心はのしかかってはゆかなかった。憂鬱が立て罩（こ）めて来る、私は歩き廻った疲労が出て来たのだと思った。私は画本の棚の前へ行ってみた。画集の重たいのを取り出すのさえ常に増して力が要るな！と思った。しかし私は一冊ずつ抜き出してはみる、そして開けてはみるのだが、克明にはぐって[13]ゆく気持はさらに湧いて来ない。しかも呪われたことにはまた次の一冊を引き出して来る。それも同じことだ。それでいて一度バラバラとやってみなくては気が済まないのだ。それ以上は堪らなくなってそこへ置いてしまう。以前の位置へ戻すことさえできない。私は幾度もそれを繰り返した。とうとうおしまいには日頃から大好きだったアングルの橙色（だいだいろ）の重い本までなおいっそうの堪えがたさのために置いてしまった。——なんという呪われたことだ。手の筋肉に疲労が残っている。私は憂鬱になってしまって、自分が抜いたまま積み重ねた本の群を眺めていた。

以前にはあんなに私をひきつけた画本がどうしたことだろう。一枚一枚に眼を晒(さら)し終わって後、さてあまりに尋常な周囲を見廻すときのあの変にそぐわない気持を、私は以前には好んで味わっていたものであった。……

「あ、そうだそうだ」その時私は袂(たもと)の中の檸檬を憶い出した。本の色彩をゴチャゴチャに積みあげて、一度この檸檬で試してみたら。「そうだ」

私にまた先ほどの軽やかな昂奮が帰って来た。私は手当たり次第に積みあげ、また慌(あわただ)しく潰し、また慌しく築きあげた。新しく引き抜いてつけ加えたり、取り去ったりした。奇怪な幻想的な城が、そのたびに赤くなったり青くなったりした。

やっとそれはでき上がった。そして軽く跳りあがる心を制しながら、その城壁の頂きに恐る恐る檸檬を据えつけた。そしてそれは上出来だった。

見わたすと、その檸檬の色彩はガチャガチャした色の階調をひっそりと紡錘形の身体の中へ吸収してしまって、カーンと冴えかえっていた。私は埃っぽい丸善の中の空気が、その檸檬の周囲だけ変に緊張しているような気がした。私はしばらくそれを眺めていた。

不意に第二のアイディアが起こった。その奇妙なたくらみはむしろ私をぎょっとさせた。

――それをそのままにしておいて私は、なに喰(く)わぬ顔をして外へ出る。――

私は変にくすぐったい気持がした。「出て行こうかなあ。そうだ出て行こう」そして私はすたすた出て行った。

変にくすぐったい気持が街の上の私を微笑(ほほえ)ませた。丸善の棚へ黄金色に輝く恐ろしい爆弾を仕掛けて来た奇怪な悪漢が私で、もう十分後にはあの丸善が美術の棚を中心として大爆発をするのだったらどんなにおもしろいだろう。

私はこの想像を熱心に追求した。「そうしたらあの気詰まりな丸善も粉葉(こっぱ)みじんだろう」

そして私は活動写真の看板画が奇体な趣きで街を彩(いろど)っている京極を下って行った。

◎注釈

①居堪らず　（連語）精神的な圧力を受けてその場にそれ以上とどまっていられない。

②びいどろ　「津軽びいどろ」の略。青森県で生産される工芸品。紀元前から続く“宙吹き”の技法を用いてつくられるガラス製品。緑褐色の色合いが特徴。近年ではよりカラフルな製品も生産されている。県の伝統工芸品に指定。

③おはじき　平たいガラス製・陶製の小さい玉などをばらまき、一人ずつ順番に指先ではじいて当てたものを取り合う女の子の遊び。また、その玉。昔は、貝殻・小石などを使った。

④オードコロン　オーデコロン。芳香油や植物性芳香を加えたアルコール性の水溶液。香料の含有量が2~5パーセントのもので、香水のかわりに手軽に用いるもの。ドイツのケルンで創製、フランスに広まった。

⑤オードキニン　Eau De Quinine。ヘアトニック（はげ防止）の薬水。

⑥ゴルゴン　ギリシア神話中の怪物の三姉妹、ステノ・エウリュアレー・メドゥサの総称。頭髪は蛇で、黄金の翼をもち、目は人を石に化す力があったという。このうちメドゥサのみが不死でなく、英雄ペルセウスに殺された。

⑦ヴォリウム　ボリューム。量。量感。

⑧見すぼらしい　外観がたいへん貧弱である。外見がきわめて粗末である。

⑨紛らす　他のことに気持ちを向けて、悩みなどを忘れる。

⑩誰彼　不特定の複数の人をさす。あの人この人。

⑪見せびらかす　自慢そうに見せる。

⑫あてがう　ぴたっと物を付ける。

⑬はぐる　おおっている物を、一端を持ってはね上げ、下の物をあらわす。

◎作者紹介

梶井 基次郎（かじい もとじろう、1901年（明治34年）2月17日—1932年（昭和7年）3月24日）は、小説家。大阪生まれ。同人雑誌「青空」を創刊し、『檸檬』『城のある町にて』『ある心の風景』『冬の日』などを発表。同誌の休刊後は『蒼穹』『冬の蠅』『桜の樹の下

には』『愛撫』などを発表。31歳の若さで少年時代からの肺結核のため早逝。死後次第に評価が高まり、病的に研ぎ澄まされた感覚的描写が高く評価されていて、今日では近代日本文学の古典のような位置を占めている。三島由紀夫は、中島敦、牧野信一と共に梶井基次郎を、「夜空に尾を引いて沒した星のやうに、純粋な、コンパクトな、硬い、個性的独創的な、それ自体十分一ヶの小宇宙を成し得る作品群を残した」作家と位置づけ、「梶井基次郎くらゐの詩的結晶を成就すれば、立派に現代小説の活路になりうる」とし、梶井は「感覚的なものと知的なものとを綜合する稀れな詩人的文体を創始した」と称賛している。

◎解題

「檸檬」は1925年1月、「青空」創刊号に発表された梶井基次郎の代表的な短編小説である。発表当時は、日本文壇にまったく注目されてなかったが、彼の死後高く評価されるようになり、日本高校の国語教科書にもしばしば掲載されるに至っている。「そこに、たかだか一個のレモンを、この世のすべての「善いもの」「美しいもの」に匹敵すると感じる倒錯した心理が浮き彫りになる。そして梶井は、レモンを爆弾に見立てることに、自分を圧迫する現実を破砕してしまいたいという夢を刻みつけた。(中略)この感覚的経験の再構成というある意味では全く素朴な方法は、近代の小説の意匠からは遠く、それゆえにこそ彼は作品に固有の形態を与えるための独自な模索を続けてゆくことになるのである。」と鈴木貞美が評価する。本文は『檸檬・ある心の風景　他二十編』旺文社文庫、旺文社1972年版によった。

◎思考問題

1.「檸檬」が何か象徴しているか。分析してみよう。

2. 最後の「変にくすぐったい気持が街の上の私を微笑ませた。丸善の棚へ黄金色に輝く恐ろしい爆弾を仕掛けて来た奇怪な悪漢が私で、もう十分後にはあの丸善が美術の棚を中心として大爆発をするのだったらどんなにおもしろいだろう。」について、どう理解すればいいのか。考えよう。

3. なぜ「私」が近代日本の悲しい青春像だと考えられるか。分析してみよう。

4. 参考文献の上で自分なりに疑問点を出し考えよう。

◎参考文献

[1]工藤雅規　「梶井基次郎私観——転換期と「檸檬」」『日本文学研究』　1974 年 1 月

[2]増田修　「梶井基次郎「檸檬」小論：〈えたいの知れない不吉な塊〉をめぐって」『日本文学』　1980 年

[3]遠藤伸治　「「檸檬」論」『国文学攷』　1985 年 3 月

[4]石川弘　『梶井基次郎論』　日本図書センター　1993 年

[5]高橋大助　「可能性としての果実——梶井基次郎「檸檬」論」『日本文学論究』　1996 年 3 月

[6]大塚剛　「梶井基次郎「檸檬」への過程——白樺派の影響と乖離」『文学論藻』　1996 年 3 月

[7]篠原武志　「「檸檬」実践試論：「語っている〈私〉と「語られている〈私〉」」『日本文学』2008 年

[8]宮﨑三世　「梶井基次郎「檸檬」論」『同志社女子大学学術研究年報』　2013 年

[9]八木澤宗弘　「梶井基次郎とキュビズム：『檸檬』論」『近代文学』　2015 年 3 月

[10]近藤のり　「梶井基次郎「檸檬」にみる近代と前近代」『日本女子大学大学院文学研究科　紀要』　2017 年 3 月

第九課　蠅

横光利一

一

真夏の宿場①は空虚であった。ただ眼の大きな一疋（いっぴき）の蠅だけは、薄暗い廐（うまや）の隅の蜘蛛の巣にひっかかると、後肢（あとあし）で網を跳ねつつ暫（しばら）くぶらぶらと揺れていた。と、豆のようにぼたりと落ちた。そうして、馬糞（ばふん）の重みに斜めに突き立っている藁（わら）の端から、裸体にされた馬の背中まで這（は）い上（あが）った。

二

馬は一条（ひとすじ）の枯草を奥歯にひっ掛けたまま、猫背（ねこぜ）の老（お）いた馭者（ぎょしゃ）の姿を捜している。

馭者は宿場（しゅくば）の横の饅頭屋（まんじゅうや）の店頭（みせさき）で、将棋を三番さして負け通した。

「何（な）に？ 文句をいうな。もう一番じゃ。」

すると、廂（ひさし）②を脱（はず）れた日の光は、彼の腰から、円（まる）い荷物のような猫背の上へ乗りかかって来た。

三

宿場の空虚な場庭（ばにわ）③へ一人の農婦が馳（か）けつけた。彼女はこの朝早く、街に務（つと）めている息子から危篤の電報を受けとった。それから露に湿（しめ）った三里の山路（やまみち）を馳け続けた。

「馬車はまだかのう?」

彼女は馭者部屋を覗(のぞ)いて呼んだが返事がない。

「馬車はまだかのう?」

歪んだ畳の上には湯飲みが一つ転っていて、中から酒色の番茶(ばんちゃ)がひとり静に流れていた。農婦はうろうろと場庭を廻ると、饅頭屋の横からまた呼んだ。

「馬車はまだかの?」

「先刻出ましたぞ。」

答えたのはその家の主婦である。

「出たかのう。馬車はもう出ましたかのう。いつ出ましたな。もうちと早(は)よ来ると良かったのじゃが、もう出ぬじゃろか?」

農婦は性急な泣き声でそういう中(うち)に、早や泣き出した。が、涙も拭かず、往還(おうかん)[4]の中央に突き立っていてから、街の方へすたすたと歩き始めた。

「二番が出るぞ。」

猫背の馭者は将棋盤を見詰めたまま農婦にいった。農婦は歩みを停めると、くるりと向き返ってその淡い眉毛を吊り上げた。

「出るかの。直ぐ出るかの。悴(せがれ)が死にかけておるのじゃが、間に合わせておくれかの?」

「桂馬(けいま)[5]と来たな。」

「まアまア嬉しや。街までどれほどかかるじゃろ。いつ出しておくれるのう。」

「二番が出るわい。」と馭者はぽんと歩(ふ)[6]を打った。

「出ますかな、街までは三時間もかかりますかな。三時間はたっぷりかかりますやろ。悴が死にかけていますのじゃ、間に合せておくれかのう?」

四

野末の陽炎(かげろう)[7]の中から、種蓮華(たねれんげ)[8]を叩く音が聞えて来る。若者と娘は宿場の方へ急いで行った。娘は若者の肩の荷物へ手をかけた。

「持とう。」

「何アに。」

「重たかろうが。」

若者は黙っていかにも軽そうな容子（ようす）を見せた。が、額から流れる汗は塩辛かった。

「馬車はもう出たかしら。」と娘は呟（つぶや）いた。

若者は荷物の下から、眼を細めて太陽を眺めると、

「ちょっと暑うなったな、まだじゃろう。」

二人は黙ってしまった。牛の鳴き声がした。

「知れたらどうしよう。」と娘はいうとちょっと泣きそうな顔をした。

種蓮華を叩く音だけが、幽（かす）かに足音のように追って来る。娘は後を向いて見て、それから若者の肩の荷物にまた手をかけた。

「私が持とう。もう肩が直ったえ。」

若者はやはり黙ってどしどしと歩き続けた。が、突然、「知れたらまた逃げるだけじゃ。」と呟いた。

五

宿場の場庭へ、母親に手を曳（ひ）かれた男の子が指を銜（くわ）えて這入（はい）って来た。

「お母ア、馬々。」

「ああ、馬々。」男の子は母親から手を振り切ると、廏の方へ馳けて来た。そうして二間（けん）⑨ほど離れた場庭の中から馬を見ながら、「こりゃッ、こりゃッ。」と叫んで片足で地を打った。

馬は首を擡（もた）げて耳を立てた。男の子は馬の真似をして首を上げたが、耳が動かなかった。で、ただやたらに馬の前で顔を顰（しか）めると、再び、「こりゃッ、こりゃッ。」と叫んで地を打った。

馬は槽の手蔓に口をひっ掛けながら、またその中へ顔を隠して馬草を食った。

「お母ア、馬々。」

「ああ、馬々。」

六

「おっと、待てよ。これは悴の下駄を買うのを忘れたぞ。あ奴は西瓜が好きじゃ。西瓜を買うと、俺もあ奴も好きじゃで両得じゃ。」

田舎紳士は宿場へ着いた。彼は四十三になる。四十三年貧困と戦い続けた効あって、昨夜漸く春蠶の仲買で八百円を手に入れた。今彼の胸は未来の画策のために詰っている。けれども、昨夜銭湯へ行ったとき、八百円の札束を鞄に入れて、洗い場まで持って這入って笑われた記憶については忘れていた。

農婦は場庭の床几[10]から立ち上ると、彼の傍へよって来た。

「馬車はいつ出るのでござんしょうな。悴が死にかかっていますので、早よ街へ行かんと死に目に逢えまい思いましてな。」

「そりゃいかん。」

「もう出るのでござんしょうな、もう出るって、さっきいわしゃったがの。」

「さアて、何しておるやらな。」

若者と娘は場庭の中へ入ってきた。農婦はまた二人の傍へ近寄った。

「馬車に乗りなさるのかな。馬車は出ませんぞな。」

「出ませんか?」と若者は訊き返した。

「出ませんの?」と娘はいった。

「もう二時間も待っていますのやが、出ませんぞな。街まで三時間かかりますやろ。もう何時になっていますかな。街へ着くと正午になりますやろか。」

「そりゃ正午や。」と田舎紳士は横からいった。農婦はくるりと彼の方をまた向いて、

「正午になりますかいな。それまでにゃ死にますやろな。正午になりますかいな。」

という中にまた泣き出した。が、直ぐ饅頭屋の店頭へ馳けて行った。

「まだかのう。馬車はまだなかなか出ぬじゃろか?」

猫背の馭者は将棋盤を枕にして仰向き(あおむ)になったまま、簀の子(すこ)[11]を洗っている饅頭屋の主婦の方へ頭を向けた。

「饅頭はまだ蒸(む)さらんかいのう?」

七

馬車は何時(いつ)になったら出るのであろう。宿場に集った人々の汗は乾いた。しかし、馬車は何時になったら出るのであろう。これは誰も知らない。だが、もし知り得ることの出来るものがあったとすれば、それは饅頭屋の竈(かまど)の中で、漸く脹れ始めた饅頭であった。何(な)ぜかといえば、この宿場の猫背の馭者は、まだその日、誰も手をつけない蒸し立ての饅頭に初手(しょて)をつけるということが、それほどの潔癖(けっぺき)から長い年月の間、独身で暮さねばならなかったという彼のその日その日の、最高の慰めとなっていたのであったから。

八

宿場の柱時計が十時を打った。饅頭屋の竈は湯気を立てて鳴り出した。

ザク、ザク、ザク。猫背の馭者は馬草を切った。馬は猫背の横で、水を充分飲み溜めた。ザク、ザク、ザク。

九

馬は馬車の車体に結ばれた。農婦は真先に車体の中へ乗り込むと街の方を見続けた。

「乗っとくれやア。」と猫背はいった。

五人の乗客は、傾く踏み段に気をつけて農婦の傍へ乗り始めた。

猫背の馭者は、饅頭屋の簀の子の上で、綿のように脹らんでいる饅頭を腹掛け[12]の中へ押し込むと馭者台の上にその背を曲げた。喇叭(らっぱ)が鳴った。鞭(むち)が鳴った。

眼の大きなかの一疋の蝿は馬の腰の余肉(あまじし)の匂いの中から飛び立った。そうして、車体の屋根の上にとまり直ると、今さきに、漸く蜘蛛の網からその生命(いのち)をとり戻した身体を休めて、馬車と一緒に揺れていった。

馬車は炎天の下を走り通した。そうして並木をぬけ、長く続いた小豆畑(あずきばたけ)の横を通り、亜麻畑(あまばたけ)と桑畑の間を揺れつつ森の中へ割り込むと、緑色の森は、漸く溜った馬の額の汗に映って逆さまに揺らめいた。

十

馬車の中では、田舎紳士の饒舌(じょうぜつ)が、早くも人々を五年以来の知己(ちき)にした。しかし、男の子はひとり車体の柱を握って、その生々した眼で野の中を見続けた。

「お母ア、梨々。」

「ああ、梨々。」

馭者台では鞭が動き停った。農婦は田舎紳士の帯の鎖に眼をつけた。

「もう幾時ですかいな。十二時は過ぎましたかいな。街へ着くと正午過ぎになりますやろな。」

馭者台では喇叭が鳴らなくなった。そうして、腹掛けの饅頭を、今や尽(ことごと)く胃の腑(ふ)の中へ落し込んでしまった馭者は、一層猫背を張らせて居眠り出した。その居眠りは、馬車の上から、かの眼の大きな蝿が押し黙った数段の梨畑を眺め、真夏の太陽の光りを受けて真赤(まっか)に栄(は)えた赤土[13]の断崖を仰ぎ、突然に現れた激流を見下して、そうして、馬車が高い崖路(がけみち)の高低でかたかたときしみ出す音を聞いてもまだ続いた。しかし、乗客の中で、その馭者の居眠りを知っていた者は、僅(わず)かにただ蝿一疋であるらしかった。蝿は車体の屋根の上から、馭者の垂れ下った半白の頭に飛び移り、それから、濡れた馬の背中に留(とま)って汗を舐(な)めた。

馬車は崖の頂上へさしかかった。馬は前方に現れた眼匿し(めかく)[14]の中の路に従って柔順に曲り始めた。しかし、そのとき、彼は自分の胴と、車体の幅とを考えることは出来なかった。一つの車輪が路から外(はず)れた。突然、馬は車体に引かれて突き立った。瞬間、蠅は飛び上った。と、車体と一緒に崖の下へ墜落(ついらく)して行く放埓(ほうらつ)[15]な馬の腹が眼についた。そうして、人馬の悲鳴が高く一声発せられると、河原の上では、圧(お)し重(かさ)なった人と馬と板片との塊(かたま)りが、沈黙したまま動かなかった。が、眼の大きな蠅は、今や完全に休まったその羽根に力を籠(こ)めて、ただひとり、悠々(ゆうゆう)と青空の中を飛んでいった。

◎注釈

①宿場　江戸時代、宿駅の称。

②廂　建物の窓・出入口・縁側などの上部に張り出す片流れの小屋根。

③場庭　宿場の前の広場。

④往還　行き来する道。街道。

⑤桂馬　将棋の駒の一つ。

⑥歩　将棋の駒の一つ。

⑦陽炎　春の天気のよい穏やかな日に地面から炎のような揺らめきが立ち上る現象。

⑧種蓮華　種をとるための蓮華。

⑨間　長さの単位。一間は1.818メートル。

⑩床几　折り畳み式の腰掛け。

⑪簀の子　細かく割った竹を横に並べて簾のように編んだ物。

⑫腹掛け　胸から腹までを覆い、背中で細い共布を十文字に交わらせてとめて着用するもの。多く紺木綿で作り、前面に幅いっぱいの「どんぶり」と呼ぶ物入れをつける。職人などが着用する。

⑬赤土　草木の全く育たない土地。

⑭眼匿し　目を物で覆って見えないようにすること。また、そのおおい。

⑮放埓　勝手気ままに振る舞うこと。

◎作者紹介

横光 利一(よこみつ りいち、1898 年(明治 31 年)3 月 17 日—1947 年(昭和 22 年)12 月 30 日)は、小説家・俳人・評論家である。父横光梅次郎、母こぎくの長男として、福島県北会津郡東山温泉新滝で生れる。父親が土木工事の仕事で各地を転々として、母親と姉と不安定な幼少年時期を過ごしてくる。不在の父親のかわりに、母親と姉、また初恋の相手や最初の妻の小島キミの存在が横光に強く影響を与えている。女性或いは愛情への不信と熱望とが交わっていた彼が、習作時代から新感覚派時代までの作品にその意識を込めて書いていたのである。「御身」などの習作を経て、1923 年「日輪」を「新小説」に、「蝿」を「文芸春秋」に発表。それで文壇にデビュー。1924 年、片岡鉄兵、川端康成らとともに「文芸時代」を創刊し、新感覚派の中心作家となる。昭和初期の日本文壇に対して、彼は日本文学従来の私小説を中心とする自然主義とプロレタリア文学の階級意識とに正対し、新感覚派として闘う姿勢をとっている。後に、新心理主義に立ち、昭和初期の代表作家として活躍した。代表作には『日輪』『機械』『上海』『旅愁』などがあり、「小説の神様」と呼ばれた時代もある。1947 年 12 月 30 日、胃潰瘍にて死去。

◎解題

1923 年(大正 12)5 月「文芸春秋」発表されたデビュー作である。擬人化された「眼の大きな1 疋の蝿」の視点から、「人間の手ではどうすることも出来ない運命のようなものに操られている人生といったものを、冷静に、かつ客観的に見つめて行く」(浅井清『新研究資料　現代日本文学』)ことが描かれている。「蝿」の眼を表現者の眼とする問題について、栗坪良樹が「横光は大きな『眼』であると同時に飛ぶ『眼』であることを表現者の眼の問題として自らに引き据えたと見るべきである。それは表現者の理想を予定した眼の問題、すなわち小説の方法の問題の最初のテーマ設定であったと言っていい。」と『鑑賞　日本現代文学』に述べている。これは『日輪・春は馬車に乗って　他八篇』岩波文庫、岩波書店 1981 年版によった。

◎思考問題

1.「蠅」という設定について詳しく検討しよう。

2. 新感覚派の特徴の一つとされた擬人法が本文によく見えるが、探し出し分析しよう。

3. 本文に映画のモンタージュのような手法が見えるが、その場面について分析してみよう。

4. 参考文献の上で自分なりに疑問点を出し考えよう。

◎付録

頭ならびに腹

真昼である。特別急行列車は満員のまま全速力で馳けていた。沿線の小駅は石のように黙殺された。

とにかく、こう云う現象の中で、その詰み込まれた列車の乗客中に一人の横着そうな子僧が混っていた。彼はいかにも一人前の顔をして一席を占めると、手拭で鉢巻をし始めた。それから、窓枠を両手で叩きながら大声で唄(うた)い出した。

「うちの嬶(かか)ア
福ぢやア
ヨイヨイ、
福は福ぢやが、
お多福ぢや
ヨイヨイ。」

人々は笑い出した。しかし、彼の歌う様子には周囲の人々の顔色には少しも頓着せぬ熱心さが大胆不敵に籠っていた。

「寒い寒いと
云たとて寒い。
何が寒かろ。
やれ寒い。

ヨイヨイ。」

彼は頭を振り出した。声はだんだんと大きくなった。彼のその意気込みから察すると、恐らく目的地まで到着するその間に、自分の知っている限りの唄を唄い尽そうとしているかのようであった。歌は次ぎ次ぎにと彼の口から休みなく変えられていった。やがて、周囲の人々は今は早やその傍若無人な子僧の歌を誰も相手にしなくなって来た。そうして、車内は再びどこも退窟(たいくつ)と眠気のために疲れていった。

そのとき、突然列車は停車した。暫く車内の人々は黙っていた。と、俄(にわか)に彼等は騒ぎ立つた。

「どうした!」

「何んだ!」

「何処だ!」

「衝突か!」

人々の手から新聞紙が滑り落ちた。無数の頭が位置を乱して動揺めき出した。

「どこだ!」

「何んだ!」

「どこだ!」

動かぬ列車の横腹には、野の中に名も知れぬ寒駅がぼんやりと横たわっていた。勿論、其処は止るべからざる所である。暫くすると一人の車掌が各車の口に現れた。

「皆さん、此の列車はもうここより進みません。」

人々は息を抜かれたように黙っていた。

「H、K間の線路に故障が起りました。」

「車掌!」

「どうしたッ。」

「皆さん、この列車はもうここより進みません。」

「金を返せッ。」

「H、K間の線路に故障が起りました。」

「通過はいつだ?」

「皆さん、此の列車はもうここより進みません。」

車掌は人形のように各室を平然として通り抜けた。人々は車掌を送ってプラットホームへ溢れ出た。彼等は駅員の姿と見ると、忽ちそれを巻き包んで押し襲せた。数箇の集団が声をあげてあちらこちらに渦巻いた。しかし、駅員らの誰もが、彼らの続出する質問に一人として答え得るものがなかった。ただ彼らの答えはこうであった。

「電線さえ不通です。」

一切が不明であった。そこで、彼ら集団の最後の不平はいかに一切が不明であるとは云え、故障線の恢復する可き時間の予測さえ推断し得ぬと云う道断(どうだん)さは不埒(ふらち)である、と迫り出した。けれ共一切は不明であった。いかんともすることが出来なかった。従って、一切の者は不運であった。そうして、この運命観が宙に迷った人々の頭の中を流れ出すと、彼等集団は初めて波のように崩れ出した。喧騒は呟きとなった。苦笑となった。間もなく彼らは呆然(ぼうぜん)となって了った。しかし、彼らの賃金の返済されるのは定っていた。畢竟彼らの一様に受ける損失は半日の空費であった。尚お引き返す半日を合せて一日の空費となった。そこで、此の方針を失った集団の各自とる可き方法は、時間と金銭との目算の上自然三つに分かれねばならなかった。一つはその当地で宿泊するか、一つはその車内で開通を待つか、他は出発点へ引き返すべきかいずれであるか。やがて、荷物は各車の入口から降ろされ出した。人波はプラットから野の中へ拡り出した。動かぬ者は酒を飲んだ。菓子を食べた。女達はただ人々の顔色をぼんやりと眺めていた。

所がかの子僧の歌は、空虚になった列車の中からまたまた勢い好く聞え出した。

「何んじゃ
此の野郎
柳の毛虫
払い落せば
またたかる、
チョイチョイ。」

彼はその眼前の椿事は物ともせず、恰も窓から覗いた空の雲の塊りに噛みつくように、口をぱくぱくやりながら。その時である。崩れ出した人波の中へ大きな一つの卓子(つくえ)

が運ばれた。そこで三人の駅員は次のような報告をし始めた。

「皆さん。お急ぎの方はここへ切符をお出し下さい。S駅まで引き返す列車が参ります。お急ぎのお方はその列車でS駅からT線を迂廻して下さい。」

さて、切符を出すものは？群衆は鳴りをひそめて互に人々の顔を窺い出した。何ぜなら、故障線の列車はいつ動き出すか分らなかった。従って迂廻線の列車とどちらが早く目的地に到着するか分らなかった。

さて？

さて？

さて？

一人の乗客は切符を持って卓子の前へ動き出した。駅員はその男の切符に検印を済ますと更に群衆の顔を見た。が、卓子を巻き包んでそれを見守っている群衆の頭は動かなかった。

さて？

さて？

さて？

暫くすると、また一人じくじくと動き出した。だが、群衆の頭は依然として動かなかった。そのとき、彼らの中に全身の感覚を張り詰めさせて今迄の様子を眺めていた肥大な一人の紳士が混っていた。彼の腹は巨万の富と一世の自信とを抱蔵しているかのごとく素晴らしく大きく前に突き出ていて、一条の金の鎖が腹の下から祭壇の幢幡（どうばん）のように光っていた。

彼はその不可思議な魅力を持った腹を揺り動かしながら群衆の前へ出た。そうして彼は切符を卓子の上へ差し出しながらにやにや無気味（ぶきみ）な薄笑いを洩（もら）して云った。

「これや、こっちの方が人気があるわい。」

すると、今迄静っていた群衆の頭は、俄に卓子をめがけて旋風のように揺らぎ出した。卓子が傾いた。「押すな！押すな！」無数の腕が曲った林のように。尽くの頭は太った腹に巻き込まれて盛り上った。

軈て（やがて）、迂廻線へ戻る列車の到着したのはそれから間もなくのことであった。群衆はその新しい列車の中へ殺到した。満載された人の頭が太った腹を包んで発車した。跡には、踏み蹂じられた果実の皮が。風は野の中から寒駅の柱をそよそよとかすめていた。

すると、空虚になって停(とま)っている急行列車の窓からひょっこりと鉢巻(はちまき)頭が現れた。それは一人取り残されたかの子僧であった。彼はいつの間にか静まり返つて閑々としているプラットを見ると、

「おッ。」と云った。

しかし、彼は直ぐまた頭を振り出した。

「汽車は、

出るでん出るえ、

煙は、のん残るえ、

残る煙は

しやん癪(しゃく)の種(たね)

癪の種。」

歌は瓢々(ひょうひょう)として続いて行つた。振られる鉢巻の下では、白と黒との眼玉が振り子のように。

それから暫くしたときであった。一人の駅員が線路を飛び越えて最初の確実な報告を齎(もたら)した。

「皆さん、H、K 間の土砂崩壊の故障線は開通いたしました。皆さん、H、K 間の……」

しかし、乗客の頭はただ一つ鉢巻の頭であった。しかし、急行列車は烏合の乗合馬車のように停車していることは出来なかった。車掌の笛は鳴り響いた。列車は目的地へ向って空虚のまま全速力で馳け出した。

子僧は? 意気揚々と窓枠を叩きながら。一人白と黒との眼玉を振り子のように振りながら。

「ア——

梅よ、

桜よ、

牡丹よ、
桃よ、
さうは
一人で
持ち切れぬ
ヨイヨイ。」

◎参考文献

[1]岩上順一 『横光利一』東京ライフ社 1955年
[2]福田清人、荒井惇見 『横光利一』清水書院 1978年
[3]日本文学研究資料刊行会 『横光利一と新感覚派』有精堂 1980年
[4]「横光利一 疾走するモダン」『国文学 解釈と教材の研究』 1990年10月
[5]栗坪良樹 『横光利一論』永田書房 1990年
[6]菅野昭正 『横光利一』福武書店 1991年
[7]井上謙 『横光利一(新潮日本文学アルバム43)』新潮社 1994年
[8]杣谷英紀 「横光利一『蠅』の隠喩」『日本文藝研究』 1997年3月
[9]石田仁志 「『蠅』——引き裂かれる読者の身体(特集 横光利一の世界)——作品の世界」『国文学 解釈と鑑賞』 2000年6月
[10]渡部幸子 「横光利一『蠅』について」『国文学論輯』 2001年3月
[11]野中潤 『横光利一と敗戦文学』笠間書院 2005年
[12]砂澤雄一 「横光利一『蠅』論——〈生々した眼〉の象徴するもの」『横光利一研究』 2005年3月
[13]石田仁志等 『横光利一の文学世界』翰林書房 2006年
[14]玉村周 『横光利一—瞞された者—』明治書院 2006年
[15]田口律男 「語りvsカメラ・アイ——横光利一「蠅」(特集=〈原文〉と〈語り〉をめぐって——文学作品を読む)——(〈原文〉と〈語り〉をめぐる理論的考察)」『国文学 解釈と鑑賞』 2008年7月
[16]高橋幸平 「横光利一『蠅』の主題」『国語国文』 2008年11月
[17]小鹿原敏夫 「横光利一『蠅』におけるラ・ファンテーヌ『寓話』の受容と変容について」『京都大学国文学論叢』 2010年3月
[18]日置俊次 「横光利一『蠅』論」『紀要55』青山学院大学 2013年

第十課　二銭銅貨

黒島伝治

一

独楽(こま)が流行(はや)っている時分だった。弟の藤二がどこからか健吉が使い古した古独楽を探し出して来て、左右の掌(てのひら)の間に三寸釘の頭をひしゃいで[1]通した心棒を挟んでまわした。まだ、手に力がないので一生懸命にひねっても、独楽は少しの間立って廻(ま)うのみで、すぐみそすってしまう[2]。子供の時から健吉は凝り性[3]だった。独楽に磨きをかけ、買った時には、細い針金のような心棒だったのを三寸釘に挿しかえた。その方がよく廻って勝負をすると強いのだ。もう十二三年も前に使っていたものだが、ひびきも入っていず[4]、黒光りがして、重く如何にも木質が堅そうだった。油をしませたり、蝋を塗ったりしたものだ。今、店頭で売っているものとは木質からして異(ちが)う。

しかし、重いだけ幼い藤二には廻し難かった。彼は、小半日も上り框(かまち)[5]の板の上でひねっていたが、どうもうまく行かない。

「お母(かあ)あ、独楽の緒[6]を買うて。」藤二は母にせびった。

「お父うにきいてみイ。買うてもえいか。」

「えい云うた。」

母は、何事にもこせこせする方だった。一つは苦しい家計が原因していた。彼女は買ってやることになっても、なお一応、物置きの中を探して、健吉の使い古しの緒が残っていないか確めた。

川添いの小さい部落の子供達は、堂の前に集った。それぞれ新しい独楽に新しい緒を巻いて廻して、二ツをこちあてあって⑦勝負をした。それを子供達はコッツリコと云った。緒を巻いて力を入れて放って引くと、独楽は澄んで廻りだす。二人が同時に廻して、代り代りに自分の独楽を相手の独楽にこちあてる。一方の独楽が、みそをすって消えてしまうまでつづける。先に消えた方が負けである。

「こんな黒い古い独楽を持っとる者はウラ(自分の意)だけじゃがの。独楽も新しいのを買うておくれ。」藤二は母にねだった⑧。

「独楽は一ツ有るのに買わいでもえいがな。」と母は云った。

「ほいたって⑨、こんな黒いんやかい……皆なサラ⑩を持っとるのに!」

以前に、自分が使っていた独楽がいいという自信がある健吉は、

「阿呆云え、その独楽の方がえいんじゃがイ!」と、なぜだか弟に金を出して独楽を買ってやるのが惜しいような気がして云った。

「ううむ。」

兄の云うことは何事でも信用する藤二だった。

「その方がえいんじゃ、勝負をしてみい。それに勝つ独楽は誰れっちゃ⑪持っとりゃせんのじゃ。」

そこで独楽の方は古いので納得した。しかし、母と二人で緒を買いに行くと、藤二は、店頭の木箱の中に入っている赤や青で彩った新しい独楽を欲しそうにいじくった。

雑貨店の内儀(おかみ)に緒を見せて貰いながら、母は、

「藤よ、そんなに店の物をいらいまわる⑫な。手垢で汚れるがな。」と云った。

「いいえ、いろうたって大事ござんせんぞな。」と内儀は愛相を云った。

緒は幾十条も揃えて同じ長さに切ってあった。その中に一条(すじ)だけ他(ほか)のよりは一尺ばかり短いのがあった。スンを取って⑬切って行って、最後に足りなくなったものである。

「なんぼぞな?」

「一本、十銭よな。その短い分なら八銭にしといてあげまさ。」

「八銭に……」

「へえ。」

「そんなら、この短いんでよろしいワ。」

そして母は、十銭渡して二銭銅貨を一ツ釣銭に貰った。なんだか二銭儲けたような気がして嬉しかった。

帰りがけに藤二を促すと、なお、彼は箱の中の新しい独楽をいじくっていた。他から見ても、如何にも、欲しそうだった。しかし無理に買ってくれともよく云わずに母のあとからついて帰った。

二

隣部落の寺の広場へ、田舎廻りの角力が来た。子供達は皆んな連れだって見に行った。藤二も行きたがった。しかし、丁度稲刈りの最中だった。のみならず、牛部屋では、鞍をかけられた牛が、粉ひき臼をまわして、くるくる、真中の柱の周囲を廻っていた。その番もしなければならない。

「牛の番やかいドーナ⑭リヤ！」いつになく藤二はいやがった。彼は納屋の軒の柱に独楽の緒をかけ、両手に端を持って引っぱった。

「そんなら雀を追いに来るか。」

「いいや。」

「そんなにキママを云うてどうするんぞいや！ 粉はひかにゃならず、稲にゃ雀がたかりよるのに！」母は、けわしい声をだした。

藤二は、柱と綱引きをするように身を反(そ)らして緒を引っぱった。暫らくして、小さい声で、

「皆な角力を見に行くのに！」と云った。

「うちらのような貧乏タレにゃ、そんなことはしとれゃせんのじゃ！」

「ええい。」がっかりしたような声でいって、藤二はなお緒を引っぱった。

「そんなに引っぱったら緒が切れるがな。」

「ええい。皆のよれ⑮短いんじゃもん！」

「引っぱったって延びせん——そんなことしよったらうしろへころぶぞ!」

「ええい延びるんじゃ!」

そこへ父が帰って来た。

「藤は、何ぐずぐず云よるんぞ!」藤二は睨みつけられた。

「そら見い、叱らりょう。——さあ、牛の番をしよるんじゃぞ!」

母はそれをしお[16]に、こう云いおいて田へ出かけてしまった。

父は、臼の漏斗に小麦を入れ、おとなしい牛が、のそのそ人の顔を見ながら廻っているのを見届けてから出かけた。

藤二は、緒を買って貰ってから、子供達の仲間に入って独楽を廻しているうちに、自分の緒が他人のより、大分短いのに気づいた。彼は、それが気になった。一方の端を揃えて、較べると、彼の緒は誰のに比しても短い。彼は、まだ六ツだった。他の大きい学校へ上っている者とコッツリコをするといつも負けた。彼は緒が短いためになお負けるような気がした。そして、緒の両端を持って引っぱるとそれが延びて、他人のと同じようになるだろうと思って、しきりに引っぱっているのだった。彼は牛の番をしながら、中央の柱に緒をかけ、その両端を握って、緒よ延びよとばかり引っぱった。牛は彼の背後をくるくる廻った。

三

健吉が稲を刈っていると、角力を見に行っていた子供達は、大勢群がって帰って来た。彼等は、帰る道々独楽を廻していた。

それから暫らく親子は稲を刈りつづけた。そして、太陽が西の山に落ちかけてから、三人は各々徒荷（かちに）を持って帰った。

「牛屋は、ボッコ[17]ひっそりとしとるじゃないや。」

「うむ。」

「藤二は、どこぞへ遊びに行（い）たんかいな。」

母は荷を置くと牛部屋をのぞきに行った。と、不意に吃驚（びっくり）して、

「健よ、はい来い[18]!」と声を顫わせて云った。

健吉は、稲束(いなたば)を投げ棄てて急いで行って見ると、番をしていた藤二は、独楽の緒を片手に握ったまま、暗い牛屋の中に倒れている。頸がねじれて⑲、頭が血に染っている。

赤牛は、じいっと鞍を背負って子供を見守るように立っていた。竹骨の窓から夕日が、牛の眼球に映っていた。蝿が一ツ二ツ牛の傍でブンブン羽をならしてとんでいた。……

「畜生！」父は稲束を荷って帰った六尺棒を持ってきて、三時間ばかり、牛をブンなぐりつづけた。牛にすべての罪があるように。

「畜生！ おどれはろくなことをしくさらん！」

牛は恐れて口から泡を吹きながら小屋の中を逃げまわった。

鞍は毀(こわ)れ、六尺は折れてしまった。

それから三年たつ。

母は藤二のことを思い出すたびに、

「あの時、角力を見にやったらよかったんじゃ！」

「あんな短い独楽の緒を買うてやらなんだらよかったのに！ ——緒を柱にかけて引っぱりよって片一方の端から手がはずれてころんだところを牛に踏まれたんじゃ。あんな緒を買うてやるんじゃなかったのに！ 二銭やこし⑳仕末㉑をしたってなんちゃに㉒なりゃせん！」といまだに涙を流す。……

（大正十四年九月）

◎注釈

①ひしゃぐ　押しつぶされて平たくなる。押しつぶされていびつになる。

②みそすってしまう　回る勢いが衰えてしまう、の意。

③凝り性　一つの事に熱中して、満足するまでやりとおす性質。

④ひびきも入っていず　ひびが入っていない。

⑤上り框　家の上り口のへりに渡してある横木。

⑥緒　独楽を回すためのひも。

⑦こちあてあって　勢いよくぶつけ合って。

⑧ねだる　金銭や品物を無理してもらい受けようと頼む。
⑨ほいたって　それでも。
⑩サラ　新品。
⑪誰れっちゃ　だれも。
⑫いらいまわる　弄り回す。指先であれこれいじってもてあそぶ。
⑬スンを取る　寸法をとる。
⑭ドーナ　接尾語的に用いて、無駄に費やす意を表す。
⑮よれ　より。
⑯しお　物事をするのにちょうどよい時期。
⑰ボッコ　大変。
⑱はい来い　はやく来い。
⑲ねじれる　ねじった状態になる。
⑳やこし　なんか。
㉑仕末　倹約。
㉒なんちゃに　なんにも。

◎作者紹介

黒島 伝治(くろしま でんじ、1898年(明治31年)12月12日—1943年(昭和18年)10月17日)は、小説家。香川県の小豆郡苗羽村(現在の小豆島町)生まれ。実業補習学校を卒業後、醤油工場に勤務、学資を貯めて上京し早稲田大学予科に入学する。1919年には徴兵を受け、シベリア出兵に従軍した。この体験に基づき『渦巻ける烏の群』などの「シベリアもの」とよばれる代表作を創作する。日本文学史上稀有な戦争文学とも見られる。『文芸戦線』同人となり、農民小説・反戦小説を書く。差し押さえに抵抗する農民を描いた『豚群』、1930年には済南事件に取材した日本と中国との関係をえぐった長編『武装せる市街』などが挙げられる。1930年代始め頃に肺病で故郷に隠棲、1943年に病死。

◎解題

1926年(大正15)1月、「銅貨二銭」という題名で「文芸戦線」に発表された。母親が定価よりも安い独楽の紐を子供に買い与えたことが悲劇を招くという物語であり、母親の自責と社会的戦いが読み取れると考えられる。当時ほとんどは労働者を題材にしていたプロレタリア文学の中で、農村を舞台にしたこの短編小説により黒島伝治の作家的地位が確立され、作家独自のリアリズムの手法があざやかに立証されているとも言える。これは『筑摩現代文学大系　38　小林多喜二　黒島伝治　徳永直集』、筑摩書房 1978 年版によった。

◎思考問題

1.「二銭銅貨」というタイトルの意味について検討しよう。
2. 結末の「母は藤二のことを思い出すたびに」「いまだに涙を流す。……」の省略された部分について自分の意見を述べなさい。
3. 藤二の死の原因を何だと思っているか、分析してみよう。
4. 参考文献の上で自分なりに疑問点を出し考えよう。

◎参考文献

[1]小田切進　「黒島伝治小論」『新日本文学』　1949 年
[2]竹本賢治　「黒島伝治『二銭銅貨』をめぐって：山の教室から」『日本文学』　1954 年
[3]中薗英助　「黒島伝治論」『多喜二と百合子』　1956 年 10 月
[4]日達良文　「黒島伝治と農民文学の課題」『農民文学』　1958 年 1 月
[5]畑中康雄　「黒島伝治の文学」『文化評論』　1963 年 11 月
[6]高崎隆治　「プロレタリヤ文学運動と反戦：黒島伝治をめぐって」『日本文學誌要』　1967 年 3 月
[7]森山重雄　「黒島伝治論——その文学形成と農民小説」『文学』　1973 年 3 月
[8]山口守圀　「黒島伝治「2 銭銅貨」と「豚群」(作品論と感想——民主主義をめざす文学)」『民主文学』　1987 年 11 月
[9]浜賀知彦　『黒島伝治の軌跡』青磁社　1990 年 11 月
[10]佐藤和夫　「研究展望　黒島伝治——平和への切なる思いを現代に」『昭和文学研究』　2002 年 9 月
[11]山口守圀　『プロレタリア文学運動と黒島伝治』海鳥社　2013 年 2 月
[12]椋棒哲也　「黒島伝治「銅貨二銭」と「豚群」のあいだ」『立教大学日本文学』　2016 年 7 月

第十一課　風立ちぬ　（抄録）

堀辰雄

Le vent se lève, il faut tenter de vivre.

PAUL VALÉRY

序曲

それらの夏の日々、一面に薄(すすき)の生い茂った草原の中で、お前が立ったまま熱心に絵を描いていると、私はいつもその傍らの一本の白樺の木蔭に身を横たえていたものだった。そうして夕方になって、お前が仕事をすませて私のそばに来ると、それからしばらく私達は肩に手をかけ合ったまま、遥か彼方の、縁だけ茜色(あかねいろ)を帯びた入道雲①のむくむくした塊りに覆われている地平線の方を眺めやっていたものだった。ようやく暮れようとしかけているその地平線から、反対に何物かが生れて来つつあるかのように……

そんな日の或る午後、(それはもう秋近い日だった)私達はお前の描きかけの絵を画架に立てかけたまま、その白樺の木蔭に寝そべって②果物を齧(か)じって③いた。砂のような雲が空をさらさらと流れていた。そのとき不意に、何処からともなく風が立った。私達の頭の上では、木の葉の間からちらっと覗いている藍色(あいいろ)が伸びたり縮んだりした。それと殆んど同時に、草むらの中に何かがばったりと倒れる物音を私達は耳にした。それは私達がそこに置きっぱなしにしてあった絵が、画架と共に、倒れた音らしかった。すぐ立ち上って行こうとするお前を、私は、いまの一瞬の何物をも失うまいとするかのように無理に引き留めて、私のそばから離さないでいた。お前は私のするがままにさせていた。

風立ちぬ、いざ生きめやも。

ふと口を衝(つ)いて出て来たそんな詩句を、私は私に靠(もた)れているお前の肩に手をかけながら、口の裡(うち)で繰り返していた。それからやっとお前は私を振りほどいて立ち上って行った。まだよく乾いてはいなかったカンヴァス④は、その間に、一めんに草の葉をこびつかせてしまっていた。それを再び画架に立て直し、パレット・ナイフ⑤でそんな草の葉を除(と)りにくそうにしながら、

「まあ！こんなところを、もしお父様にでも見つかったら……」

お前は私の方をふり向いて、なんだか曖昧な微笑をした。

「もう二三日したらお父様がいらっしゃるわ」

或(あ)る朝のこと、私達が森の中をさまよっているとき、突然お前がそう言い出した。私はなんだか不満そうに黙っていた。するとお前は、そういう私の方を見ながら、すこし嗄(しゃが)れたような声で再び口をきいた。

「そうしたらもう、こんな散歩も出来なくなるわね」

「どんな散歩だって、しようと思えば出来るさ」

私はまだ不満らしく、お前のいくぶん気づかわしそうな視線を自分の上に感じながら、しかしそれよりももっと、私達の頭上の梢が何んとはなしにざわめいているのに気を奪(と)られているような様子をしていた。

「お父様がなかなか私を離して下さらないわ」

私はとうとう焦(じ)れったいとでも云うような目つきで、お前の方を見返した。

「じゃあ、僕達はもうこれでお別れだと云うのかい?」

「だって仕方がないじゃないの」

そう言ってお前はいかにも諦め切ったように、私につとめて微笑んで見せようとした。ああ、そのときのお前の顔色の、そしてその唇の色までも、何んと蒼ざめていたことったら！

「どうしてこんなに変っちゃったんだろうなあ。あんなに私に何もかも任せ切っていたように見えたのに……」と私は考えあぐねた⑥ような恰好（かっこう）で、だんだん裸根のごろごろし出して来た狭い山路（やまみち）を、お前をすこし先きにやりながら、いかにも歩きにくそうに歩いて行った。そこいら⑦はもうだいぶ木立が深いと見え、空気はひえびえとしていた。ところどころに小さな沢が食いこんだりしていた。突然、私の頭の中にこんな考えが閃（ひらめ）いた。お前はこの夏、偶然出逢った私のような者にもあんなに従順だったように、いや、もっともっと、お前の父や、それからまたそういう父をも数に入れたお前のすべてを絶えず支配しているものに、素直に身を任せ切っているのではないだろうか？……「節子！そういうお前であるのなら、私はお前がもっともっと好きになるだろう。私がもっとしっかりと生活の見透しがつくようになったら、どうしたってお前を貰いに行くから、それまではお父さんの許（もと）に今のままのお前でいるがいい……」そんなことを私は自分自身にだけ言い聞かせながら、しかしお前の同意を求めでもするかのように、いきなりお前の手をとった。お前はその手を私にとられるがままにさせていた。それから私達はそうして手を組んだまま、一つの沢の前に立ち止まりながら、押し黙って、私達の足許に深く食いこんでいる小さな沢のずっと底の、下生（したばえ）⑧の羊歯（しだ）などの上まで、日の光が数知れず枝をさしかわしている低い灌木（かんぼく）の隙間をようやくのことで潜り抜けながら、斑（まだ）らに落ちていて、そんな木洩れ日がそこまで届くうちに殆んどあるかないか位になっている微風にちらちらと揺れ動いているのを、何か切ないような気持で見つめていた。

それから二三日した或る夕方、私は食堂で、お前がお前を迎えに来た父と食事を共にしているのを見出した。お前は私の方にぎごちなさ⑨そうに背中を向けていた。父の側にいることがお前に殆んど無意識的に取らせているにちがいない様子や動作は、私にはお前をついぞ見かけたこともないような若い娘のように感じさせた。

「たとい私がその名を呼んだにしたって……」と私は一人でつぶやいた。「あいつは平気でこっちを見向きもしないだろう。まるでもう私の呼んだものではないかのように……」

その晩、私は一人でつまらなそうに出かけて行った散歩からかえって来てからも、しばらくホテルの人けのない庭の中をぶらぶらしていた。山百合が匂っていた。私はホテルの窓がまだ二つ三つあかりを洩らしているのをぼんやりと見つめていた。そのうちすこし霧がかかって来たようだった。それを恐れでもするかのように、窓のあかりは一つびとつ消えて行った。そしてとうとうホテル中がすっかり真っ暗になったかと思うと、軽いきしりがして、ゆるやかに一つの窓が開いた。そして薔薇色(ばらいろ)の寝衣(ねまき)らしいものを着た、一人の若い娘が、窓の縁にじっと凭(よ)りかかり出した。それはお前だった。……

お前達が発って行ったのち、日ごと日ごとずっと私の胸をしめつけていた、あの悲しみに似たような幸福の雰囲気を、私はいまだにはっきりと蘇(よみがえ)らせることが出来る。

私は終日、ホテルに閉(と)じ籠(こも)っていた。そうして長い間お前のために打棄(うっちゃ)って置いた自分の仕事に取りかかり出した。私は自分にも思いがけない位、静かにその仕事に没頭することが出来た。そのうちにすべてが他の季節に移って行った。そしていよいよ私も出発しようとする前日、私はひさしぶりでホテルから散歩に出かけて行った。

秋は林の中を見ちがえるばかりに乱雑にしていた。葉のだいぶ少くなった木々は、その間から、人けの絶えた別荘のテラス[10]をずっと前方にのり出させていた。菌類の湿っぽい匂いが落葉の匂いに入りまじっていた。そういう思いがけない位の季節の推移が、——お前と別れてから私の知らぬ間にこんなにも立ってしまった時間というものが、私には異様に感じられた。私の心の裡(うち)の何処かしらに、お前から引き離されているのはただ一時的だと云った確信のようなものがあって、そのためこうした時間の推移までが、私には今までとは全然異った意味を持つようになり出したのであろうか？……そんなようなことを、私はすぐあとではっきりと確かめるまで、何やらぼんやりと感じ出していた。

私はそれから十数分後、一つの林の尽きたところ、そこから急に打ちひらけて、遠い地平線までも一帯に眺められる、一面に薄の生い茂った草原の中に、足を踏み入れていた。そして私はその傍らの、既に葉の黄いろくなりかけた一本の白樺の木蔭に身を横たえた。其処は、その夏の日々、お前が絵を描いているのを眺めながら、私がいつも今のように身を横たえていたところだった。あの時には殆んどいつも入道雲に遮(さえぎ)られていた地平線のあたりには、今は、何処か知らない、遠くの山脈までが、真っ白な穂先をなびかせた[11]薄の上を分けながら、その輪廓を一つ一つくっきりと見せていた。

私はそれらの遠い山脈の姿をみんな暗記してしまう位、じっと目に力を入れて見入っているうちに、いままで自分の裡に潜んでいた、自然が自分のために極めて置いてくれたものを今こそ漸(や)っと見出したと云う確信を、だんだんはっきりと自分の意識に上らせはじめていた。……

春

三月になった。或る午後、私がいつものようにぶらっと散歩のついでにちょっと立寄ったとでも云った風に節子の家を訪れると、門をはいったすぐ横の植込みの中に、労働者のかぶるような大きな麦稈帽(むぎわらぼう)をかぶった父が、片手に鋏(はさみ)をもちながら、そこいらの木の手入れをしていた。私はそういう姿を認めると、まるで子供のように木の枝を掻き分けながら、その傍に近づいていって、二言三言挨拶の言葉を交わしたのち、そのまま父のすることを物珍らしそうに見ていた。——そうやって植込みの中にすっぽりと身を入れていると、あちらこちらの小さな枝の上にときどき何かしら白いものが光ったりした。それはみんな蕾(つぼみ)らしかった。……

「あれもこの頃はだいぶ元気になって来たようだが」父は突然そんな私の方へ顔をもち上げてその頃私と婚約したばかりの節子のことを言い出した。

「もう少し好い陽気になったら、転地[12]でもさせて見たらどうだろうね?」

「それはいいでしょうけれど……」と私は口ごもり[13]ながら、さっきから目の前にきらきら光っている一つの蕾がなんだか気になってならないと云った風をしていた。

「何処ぞいいところはないかとこの間うちから物色しとるのだがね——」と父はそんな私には構わずに言いつづけた。「節子はFのサナトリウムなんぞどうか知らんと言うのじゃが、あなたはあそこの院長さんを知っておいでだそうだね?」

「ええ」と私はすこし上の空でのように返事をしながら、やっとさっき見つけた白い蕾を手もとにたぐりよせた[14]。

「だが、あそこなんぞは、あれ一人で行って居られるだろうか?」

「みんな一人で行っているようですよ」

「だが、あれにはなかなか行って居られまいね?」

父はなんだか困ったような顔つきをしたまま、しかし私の方を見ずに、自分の目の前にある木の枝の一つへいきなり鋏を入れた。それを見ると、私はとうとう我慢がしきれなくなって、それを私が言い出すのを父が待っているとしか思われない言葉を、ついと口に出した。

「なんでしたら僕も一緒に行ってもいいんです。いま、しかけている仕事の方も、丁度それまでには片がつきそうですから……」

私はそう言いながら、やっと手の中に入れたばかりの莟のついた枝を再びそっと手離した。それと同時に父の顔が急に明るくなったのを私は認めた。

「そうしていただけたら、一番いいのだが、——しかしあなたにはえろう済まんな……」

「いいえ、僕なんぞにはかえってそう云った山の中の方が仕事ができるかも知れません……」

それから私達はそのサナトリウムのある山岳地方のことなど話し合っていた。が、いつのまにか私達の会話は、父のいま手入れをしている植木の上に落ちていった。二人のいまお互に感じ合っている一種の同情のようなものが、そんなとりとめのない⑮話をまで活気づけるように見えた。……

「節子さんはお起きになっているのかしら?」しばらくしてから私は何気なさそうに訊(き)いてみた。

「さあ、起きとるでしょう。……どうぞ、構わんから、其処からあちらへ……」と父は鋏をもった手で、庭木戸の方を示した。私はやっと植込みの中を潜り抜けると、蔦(つた)がからみついて少し開きにくい位になったその木戸をこじあけて⑯、そのまま庭から、この間まではアトリエ⑰に使われていた、離れのようになった病室の方へ近づいていった。

節子は、私の来ていることはもうとうに⑱知っていたらしいが、私がそんな庭からはいって来ようとは思わなかったらしく、寝間着の上に明るい色の羽織をひっかけたまま、長椅子の上に横になりながら、細いリボンのついた、見かけたことのない婦人帽を手でおもちゃにしていた。

私がフレンチ[19]扉(ドア)ごしにそういう彼女を目に入れながら近づいて行くと、彼女の方でも私を認めたらしかった。彼女は無意識に立ち上ろうとするような身動きをした。が、彼女はそのまま横になり、顔を私の方へ向けたまま、すこし気まり悪そうな微笑で私を見つめた。

「起きていたの?」私は扉のところで、いくぶん乱暴に靴を脱ぎながら、声をかけた。

「ちょっと起きて見たんだけれど、すぐ疲れちゃったわ」

そう言いながら、彼女はいかにも疲れを帯びたような、力なげな手つきで、ただ何んということもなしに手で弄(もてあそ)んでいたらしいその帽子を、すぐ脇にある鏡台の上へ無造作にほうり投げた。が、それはそこまで届かないで床の上に落ちた。私はそれに近寄って、殆ど私の顔が彼女の足のさきにくっつきそうになるように屈(かが)み込(こ)んで、その帽子を拾い上げると、今度は自分の手で、さっき彼女がそうしていたように、それをおもちゃにし出していた。

それから私はやっと訊いた。「こんな帽子なんぞ取り出して、何をしていたんだい?」

「そんなもの、いつになったら被(かぶ)れるようになるんだか知れやしないのに、お父様ったら、きのう買っておいでになったのよ。……おかしなお父様でしょう?」

「これ、お父様のお見立て[20]なの? 本当に好いお父様じゃないか。……どおれ、この帽子、ちょっとかぶって御覧」と私が彼女の頭にそれを冗談半分かぶせるような真似をしかけると、

「厭(いや)、そんなこと……」

彼女はそう言って、うるさそうに、それを避けでもするように、半ば身を起した。そうして言い訣(わけ)のように弱々しい微笑をして見せながら、ふいと思い出したように、いくぶん痩せの目立つ手で、すこし縺(もつ)れた髪を直しはじめた。その何気なしにしている、それでいていかにも自然に若い女らしい手つきは、それがまるで私を愛撫でもし出した

かのような、呼吸(いき)づまるほどセンシュアル[21]な魅力を私に感じさせた。そうしてそれは、思わずそれから私が目をそらさずにはいられないほどだった……

やがて私はそれまで手で弄(もてあそ)んでいた彼女の帽子を、そっと脇の鏡台の上に載せると、ふいと何か考え出したように黙りこんで、なおもそういう彼女からは目をそらせつづけていた。

「おおこりになったの?」と彼女は突然私を見上げながら、気づかわしそうに問うた。

「そうじゃないんだ」と私はやっと彼女の方へ目をやりながら、それから話の続きでもなんでもなしに、出し抜けにこう言い出した。「さっきお父様がそう言っていらしったが、お前、ほんとうにサナトリウムに行く気かい?」

「ええ、こうしていても、いつ良くなるのだか分らないのですもの。早く良くなれるんなら、何処へでも行っているわ。でも……」

「どうしたのさ? なんて言うつもりだったんだい?」

「なんでもないの」

「なんでもなくってもいいから言って御覧。……どうしても言わないね、じゃ僕が言ってやろうか? お前、僕にも一緒に行けというのだろう?」

「そんなことじゃないわ」と彼女は急に私を遮ろうとした。

しかし私はそれには構わずに、最初の調子とは異って、だんだん真面目になりだした、いくぶん不安そうな調子で言いつづけた。

「……いや、お前が来なくともいいと言ったって、そりあ僕は一緒に行くとも。だがね、ちょっとこんな気がして、それが気がかりなのだ。……僕はこうしてお前と一緒にならない前から、何処かの淋しい山の中へ、お前みたいな可哀らしい娘と二人きりの生活をしに行くことを夢みていたことがあったのだ。お前にもずっと前にそんな私の夢を打ち明けやしなかったかしら? ほら、あの山小屋の話さ、そんな山の中に私達は住めるのかしらと云って、あのときはお前は無邪気そうに笑っていたろう? ……実はね、こんどお前がサナトリウムへ行くと言い出しているのも、そんなことが知(し)らず識(し)らずの裡(うち)にお前の心を動かしているのじゃないかと思ったのだ。……そうじゃないのかい?」

彼女はつとめて微笑みながら、黙ってそれを聞いていたが、

「そんなこともう覚えてなんかいないわ」と彼女はきっぱりと言った。それから寧(むし)ろ私の方をいたわる㉒ような目つきでしげしげと見ながら、「あなたはときどき飛んでもないことを考え出すのね……」

それから数分後、私達は、まるで私達の間には何事もなかったような顔つきをして、フレンチ扉の向うに、芝生がもう大ぶ青くなって、あちらにもこちらにも陽炎(かげろう)㉓らしいものの立っているのを、一緒になって珍らしそうに眺め出していた。

***

四月になってから、節子の病気はいくらかずつ恢復期(かいふくき)に近づき出しているように見えた。そしてそれがいかにも遅々としていればいるほど、その恢復へのもどかしい㉔ような一歩一歩は、かえって何か確実なもののように思われ、私達には云い知れず頼もしくさえあった。

そんな或る日の午後のこと、私が行くと、丁度父は外出していて、節子は一人で病室にいた。その日は大へん気分もよさそうで、いつも殆ど着たきりの寝間着を、めずらしく青いブラウスに着換えていた。私はそういう姿を見ると、どうしても彼女を庭へ引っぱり出そうとした。すこしばかり風が吹いていたが、それすら気持のいいくらい軟らかだった。彼女はちょっと自信なさそうに笑いながら、それでも私にやっと同意した。そうして私の肩に手をかけて、フレンチ扉から、何んだか危かしそうな足つきをしながら、おずおずと芝生の上へ出て行った。生牆(いけがき)に沿うて、いろんな外国種のも混じって、どれがどれだか見分けられないくらいに枝と枝を交わしながら、ごちゃごちゃに茂っている植込みの方へ近づいてゆくと、それらの茂みの上には、あちらにもこちらにも白や黄や淡紫の小さな蕾がもう今にも咲き出しそうになっていた。私はそんな茂みの一つの前に立ち止まると、去年の秋だったか、それがそうだと彼女に教えられたのをひょっくり㉕思い出して、

「これはライラックだったね?」と彼女の方をふり向きながら、半ば訊くように言った。

「それがどうもライラックじゃないかも知れないわ」と私の肩に軽く手をかけたまま、彼女はすこし気の毒そうに答えた。

「ふん……じゃ、いままで嘘を教えていたんだね?」

「嘘なんか衝きやしないけれど、そういって人から頂戴したの。……だけど、あんまり好い花じゃないんですもの」

「なあんだ、もういまにも花が咲きそうになってから、そんなことを白状するなんて!じゃあ、どうせあいつも……」

私はその隣りにある茂みの方を指さしながら、「あいつは何んていったっけなあ?」

「金雀児（えにしだ）?」と彼女はそれを引き取った。私達は今度はそっちの茂みの前に移っていった。「この金雀児は本物よ。ほら、黄いろいのと白いのと、莟が二種類あるでしょう?こっちの白いの、それあ珍らしいのですって……お父様の御自慢よ……」

そんな他愛のない[26]ことを言い合いながら、その間じゅう節子は私の肩から手をはずさずに、しかし疲れたというよりも、うっとりとしたようになって、私に靠（もた）れかかっていた。それから私達はしばらくそのまま黙り合っていた。そうすることがこういう花咲き匂うような人生をそのまま少しでも引き留めて置くことが出来でもするかのように。ときおり軟らかな風が向うの生牆の間から抑えつけられていた呼吸かなんぞのように押し出されて、私達の前にしている茂みにまで達し、その葉を僅かに持ち上げながら、それから其処にそういう私達だけをそっくり完全に残したまんま通り過ぎていった。

突然、彼女が私の肩にかけていた自分の手の中にその顔を埋めた。私は彼女の心臓がいつもよりか高く打っているのに気がついた。「疲れたの?」私はやさしく彼女に訊いた。

「いいえ」と彼女は小声に答えたが、私はますます私の肩に彼女のゆるやかな重みのかかって来るのを感じた。

「私がこんなに弱くって、あなたに何んだかお気の毒で……」彼女はそう囁（ささや）いたのを、私は聞いたというよりも、むしろそんな気がした位のものだった。

「お前のそういう脆弱（ひよわ）なのが、そうでないより私にはもっとお前をいとしいものにさせているのだと云うことが、どうして分らないのだろうなあ……」と私はもどかしそうに心のうちで彼女に呼びかけながら、しかし表面はわざと何んにも聞きとれなかったような様子をしながら、そのままじっと身動きもしないでいると、彼女は急に私からそれを反らせるようにして顔をもたげ、だんだん私の肩から手さえも離して行きながら、

「どうして、私、この頃こんなに気が弱くなったのかしら？こないだうちは、どんなに病気のひどいときだって何んとも思わなかった癖に……」と、ごく低い声で、独り言でも言うように口ごもった。沈黙がそんな言葉を気づかわしげに引きのばしていた。そのうち彼女が急に顔を上げて、私をじっと見つめたかと思うと、それを再び伏せながら、いくらか上ずったような中音で言った。「私、なんだか急に生きたくなったのね……」

それから彼女は聞えるか聞えない位の小声で言い足した。「あなたのお蔭で……」

***

それは、私達がはじめて出会ったもう二年前にもなる夏の頃、不意に私の口を衝いて出た、そしてそれから私が何んということもなしに口ずさむことを好んでいた、

風立ちぬ、いざ生きめやも。

という詩句が、それきりずっと忘れていたのに、又ひょっくりと私達に蘇ってきたほどの、——云わば人生に先立った、人生そのものよりかもっと生き生きと、もっと切ないまでに愉（たの）しい日々であった。

私達はその月末に八ヶ岳山麓（さんろく）のサナトリウムに行くための準備をし出していた。私は、一寸した識合（しりあ）いになっている、そのサナトリウムの院長がときどき上京する機会を捉えて、其処へ出かけるまでに一度節子の病状を診て貰うことにした。

或る日、やっとのことで郊外にある節子の家までその院長に来て貰って、最初の診察を受けた後、「なあに大したことはないでしょう。まあ、一二年山へ来て辛抱なさるんですなあ」と病人達に言い残して忙しそうに帰ってゆく院長を、私は駅まで見送って行った。私は彼から自分にだけでも、もっと正確な彼女の病態を聞かしておいて貰いたかったのだった。

「しかし、こんなことは病人には言わぬようにしたまえ。父親（ファタア）にはそのうち僕からもよく話そうと思うがね」院長はそんな前置きをしながら、少し気むずかしい顔つきをし

て節子の容態をかなり細かに私に説明して呉れた。それからそれを黙って聞いていた私の方をじっと見て、「君もひどく顔色が悪いじゃないか。ついでに君の身体も診ておいてやるんだったな」と私を気の毒がるように言った。

駅から私が帰って、再び病室にはいってゆくと、父はそのまま寝ている病人の傍に居残って、サナトリウムへ出かける日取などの打ち合わせを彼女とし出していた。なんだか浮かない顔をしたまま、私もその相談に加わり出した。「だが……」父はやがて何か用事でも思いついたように、立ち上がりながら、「もうこの位に良くなっているのだから、夏中だけでも行っていたら、よかりそうなものだがね」といかにも不審そうに言って、病室を出ていった。

二人きりになると、私達はどちらからともなくふっと黙り合った。それはいかにも春らしい夕暮であった。私はさっきからなんだか頭痛がしだしているような気がしていたが、それがだんだん苦しくなってきたので、そっと目立たぬように立ち上がると、硝子扉の方に近づいて、その一方の扉を半ば開け放ちながら、それに靠れかかった。そうしてしばらくそのまま私は、自分が何を考えているのかも分からない位にぼんやりして、一面にうっすらと靄(もや)の立ちこめている向うの植込みのあたりへ「いい匂がするなあ、何んの花のにおいだろう——」と思いながら、空虚な目をやっていた。

「何をしていらっしゃるの?」

私の背後で、病人のすこし嗄(しゃが)れた声がした。それが不意に私をそんな一種の麻痺(まひ)したような状態から覚醒(かくせい)させた。私は彼女の方には背中を向けたまま、いかにも何か他のことでも考えていたような、取ってつけたような調子で、

「お前のことだの、山のことだの、それからそこで僕達の暮らそうとしている生活のことだのを、考えているのさ……」と途切れ途切れ[27]に言い出した。が、そんなことを言い続けているうちに、私はなんだか本当にそんな事を今しがた[28]まで考えていたような気がしてきた。そうだ、それから私はこんなことも考えていたようだ。——「向うへいったら、本当にいろいろな事が起るだろうなあ。……しかし人生というものは、お前がいつもそうしているように、何もかもそれに任せ切って置いた方がいいのだ。……そうすればきっと、私達がそれを希(ねが)おうなどとは思いも及ばなかったようなものまで、私

達に与えられるかも知れないのだ。……」そんなことまで心の裡で考えながら、それには少しも自分では気がつかずに、私はかえって何んでもないように見える些細(ささい)な印象の方にすっかり気をとられていたのだ。……

そんな庭面(にわも)はまだほの明るかったが、気がついて見ると、部屋のなかはもうすっかり薄暗くなっていた。

「明りをつけようか?」私は急に気をとりなおしながら言った。

「まだつけないでおいて頂戴……」そう答えた彼女の声は前よりも嗄れていた。

しばらく私達は言葉もなくていた。

「私、すこし息ぐるしいの、草のにおいが強くて……」

「じゃ、ここも締めて置こうね」

私は、殆ど悲しげな調子でそう応じながら、扉の握りに手をかけて、それを引きかけた。

「あなた……」彼女の声は今度は殆ど中性的なくらいに聞えた。「いま、泣いていらしったんでしょう?」

私はびっくりした様子で、急に彼女の方をふり向いた。

「泣いてなんかいるものか。……僕を見て御覧」

彼女は寝台の中から私の方へその顔を向けようともしなかった。もう薄暗くってそれとは定かに認めがたい位だが、彼女は何かをじっと見つめているらしい。しかし私がそれを気づかわしそうに自分の目で追って見ると、ただ空(くう)を見つめているきりだった。

「わかっているの、私にも……さっき院長さんに何か言われていらしったのが……」

私はすぐ何か答えたかったが、何んの言葉も私の口からは出て来なかった。私はただ音を立てないようにそっと扉を締めながら再び、夕暮れかけた庭面を見入り出した。

やがて私は、私の背後に深い溜息(ためいき)のようなものを聞いた。

「御免なさい」彼女はとうとう口をきいた。その声はまだ少し顫えを帯びていたが、前よりもずっと落着いていた。「こんなこと気になさらないでね……私達、これから本当に生きられるだけ生きましょうね……」

私はふりむきながら、彼女がそっと目がしらに指先をあてて、そこにそれをじっと置いているのを認めた。

⁂

四月下旬の或る薄曇った朝、停車場まで父に見送られて、私達はあたかも蜜月の旅へでも出かけるように、父の前はさも愉しそうに、山岳地方へ向う汽車の二等室に乗り込んだ。汽車は徐(しず)かにプラットフォームを離れ出した。その跡に、つとめて何気なさそうにしながら、ただ背中だけ少し前屈(まえかが)みにして、急に年とったような様子をして立っている父だけを一人残して。——

すっかりプラットフォームを離れると、私達は窓を締めて、急に淋しくなったような顔つきをして、空いている二等室の一隅に腰を下ろした。そうやってお互の心と心を温め合おうとでもするように、膝と膝とをぴったりとくっつけながら……

◎注釈

①入道雲　高く盛り上がって、大入道のように見える積乱雲の俗称。

②寝そべる　ごろっと腹ばいになったり横になったりする。

③齧る　かたいものの一部を、少しずつ歯でかんで削り取る。

④カンヴァス　油絵をかく布。麻布などの上に塗料を塗ったもの。主に亜麻あま布が用いられる。画布。

⑤パレット・ナイフ　パレットの上で絵の具をこねたり削り取ったりするための薄い鋼鉄製ナイフ。

⑥考えあぐねる　考えがまとまらず、あれこれと思い惑う。

⑦そこいら　中称の指示代名詞。その辺。そのあたり。

⑧下生　木の下に生えている草や低木。下草。

⑨ぎごちない　十分になれきっていなくて、動作や言葉がなめらかでない。

⑩テラス　建物から床と同じ高さで庭や街路に向けて張り出した部分。露台。

⑪なびく　草や布などの先端が風や水の流れに従って横に傾き伏す。

⑫転地　療養などのためにほかの土地に移り住むこと。

⑬口ごもる　返答に窮したり、言いづらい事情があったりして、言うのをためらう。また、途中で言うのをやめる。

⑭たぐりよせる　両手で代わる代わる引いて手元へ引き寄せる。

⑮とりとめのない　要点やまとまりがない。

⑯こじあける　すきまに物を差し込んだりして無理にあける。

⑰アトリエ　画家・彫刻家などの仕事部屋。画室。工房。

⑱とうに　ずっと前の時点ですでに実現していると判断するさま。

⑲フレンチ　「フランスの」「フランス人の」「フランス風」の意。他の語に付いて複合語をつくる。

⑳見立て　見てよしあしを決めること。また、見て物を選定すること。

㉑センシュアル　肉感的であるさま。官能的。肉欲的。

㉒いたわる　困っている人や病人などに同情の気持ちをもってやさしく接する。大事にする。

㉓陽炎　春、晴れた日に砂浜や野原に見える色のないゆらめき。大気や地面が熱せられて空気密度が不均一になり、それを通過する光が不規則に屈折するために見られる現象。

㉔もどかしい　物事が思うように進まずいらいらする。じれったい。はがゆい。

㉕ひょっくり　ひょっこり。不意に現れるさま。

㉖他愛のない　取るにたりない。とりとめもない。

㉗途切れ途切れ　途中で幾度も切れ目がある・こと(さま)。

㉘今しがた　ついちょっと前。

◎作者紹介

堀 辰雄(ほり たつお、1904年(明治37年)12月28日—1953年(昭和28年)5月28日)は、小説家。東京生まれ。それまで私小説的となっていた日本の小説の流れの中に、意識的にフィクションによる「作りもの」としてのロマン(西洋流の小説)という文学形式を確立しようとし、フランス文学の心理主義を積極的に取り入れ、

日本の古典や王朝女流文学にも新しい生命を見出し、それらを融合させることによって独自の文学世界を創造したと考えられる。関東大震災で母を失い、肺結核にかかる。軽井沢での療養生活を送り、そこを舞台にした作品を多く残す。戦時下の不安な時代に、時流に安易に迎合しない堀の作風は、後進の世代の立原道造らから支持される。戦争末期からは結核の悪化のせい、戦後はほとんど作品の発表もできず、病床に臥すことが多く48歳で死去した。

◎解題

1936年、「風立ちぬ」(のち「序曲」「風立ちぬ」の2章)が雑誌『改造』12月号に掲載された中編小説である。堀辰雄が婚約者と死別する実体験をもとに書かれた代表的な作品と見られる。「序曲」「春」「風立ちぬ」「冬」「死のかげの谷」の5章からなっている。美しい自然に囲まれた高原の風景の中で、重い病に冒されている婚約者に付き添う「私」が、やがてくる愛する者の死を覚悟し見つめながら、2人の限られた日々を「生」を強く意識して共に生きる物語である。「『風立ちぬ』が私達にもたらした最も大きな驚きは、風のように去ってゆく時の流れを、見事に文字に刻み上げて、人間の実体を、その流れの裡に捉えて示してくれたことである」と丸岡明が評している。これは『堀辰雄全集　第1巻』筑摩書房、1977年版によった。

◎思考問題

1. 作中にある「風立ちぬ、いざ生きめやも」という有名な詩句について詳しく調べよう。
2. 死と生の意味を問うというテーマについてどう考えているか、検討しよう。
3. 「序曲」「春」の他、「風立ちぬ」「冬」「死のかげの谷」の3章を自ら読み感想を述べなさい。
4. 参考文献の上で自分なりに疑問点を出し考えよう。

◎参考文献

[1]田中保隆　「風立ちぬ——作品論」『国文学：解釈と鑑賞』　1961年3月
[2]高橋直美　「堀辰雄論——『風立ちぬ』「雪の上の足跡」を中心に」『文学論藻』　1996

年 3 月

[3]石丸晶子　「堀辰雄と女性——『風立ちぬ』の節子のモデル矢野綾子のこと」『国文学解釈と鑑賞』 1996 年 9 月

[4]河津武俊　「「風立ちぬ」における病気」『図書』 1997 年 6 月

[5]山崎雅子　「堀辰雄『風立ちぬ』論——「時間」意識の変容」『日本文学論究』 2000 年

[6]建田和幸　「堀辰雄「風立ちぬ」試論——〈死の味のする生〉の夕暮れ」『日本文学論集』 2000 年 3 月

[7]小林昭　「近代文学探訪(49)堀辰雄「風立ちぬ」」『民主文学』 2001 年 8 月

[8]辻研子　「堀辰雄『風立ちぬ』——「死のかげの谷」における死者節子の現前について」『近代文学論集』 2004 年

[9]小高康正　「堀辰雄『風立ちぬ』における悲嘆と創作のプロセス」『長野大学紀要』 2005 年 9 月

[10]竹内清己　『村上春樹・横光利一・中野重治と堀辰雄：現代日本文学生成の水脈』鼎書房　2009 年 11 月

[11]辻研子　「堀辰雄『風立ちぬ』にける〈光〉——文体および時間との関連について」『国語国文薩摩路』 2010 年 3 月

[12]内藤セツコ　『堀辰雄の生涯と文学を追って：私の堀辰雄』鳥影社　2010 年 12 月

[13]宮坂康一　『出発期の堀辰雄と海外文学：「ロマン」を書く作家の誕生』翰林書房　2014 年 3 月

[14]飯島洋　『虚構の生：堀辰雄の作品世界』世界思想社　2016 年 3 月

[15]福田清人、飯島文、横田玲子　『堀辰雄』清水書院　2017 年 9 月

第十二課　走れメロス

太宰治

メロスは激怒した。必ず、かの邪智暴虐[1]の王を除かなければならぬと決意した。メロスには政治がわからぬ。メロスは、村の牧人である。笛を吹き、羊と遊んで暮して来た。けれども邪悪に対しては、人一倍に敏感であった。きょう未明メロスは村を出発し、野を越え山越え、十里はなれた此のシラクス[2]の市にやって来た。メロスには父も、母も無い。女房も無い。十六の、内気な妹と二人暮しだ。この妹は、村の或る律気な一牧人を、近々、花婿として迎える事になっていた。結婚式も間近かなのである。メロスは、それゆえ、花嫁の衣裳やら祝宴の御馳走やらを買いに、はるばる市にやって来たのだ。先ず、その品々を買い集め、それから都の大路をぶらぶら歩いた。メロスには竹馬の友があった。セリヌンティウスである。今は此のシラクスの市で、石工をしている。その友を、これから訪ねてみるつもりなのだ。久しく逢わなかったのだから、訪ねて行くのが楽しみである。歩いているうちにメロスは、まちの様子を怪しく思った。ひっそりしている。もう既に日も落ちて、まちの暗いのは当りまえだが、けれども、なんだか、夜のせいばかりでは無く、市全体が、やけに寂しい。のんきなメロスも、だんだん不安になって来た。路で逢った若い衆をつかまえて、何かあったのか、二年まえに此の市に来たときは、夜でも皆が歌をうたって、まちは賑やかであった筈だが、と質問した。若い衆は、首を振って答えなかった。しばらく歩いて老爺に逢い、こんどはもっと、語勢を強くして質問した。老爺は答えなかった。メロスは両手で老爺のからだをゆすぶって質問を重ねた。老爺は、あたりをはばかる低声で、わずか答えた。

「王様は、人を殺します。」

「なぜ殺すのだ。」

「悪心を抱いている、というのですが、誰もそんな、悪心を持っては居りませぬ。」

「たくさんの人を殺したのか。」

「はい、はじめは王様の妹婿さまを。それから、御自身のお世嗣（よつぎ）を。それから、妹さまを。それから、妹さまの御子さまを。それから、皇后さまを。それから、賢臣のアレキス様を。」

「おどろいた。国王は乱心か。」

「いいえ、乱心ではございませぬ。人を、信ずる事が出来ぬ、というのです。このごろは、臣下の心をも、お疑いになり、少しく派手な暮しをしている者には、人質ひとりずつ差し出すことを命じて居ります。御命令を拒めば十字架にかけられて、殺されます。きょうは、六人殺されました。」

聞いて、メロスは激怒した。「呆（あき）れた王だ。生かして置けぬ。」

メロスは、単純な男であった。買い物を、背負ったままで、のそのそ王城にはいって行った。たちまち彼は、巡邏（じゅんら）の警吏に捕縛された。調べられて、メロスの懐中からは短剣が出て来たので、騒ぎが大きくなってしまった。メロスは、王の前に引き出された。

「この短刀で何をするつもりであったか。言え!」暴君ディオニスは静かに、けれども威厳を以（もっ）て問いつめた。その王の顔は蒼白（そうはく）で、眉間（みけん）の皺は、刻み込まれたように深かった。

「市を暴君の手から救うのだ。」とメロスは悪びれずに答えた。

「おまえがか?」王は、憫笑（びんしょう）した。「仕方の無いやつじゃ。おまえには、わしの孤独がわからぬ。」

「言うな!」とメロスは、いきり立って反駁（はんばく）した。「人の心を疑うのは、最も恥ずべき悪徳だ。王は、民の忠誠をさえ疑って居られる。」

「疑うのが、正当の心構えなのだと、わしに教えてくれたのは、おまえたちだ。人の心は、あてにならない。人間は、もともと私慾のかたまりさ。信じては、ならぬ。」暴君は落着いて呟(つぶや)き、ほっと溜息(ためいき)をついた。「わしだって、平和を望んでいるのだが。」

「なんの為の平和だ。自分の地位を守る為か。」こんどはメロスが嘲笑した。

「罪の無い人を殺して、何が平和だ。」

「だまれ、下賤(げせん)の者。」王は、さっと顔を挙げて報いた。「口では、どんな清らかな事でも言える。わしには、人の腹綿の奥底が見え透いてならぬ。おまえだって、いまに、磔(はりつけ)になってから、泣いて詫(わ)びたって聞かぬぞ。」

「ああ、王は悧巧(りこう)だ。自惚(うぬぼ)れているがよい。私は、ちゃんと死ぬる覚悟で居るのに。命乞いなど決してしない。ただ、——」と言いかけて、メロスは足もとに視線を落し瞬時ためらい、「ただ、私に情をかけたいつもりなら、処刑までに三日間の日限を与えて下さい。たった一人の妹に、亭主を持たせてやりたいのです。三日のうちに、私は村で結婚式を挙げさせ、必ず、ここへ帰って来ます。」

「ばかな。」と暴君は、嗄(しわが)れた声で低く笑った。「とんでもない嘘を言うわい。逃がした小鳥が帰って来るというのか。」

「そうです。帰って来るのです。」メロスは必死で言い張った。「私は約束を守ります。私を、三日間だけ許して下さい。妹が、私の帰りを待っているのだ。そんなに私を信じられないならば、よろしい、この市にセリヌンティウスという石工がいます。私の無二の友人だ。あれを、人質としてここに置いて行こう。私が逃げてしまって、三日目の日暮まで、ここに帰って来なかったら、あの友人を絞め殺して下さい。たのむ、そうして下さい。」

それを聞いて王は、残虐な気持で、そっと北叟笑(ほくそえ)んだ。生意気なことを言うわい。どうせ帰って来ないにきまっている。この嘘つきに騙された振りして、放してやるのも面白い。そうして身代りの男を、三日目に殺してやるのも気味がいい。人は、これだから信じられぬと、わしは悲しい顔して、その身代りの男を磔刑に処してやるのだ。世の中の、正直者とかいう奴輩(やつばら)[3]にうんと見せつけてやりたいものさ。

「願いを、聞いた。その身代りを呼ぶがよい。三日目には日没までに帰って来い。おくれたら、その身代りを、きっと殺すぞ。ちょっとおくれて来るがいい。おまえの罪は、永遠にゆるしてやろうぞ。」

「なに、何をおっしゃる。」

「はは。いのちが大事だったら、おくれて来い。おまえの心は、わかっているぞ。」

メロスは口惜しく、地団駄(じだんだ)踏んだ。ものも言いたくなくなった。

竹馬の友、セリヌンティウスは、深夜、王城に召された。暴君ディオニスの面前で、佳(よ)き友と佳き友は、二年ぶりで相逢うた。メロスは、友に一切の事情を語った。セリヌンティウスは無言で首肯(うなず)き、メロスをひしと抱きしめた。友と友の間は、それでよかった。セリヌンティウスは、縄打たれた。メロスは、すぐに出発した。初夏、満天の星である。

メロスはその夜、一睡もせず十里の路を急ぎに急いで、村へ到着したのは、翌(あく)る日の午前、陽は既に高く昇って、村人たちは野に出て仕事をはじめていた。メロスの十六の妹も、きょうは兄の代りに羊群の番をしていた。よろめいて歩いて来る兄の、疲労困憊(こんぱい)の姿を見つけて驚いた。そうして、うるさく兄に質問を浴びせた。

「なんでも無い。」メロスは無理に笑おうと努めた。「市に用事を残して来た。またすぐ市に行かなければならぬ。あす、おまえの結婚式を挙げる。早いほうがよかろう。」

妹は頬をあからめた。

「うれしいか。綺麗な衣裳も買って来た。さあ、これから行って、村の人たちに知らせて来い。結婚式は、あすだと。」

メロスは、また、よろよろと歩き出し、家へ帰って神々の祭壇を飾り、祝宴の席を調え、間もなく床に倒れ伏し、呼吸もせぬくらいの深い眠りに落ちてしまった。

眼が覚めたのは夜だった。メロスは起きてすぐ、花婿の家を訪れた。そうして、少し事情があるから、結婚式を明日にしてくれ、と頼んだ。婿の牧人は驚き、それはいけない、こちらには未だ何の仕度も出来ていない、葡萄の季節まで待ってくれ、と答えた。メロスは、待つことは出来ぬ、どうか明日にしてくれ給え、と更に押してたのんだ。婿の牧人も頑強であった。なかなか承諾してくれない。夜明けまで議論をつづけて、やっと、どうにか婿をなだめ、すかして、説き伏せた。結婚式は、真昼に行われた。新郎新婦の、神々への宣誓が済んだころ、黒雲が空を覆い、ぽつりぽつり雨が降り出し、やがて車軸を流すような大雨となった。祝宴に列席していた村人たちは、何か不吉なものを感じたが、それでも、めいめい気持を引きたて、狭い家の中で、むんむん蒸し暑いのも怺(こら)え、陽気に歌をうたい、手を拍(う)った。メロスも、満面に喜色を湛(たた)え、しばらくは、王とのあの約束をさえ忘れていた。祝宴は、夜に入っていよいよ乱れ華やかになり、人々は、外の豪雨を全く気にしなくなった。メロスは、一生このままここにいたい、と思った。この佳い人たちと生涯暮して行きたいと願ったが、いまは、自分のからだで、自分のものでは無い。ままならぬ事である。メロスは、わが身に鞭打ち、ついに出発を決意した。あすの日没までには、まだ十分の時が在る。ちょっと一眠りして、それからすぐに出発しよう、と考えた。その頃には、雨も小降りになっていよう。少しでも永くこの家に愚図愚図とどまっていたかった。メロスほどの男にも、やはり未練の情というものは在る。今宵呆然、歓喜に酔っているらしい花嫁に近寄り、

「おめでとう。私は疲れてしまったから、ちょっとご免こうむって眠りたい。眼が覚めたら、すぐに市に出かける。大切な用事があるのだ。私がいなくても、もうおまえには優しい亭主があるのだから、決して寂しい事は無い。おまえの兄の、一ばんきらいなものは、人を疑う事と、それから、嘘をつく事だ。おまえも、それは、知っているね。亭主との間に、どんな秘密でも作ってはならぬ。おまえに言いたいのは、それだけだ。おまえの兄は、たぶん偉い男なのだから、おまえもその誇りを持っていろ。」

花嫁は、夢見心地で首肯いた。メロスは、それから花婿の肩をたたいて、

「仕度の無いのはお互さまさ。私の家にも、宝といっては、妹と羊だけだ。他には、何も無い。全部あげよう。もう一つ、メロスの弟になったことを誇ってくれ。」

花婿は揉(も)み手して、てれていた。メロスは笑って村人たちにも会釈(えしゃく)して、宴席から立ち去り、羊小屋にもぐり込んで、死んだように深く眠った。

眼が覚めたのは翌る日の薄明の頃である。メロスは跳ね起き、南無三(なむさん)[4]、寝過したか、いや、まだまだ大丈夫、これからすぐに出発すれば、約束の刻限までには十分間に合う。きょうは是非とも、あの王に、人の信実の存するところを見せてやろう。そうし

て笑って磔の台に上ってやる。メロスは、悠々と身仕度をはじめた。雨も、いくぶん小降りになっている様子である。身仕度は出来た。さて、メロスは、ぶるんと両腕を大きく振って、雨中、矢の如く走り出た。

私は、今宵、殺される。殺される為に走るのだ。身代りの友を救う為に走るのだ。王の奸佞（かんねい）[5]邪智を打ち破る為に走るのだ。走らなければならぬ。そうして、私は殺される。若い時から名誉を守れ。さらば、ふるさと。若いメロスは、つらかった。幾度か、立ちどまりそうになった。えい、えいと大声挙げて自身を叱りながら走った。村を出て、野を横切り、森をくぐり抜け、隣村に着いた頃には、雨も止（や）み、日は高く昇って、そろそろ暑くなって来た。メロスは額の汗をこぶしで払い、ここまで来れば大丈夫、もはや故郷への未練は無い。妹たちは、きっと佳い夫婦になるだろう。私には、いま、なんの気がかりも無い筈だ。まっすぐに王城に行き着けば、それでよいのだ。そんなに急ぐ必要も無い。ゆっくり歩こう、と持ちまえの呑気（のんき）さを取り返し、好きな小歌をいい声で歌い出した。ぶらぶら歩いて二里行き三里行き、そろそろ全里程の半ばに到達した頃、降って湧いた災難、メロスの足は、はたと、とまった。見よ、前方の川を。きのうの豪雨で山の水源地は氾濫（はんらん）し、濁流滔々（だくりゅうとうとう）と下流に集り、猛勢一挙に橋を破壊し、どうどうと響きをあげる激流が、木葉微塵（こっぱみじん）に橋桁（はしげた）を跳ね飛ばしていた。彼は茫然と、立ちすくんだ。あちこちと眺めまわし、また、声を限りに呼びたててみたが、繋舟（けいしゅう）は残らず浪に浚（さら）われて影なく、渡守りの姿も見えない。流れはいよいよ、ふくれ上り、海のようになっている。メロスは川岸にうずくまり、男泣きに泣きながらゼウスに手を挙げて哀願した。「ああ、鎮（しず）めたまえ、荒れ狂う流れを！時は刻々に過ぎて行きます。太陽も既に真昼時です。あれが沈んでしまわぬうちに、王城に行き着くことが出来なかったら、あの佳い友達が、私のために死ぬのです。」

濁流は、メロスの叫びをせせら笑う如く、ますます激しく躍り狂う。浪は浪を呑み、捲き、煽（あお）り立て、そうして時は、刻一刻と消えて行く。今はメロスも覚悟した。泳ぎ切るより他に無い。ああ、神々も照覧あれ！濁流にも負けぬ愛と誠の偉大な力を、いまこそ発揮して見せる。メロスは、ざんぶと流れに飛び込み、百匹の大蛇のようにのた打ち荒れ狂う浪を相手に、必死の闘争を開始した。満身の力を腕にこめて、押し寄せ渦巻き引きずる流れを、なんのこれしきと掻（か）きわけ掻きわけ、めくらめっぽう獅子奮迅（ししふんじん）[6]の人の子の姿には、神も哀れと思ったか、ついに憐愍（れんびん）を垂れてくれた。押し流されつつも、見事、対岸の樹木の幹に、すがりつく事が出来たのである。ありがたい。メロスは馬のように大きな胴震いを一つして、すぐにまた先きを急いだ。一刻といえども、むだには出来ない。陽は既に西に傾きかけている。ぜいぜい荒い呼吸をしながら峠をのぼり、のぼり切って、ほっとした時、突然、目の前に一隊の山賊が躍り出た。

「待て。」

「何をするのだ。私は陽の沈まぬうちに王城へ行かなければならぬ。放せ。」

「どっこい放さぬ。持ちもの全部を置いて行け。」

「私にはいのちの他には何も無い。その、たった一つの命も、これから王にくれてやるのだ。」

「その、いのちが欲しいのだ。」

「さては、王の命令で、ここで私を待ち伏せしていたのだな。」

山賊たちは、ものも言わず一斉に棍棒（こんぼう）を振り挙げた。メロスはひょいと、からだを折り曲げ、飛鳥の如く身近かの一人に襲いかかり、その棍棒を奪い取って、

「気の毒だが正義のためだ！」と猛然一撃、たちまち、三人を殴り倒し、残る者のひるむ隙に、さっさと走って峠を下った。一気に峠を駈け降りたが、流石（さすが）に疲労し、折から午後の灼熱（しゃくねつ）の太陽がまともに、かっと照って来て、メロスは幾度となく眩暈（めまい）を感じ、これではならぬ、と気を取り直しては、よろよろ二、三歩あるいて、ついに、がくりと膝を折った。立ち上る事が出来ぬのだ。天を仰いで、くやし泣きに泣き出した。ああ、あ、濁流を泳ぎ切り、山賊を三人も撃ち倒し韋駄天（いだてん）[7]、ここまで突破して来たメロスよ。真の勇者、メロスよ。今、ここで、疲れ切って動けなくなるとは情無い。愛する友は、おまえを信じたばかりに、やがて殺されなければならぬ。おまえは、稀代（きたい）の不信の

人間、まさしく王の思う壺だぞ、と自分を叱ってみるのだが、全身萎（な）えて、もはや芋虫（いもむし）ほどにも前進かなわぬ。路傍の草原にごろりと寝ころがった。身体疲労すれば、精神も共にやられる。もう、どうでもいいという、勇者に不似合いな不貞腐（ふてくさ）れた根性が、心の隅に巣喰った。私は、これほど努力したのだ。約束を破る心は、みじんも無かった。神も照覧、私は精一ぱいに努めて来たのだ。動けなくなるまで走って来たのだ。私は不信の徒では無い。ああ、できる事なら私の胸を截（た）ち割って、真紅の心臓をお目に掛けたい。愛と信実の血液だけで動いているこの心臓を見せてやりたい。けれども私は、この大事な時に、精も根も尽きたのだ。私は、よくよく不幸な男だ。私は、きっと笑われる。私の一家も笑われる。私は友を欺いた。中途で倒れるのは、はじめから何もしないのと同じ事だ。ああ、もう、どうでもいい。これが、私の定った運命なのかも知れない。セリヌンティウスよ、ゆるしてくれ。君は、いつでも私を信じた。私も君を、欺かなかった。私たちは、本当に佳い友と友であったのだ。いちどだって、暗い疑惑の雲を、お互い胸に宿したことは無かった。いまだって、君は私を無心に待っているだろう。ああ、待っているだろう。ありがとう、セリヌンティウス。よくも私を信じてくれた。それを思えば、たまらない。友と友の間の信実は、この世で一ばん誇るべき宝なのだからな。セリヌンティウス、私は走ったのだ。君を欺くつもりは、みじんも無かった。信じてくれ！私は急ぎに急いでここまで来たのだ。濁流を突破した。山賊の囲みからも、するりと抜けて一気に峠を駈け降りて来たのだ。私だから、出来たのだよ。ああ、この上、私に望み給うな。放って置いてくれ。どうでも、いいのだ。私は負けたのだ。だらしが無い。笑ってくれ。王は私に、ちょっとおくれて来い、と耳打ちした。おくれたら、身代りを殺して、私を助けてくれると約束した。私は王の卑劣を憎んだ。けれども、今になってみると、私は王の言うままになっている。私は、おくれて行くだろう。王は、ひとり合点して私を笑い、そうして事も無く私を放免するだろう。そうなったら、私は、死ぬよりつらい。私は、永遠に裏切者だ。地上で最も、不名誉の人種だ。セリヌンティウスよ、私も死ぬぞ。君と一緒に死なせてくれ。君だけは私を信じてくれるにちがい無い。いや、それも私の、ひとりよがりか？ああ、もういっそ、悪徳者として生き伸びてやろうか。村には私の家が在る。羊も居る。妹夫婦は、まさか私を村から追い出すような事はしないだろう。正義だの、信実だの、愛だの、考えてみれば、くだらない。人を殺して自分が生きる。それが人間世界の定法ではなかったか。ああ、何もかも、ばかばかしい。私は、醜い裏切り者だ。どうとも、勝手にするがよい。やんぬる哉（かな）[8]。——四肢を投げ出して、うとうと、まどろんでしまった。

ふと耳に、潺々（せんせん）、水の流れる音が聞えた。そっと頭をもたげ、息を吞んで耳をすました。すぐ足もとで、水が流れているらしい。よろよろ起き上って、見ると、岩の裂目から滾々（こんこん）と、何か小さく囁（ささや）きながら清水が湧き出ているのである。その泉に吸い込まれるようにメロスは身をかがめた。水を両手で掬（すく）って、一くち飲んだ。ほうと長い溜息が出て、夢から覚めたような気がした。歩ける。行こう。肉体の疲労恢（かいふく）復と共に、わずかながら希望が生れた。義務遂行の希望である。わが身を殺して、名誉を守る希望である。斜陽は赤い光を、樹々の葉に投じ、葉も枝も燃えるばかりに輝いている。日没までには、まだ間がある。私を、待っている人があるのだ。少しも疑わず、静かに期待してくれている人があるのだ。私は、信じられている。私の命なぞは、問題ではない。死んでお詫び、などと気のいい事は言って居られぬ。私は、信頼に報いなければならぬ。いまはただその一事だ。走れ！メロス。

私は信頼されている。私は信頼されている。先刻の、あの悪魔の囁きは、あれは夢だ。悪い夢だ。忘れてしまえ。五臓が疲れているときは、ふいとあんな悪い夢を見るものだ。メロス、おまえの恥ではない。やはり、おまえは真の勇者だ。再び立って走れるようになったではないか。ありがたい！私は、正義の士として死ぬ事が出来るぞ。ああ、陽が沈む。ずんずん沈む。待ってくれ、ゼウスよ。私は生れた時から正直な男であった。正直な男のままにして死なせて下さい。

路行く人を押しのけ、跳（は）ねとばし、メロスは黒い風のように走った。野原で酒宴の、その宴席のまっただ中を駆け抜け、酒宴の人たちを仰天させ、犬を蹴（け）とばし、小川を飛び越え、少しずつ沈んでゆく太陽の、十倍も早く走った。一団の旅人と颯（さ）っとすれちがった瞬間、不吉な会話を小耳にはさんだ。「いまごろは、あの男も、磔にかかっているよ。」ああ、その男、その男のために私は、いまこんなに走っているのだ。その男を死なせてはならない。急げ、メロス。おくれてはならぬ。愛と誠の力を、いまこそ知らせてやるがよい。風態なんかは、どうでもいい。メロスは、いまは、ほとんど全裸体であった。呼吸も出来ず、二度、三度、口から血が噴き出た。見える。はるか向うに小さく、シラクスの市の塔楼が見える。塔楼は、夕陽を受けてきらきら光っている。

「ああ、メロス様。」うめくような声が、風と共に聞えた。

「誰だ。」メロスは走りながら尋ねた。

「フィロストラトスでございます。貴方のお友達セリヌンティウス様の弟子でございます。」その若い石工も、メロスの後について走りながら叫んだ。「もう、駄目でございます。むだでございます。走るのは、やめて下さい。もう、あの方(かた)をお助けになることは出来ません。」

「いや、まだ陽は沈まぬ。」

「ちょうど今、あの方が死刑になるところです。ああ、あなたは遅かった。おうらみ申します。ほんの少し、もうちょっとでも、早かったなら！」

「いや、まだ陽は沈まぬ。」メロスは胸の張り裂ける思いで、赤く大きい夕陽ばかりを見つめていた。走るより他は無い。

「やめて下さい。走るのは、やめて下さい。いまはご自分のお命が大事です。あの方は、あなたを信じて居りました。刑場に引き出されても、平気でいました。王様が、さんざんあの方をからかっても、メロスは来ます、とだけ答え、強い信念を持ちつづけている様子でございました。」

「それだから、走るのだ。信じられているから走るのだ。間に合う、間に合わぬは問題でないのだ。人の命も問題でないのだ。私は、なんだか、もっと恐ろしく大きいものの為に走っているのだ。ついて来い！ フィロストラトス。」

「ああ、あなたは気が狂ったか。それでは、うんと走るがいい。ひょっとしたら、間に合わぬものでもない。走るがいい。」

言うにや及ぶ[9]。まだ陽は沈まぬ。最後の死力を尽して、メロスは走った。メロスの頭は、からっぽだ。何一つ考えていない。ただ、わけのわからぬ大きな力にひきずられて走った。陽は、ゆらゆら地平線に沒し、まさに最後の一片の残光も、消えようとした時、メロスは疾風の如く刑場に突入した。間に合った。

「待て。その人を殺してはならぬ。メロスが帰って来た。約束のとおり、いま、帰って来た。」と大声で刑場の群衆にむかって叫んだつもりであったが、喉がつぶれて嗄れた声が幽かに出たばかり、群衆は、ひとりとして彼の到着に気がつかない。すでに磔の柱が高々と立てられ、縄を打たれたセリヌンティウスは、徐々に釣り上げられてゆく。メロスはそれを目撃して最後の勇、先刻、濁流を泳いだように群衆を掻きわけ、掻きわけ、

「私だ、刑吏！殺されるのは、私だ。メロスだ。彼を人質にした私は、ここにいる！」と、かすれた声で精一ぱいに叫びながら、ついに磔台に昇り、釣り上げられてゆく友の両足に、齧りついた。群衆は、どよめいた。あっぱれ。ゆるせ、と口々にわめいた。セリヌンティウスの縄は、ほどかれたのである。

「セリヌンティウス。」メロスは眼に涙を浮べて言った。「私を殴れ。ちから一ぱいに頬を殴れ。私は、途中で一度、悪い夢を見た。君が若し私を殴ってくれなかったら、私は君と抱擁する資格さえ無いのだ。殴れ。」

セリヌンティウスは、すべてを察した様子で首肯き、刑場一ぱいに鳴り響くほど音高くメロスの右頬を殴った。殴ってから優しく微笑み、

「メロス、私を殴れ。同じくらい音高く私の頬を殴れ。私はこの三日の間、たった一度だけ、ちらと君を疑った。生れて、はじめて君を疑った。君が私を殴ってくれなければ、私は君と抱擁できない。」

メロスは腕に唸りをつけてセリヌンティウスの頬を殴った。

「ありがとう、友よ。」二人同時に言い、ひしと抱き合い、それから嬉し泣きにおいおい声を放って泣いた。

群衆の中からも、歔欷の声が聞えた。暴君ディオニスは、群衆の背後から二人の様を、まじまじと見つめていたが、やがて静かに二人に近づき、顔をあからめて、こう言

った。

「おまえらの望みは叶ったぞ。おまえらは、わしの心に勝ったのだ。信実とは、決して空虚な妄想ではなかった。どうか、わしをも仲間に入れてくれまいか。どうか、わしの願いを聞き入れて、おまえらの仲間の一人にしてほしい。」

どっと群衆の間に、歓声が起った。

「万歳、王様万歳。」

ひとりの少女が、緋(ひ)[⑩]のマントをメロスに捧げた。メロスは、まごついた。佳き友は、気をきかせて教えてやった。

「メロス、君は、まっぱだかじゃないか。早くそのマントを着るがいい。この可愛い娘さんは、メロスの裸体を、皆に見られるのが、たまらなく口惜しいのだ。」

勇者は、ひどく赤面した。

（古伝説と、シルレルの詩から。）

◎注釈

①邪智暴虐　よこしまな知恵があって、乱暴で残虐である。

②シラクス　古代地中海最大の町のひとつと言われるシチリア島にあるイタリアの町。

③奴輩　複数の人を卑しめていう語。やつら。

④南無三　「南無三宝」の略。驚いたり失敗したりした時などに発する語。しまった。大変だ。

⑤奸佞　心がねじけていて、悪賢いこと・さま。

⑥獅子奮迅　獅子が奮い立って猛進するような激しい勢い。また、勇猛に戦うさま。

⑦韋駄天　バラモン教の神。よく走る神として知られる。

⑧やんぬる哉　（文語）もう終わりだ。もうおしまいだ。

⑨言うにや及ぶ　当たり前だ。いうまでもない。

⑩緋　濃く明るい赤色。深紅色。

◎作者紹介

太宰 治(だざい おさむ、1909年(明治42年)6月19日—1948年(昭和23年)6月13日)は、小説家。青森県生まれ。東京帝国大学仏文科中退。津軽の大地主の六男として生まれたことが彼の原罪意識の源となる。同人雑誌に「魚服記」「思ひ出」を発表。井伏鱒二に師事し、自殺未遂や薬物中毒を克服しながら「道化の華」「東京八景」「富嶽百景」「女生徒」「走れメロス」「津軽」「お伽草紙」を発表。戦後は、流行作家として「斜陽」「人間失格」「桜桃」など、人気の高い作品を残し、心中の形で玉川上水に身を投げる。その作風から坂口安吾、織田作之助、石川淳らとともに新戯作派、無頼派と称される。独特の美意識と含羞から虚構を交えた私小説に本領があり、生と死との間を揺れ続ける繊細な心を綴ったとも言われる。

◎解題

1940年5月「新潮」に発表された短編小説である。処刑されるのを承知の上で友情と誠実を守ったメロスが、人間不信の王に信頼の尊さを悟らせる物語だとみえる。太宰治の生活の安定していた創作中期に書いたものとされ、古伝説とシルレルの詩を活かし、自分の審美観を注いだ小説である。太宰の創作全期を考えてみるとわかりやすいように、この積極的で明るい作品は極めて特異と言える。主題の美しさと文体の力強さという肯定的な評価が多い一方、教材として学校で使う場合に、メロスを「無神経な自己中心性・自己陶酔の象徴」と考える否定的な評価もある。これは『太宰治全集3』ちくま文庫、筑摩書房1988年版によった。

◎思考問題

1.「メロス」の心境変化について分析しよう。

2. 結末に対してどう理解すればいいのか。考えてみよう。

3. 読み終わったら、「待つ身が辛いか、それとも待たせる身が辛いか。」とう問題について検討しよう。

4. 参考文献の上で自分なりに疑問点を出し考えよう。

◎付録

人間失格(抄録)

目次

はしがき

私は、その男の写真を三葉、見たことがある。

一葉は、その男の、幼年時代、とでも言うべきであろうか、十歳前後かと推定される頃の写真であって、その子供が大勢の女のひとに取りかこまれ、(それは、その子供の姉たち、妹たち、それから、従姉妹(いとこ)たちかと想像される)庭園の池のほとりに、荒い縞の袴(はかま)をはいて立ち、首を三十度ほど左に傾け、醜く笑っている写真である。醜く? けれども、鈍い人たち(つまり、美醜などに関心を持たぬ人たち)は、面白くも何とも無いような顔をして、

「可愛い坊ちゃんですね」

といい加減なお世辞を言っても、まんざら空(から)お世辞に聞えないくらいの、謂(い)わば通俗の「可愛らしさ」みたいな影もその子供の笑顔に無いわけではないのだが、しかし、いささかでも、美醜に就いての訓練を経て来たひとなら、ひとめ見てすぐ、

「なんて、いやな子供だ」

と頗(すこぶ)る不快そうに呟(つぶや)き、毛虫でも払いのける時のような手つきで、その写真をほうり投げるかも知れない。

まったく、その子供の笑顔は、よく見れば見るほど、何とも知れず、イヤな薄気味悪いものが感ぜられて来る。どだい、それは、笑顔でない。この子は、少しも笑ってはいないのだ。その証拠には、この子は、両方のこぶしを固く握って立っている。人間は、こぶしを固く握りながら笑えるものでは無いのである。猿だ。猿の笑顔だ。ただ、顔に醜い皺(しわ)を寄せているだけなのである。「皺くちゃ坊ちゃん」とでも言いたくなるくらいの、まことに奇妙な、そうして、どこかけがらわしく、へんにひとをムカムカさせる表

情の写真であった。私はこれまで、こんな不思議な表情の子供を見た事が、いちども無かった。

第二葉の写真の顔は、これはまた、びっくりするくらいひどく変貌(へんぼう)していた。学生の姿である。高等学校時代の写真か、大学時代の写真か、はっきりしないけれども、とにかく、おそろしく美貌の学生である。しかし、これもまた、不思議にも、生きている人間の感じはしなかった。学生服を着て、胸のポケットから白いハンケチを覗(のぞ)かせ、籐椅子(とういす)に腰かけて足を組み、そうして、やはり、笑っている。こんどの笑顔は、皺くちゃの猿の笑いでなく、かなり巧みな微笑になってはいるが、しかし、人間の笑いと、どこやら違う。血の重さ、とでも言おうか、生命(いのち)の渋さ、とでも言おうか、そのような充実感は少しも無く、それこそ、鳥のようではなく、羽毛のように軽く、ただ白紙一枚、そうして、笑っている。つまり、一から十まで造り物の感じなのである。キザと言っても足りない。軽薄と言っても足りない。ニヤケと言っても足りない。おしゃれと言っても、もちろん足りない。しかも、よく見ていると、やはりこの美貌の学生にも、どこか怪談じみた気味悪いものが感ぜられて来るのである。私はこれまで、こんな不思議な美貌の青年を見た事が、いちども無かった。

もう一葉の写真は、最も奇怪なものである。まるでもう、としの頃がわからない。頭はいくぶん白髪のようである。それが、ひどく汚い部屋(部屋の壁が三箇所ほど崩れ落ちているのが、その写真にハッキリ写っている)の片隅で、小さい火鉢に両手をかざし、こんどは笑っていない。どんな表情も無い。謂わば、坐って火鉢に両手をかざしながら、自然に死んでいるような、まことにいまわしい、不吉なにおいのする写真であった。奇怪なのは、それだけでない。その写真には、わりに顔が大きく写っていたので、私は、つくづくその顔の構造を調べる事が出来たのであるが、額は平凡、額の皺も平凡、眉も平凡、眼も平凡、鼻も口も顎(あご)も、ああ、この顔には表情が無いばかりか、印象さえ無い。特徴が無いのだ。たとえば、私がこの写真を見て、眼をつぶる。既に私はこの顔を忘れている。部屋の壁や、小さい火鉢は思い出す事が出来るけれども、その部屋の主人公の顔の印象は、すっと霧消して、どうしても、何としても思い出せない。画にならない顔である。漫画にも何もならない顔である。眼をひらく。あ、こんな顔だったのか、思い出した、というようなよろこびさえ無い。極端な言い方をすれば、眼をひらいてその写真を再び見ても、思い出せない。そうして、ただもう不愉快、イライラして、つい眼をそむけたくなる。

所謂（いわゆる）「死相」というものにだって、もっと何か表情なり印象なりがあるものだろうに、人間のからだに駄馬の首でもくっつけたなら、こんな感じのものになるであろうか、とにかく、どこという事なく、見る者をして、ぞっとさせ、いやな気持にさせるのだ。私はこれまで、こんな不思議な男の顔を見た事が、やはり、いちども無かった。

第一の手記

恥の多い生涯を送って来ました。

自分には、人間の生活というものが、見当つかないのです。自分は東北の田舎に生れましたので、汽車をはじめて見たのは、よほど大きくなってからでした。自分は停車場のブリッジを、上って、降りて、そうしてそれが線路をまたぎ越えるために造られたものだという事には全然気づかず、ただそれは停車場の構内を外国の遊戯場みたいに、複雑に楽しく、ハイカラにするためにのみ、設備せられてあるものだとばかり思っていました。しかも、かなり永い間そう思っていたのです。ブリッジの上ったり降りたりは、自分にはむしろ、ずいぶん垢抜（あかぬ）けのした遊戯で、それは鉄道のサーヴィスの中でも、最も気のきいたサーヴィスの一つだと思っていたのですが、のちにそれはただ旅客が線路をまたぎ越えるための頗る実利的な階段に過ぎないのを発見して、にわかに興が覚めました。

また、自分は子供の頃、絵本で地下鉄道というものを見て、これもやはり、実利的な必要から案出せられたものではなく、地上の車に乗るよりは、地下の車に乗ったほうが風がわりで面白い遊びだから、とばかり思っていました。

自分は子供の頃から病弱で、よく寝込みましたが、寝ながら、敷布、枕のカヴァ、掛蒲団のカヴァを、つくづく、つまらない装飾だと思い、それが案外に実用品だった事を、二十歳ちかくになってわかって、人間のつましさに暗然とし、悲しい思いをしました。

また、自分は、空腹という事を知りませんでした。いや、それは、自分が衣食住に困らない家に育ったという意味ではなく、そんな馬鹿な意味ではなく、自分には「空腹」という感覚はどんなものだか、さっぱりわからなかったのです。へんな言いかたですが、おなかが空いていても、自分でそれに気がつかないのです。小学校、中学校、自分が学校から帰って来ると、周囲の人たちが、それ、おなかが空いたろう、自分たちにも覚えがある、学校から帰って来た時の空腹は全くひどいからな、甘納豆はどう？カステラも、パンもあるよ、などと言って騒ぎますので、自分は持ち前のおべっか精神を発揮して、おなかが空いた、と呟いて、甘納豆を十粒ばかり口にほうり込むのですが、空腹感とは、どんなものだか、ちっともわかっていやしなかったのです。

自分だって、それは勿論(もちろん)、大いにものを食べますが、しかし、空腹感から、ものを食べた記憶は、ほとんどありません。めずらしいと思われたものを食べます。豪華と思われたものを食べます。また、よそへ行って出されたものも、無理をしてまで、たいてい食べます。そうして、子供の頃の自分にとって、最も苦痛な時刻は、実に、自分の家の食事の時間でした。

自分の田舎の家では、十人くらいの家族全部、めいめいのお膳(ぜん)を二列に向い合せに並べて、末っ子の自分は、もちろん一ばん下の座でしたが、その食事の部屋は薄暗く、昼ごはんの時など、十幾人の家族が、ただ黙々としてめしを食っている有様には、自分はいつも肌寒い思いをしました。それに田舎の昔気質(かたぎ)の家でしたので、おかずも、たいていきまっていて、めずらしいもの、豪華なもの、そんなものは望むべくもなかったので、いよいよ自分は食事の時刻を恐怖しました。自分はその薄暗い部屋の末席に、寒さにがたがた震える思いで口にごはんを少量ずつ運び、押し込み、人間は、どうして一日に三度々々ごはんを食べるのだろう、実にみな厳粛な顔をして食べている、これも一種の儀式のようなもので、家族が日に三度々々、時刻をきめて薄暗い一部屋に集り、お膳を順序正しく並べ、食べたくなくても無言でごはんを噛(か)みながら、うつむき、家中にうごめいている霊たちに祈るためのものかも知れない、とさえ考えた事があるくらいでした。

めしを食べなければ死ぬ、という言葉は、自分の耳には、ただイヤなおどかしとしか聞えませんでした。その迷信は、(いまでも自分には、何だか迷信のように思われてならないのですが)しかし、いつも自分に不安と恐怖を与えました。人間は、めしを食べなければ死ぬから、そのために働いて、めしを食べなければならぬ、という言葉ほど自分にとって難解で晦渋(かいじゅう)で、そうして脅迫めいた響きを感じさせる言葉は、無かったのです。

つまり自分には、人間の営みというものが未(いま)だに何もわかっていない、という事になりそうです。自分の幸福の観念と、世のすべての人たちの幸福の観念とが、まるで食いちがっているような不安、自分はその不安のために夜々、転輾(てんてん)し、呻吟(しんぎん)し、発狂しかけた事さえあります。自分は、いったい幸福なのでしょうか。自分は小さい時から、実にしばしば、仕合せ者だと人に言われて来ましたが、自分ではいつも地獄の思いで、かえって、自分を仕合せ者だと言ったひとたちのほうが、比較にも何もならぬくらいずっとずっと安楽なように自分には見えるのです。

自分には、禍(わざわ)いのかたまりが十個あって、その中の一個でも、隣人が脊負(せお)ったら、その一個だけでも充分に隣人の生命取りになるのではあるまいかと、思った事さえありました。

つまり、わからないのです。隣人の苦しみの性質、程度が、まるで見当つかないのです。プラクテカルな苦しみ、ただ、めしを食えたらそれで解決できる苦しみ、しかし、それこそ最も強い痛苦で、自分の例の十個の禍いなど、吹っ飛んでしまう程の、凄惨(せいさん)な阿鼻地獄なのかも知れない、それは、わからない、しかし、それにしては、よく自殺もせず、発狂もせず、政党を論じ、絶望せず、屈せず生活のたたかいを続けて行ける、苦しくないんじゃないか? エゴイストになりきって、しかもそれを当然の事と確信し、いちども自分を疑った事が無いんじゃないか? それなら、楽だ、しかし、人間というものは、皆そんなもので、またそれで満点なのではないかしら、わからない、……夜はぐっすり眠り、朝は爽快(そうかい)なのかしら、どんな夢を見ているのだろう、道を歩きながら何を考えているのだろう、金? まさか、それだけでも無いだろう、人間は、めしを食うために生きているのだ、という説は聞いた事があるような気がするけれども、金のために生きている、という言葉は、耳にした事が無い、いや、しかし、ことに依ると、……いや、それもわからない、……考えれば考えるほど、自分には、わからなくなり、自分ひとり全く変っているような、不安と恐怖に襲われるばかりなのです。自分は隣人と、ほとんど会話が出来ません。何を、どう言ったらいいのか、わからないのです。

そこで考え出したのは、道化でした。

それは、自分の、人間に対する最後の求愛でした。自分は、人間を極度に恐れていながら、それでいて、人間を、どうしても思い切れなかったらしいのです。そうして自分は、この道化の一線でわずかに人間につながる事が出来たのでした。おもてでは、絶えず笑顔をつくりながらも、内心は必死の、それこそ千番に一番の兼ね合いとでもいうべき危機一髪の、油汗流してのサーヴィスでした。

自分は子供の頃から、自分の家族の者たちに対してさえ、彼等がどんなに苦しく、またどんな事を考えて生きているのか、まるでちっとも見当つかず、ただおそろしく、その気まずさに堪える事が出来ず、既に道化の上手になっていました。つまり、自分は、いつのまにやら、一言も本当の事を言わない子になっていたのです。

その頃の、家族たちと一緒にうつした写真などを見ると、他の者たちは皆まじめな顔をしているのに、自分ひとり、必ず奇妙に顔をゆがめて笑っているのです。これもまた、自分の幼く悲しい道化の一種でした。

また自分は、肉親たちに何か言われて、口応（くちごた）えした事はいちども有りませんでした。そのわずかなおこごとは、自分には霹靂（へきれき）の如く強く感ぜられ、狂うみたいになり、口応えどころか、そのおこごとこそ、謂わば万世一系の人間の「真理」とかいうものに違いない、自分にはその真理を行う力が無いのだから、もはや人間と一緒に住めないのではないかしら、と思い込んでしまうのでした。だから自分には、言い争いも自己弁解も出来ないのでした。人から悪く言われると、いかにも、もっとも、自分がひどい思い違いをしているような気がして来て、いつもその攻撃を黙して受け、内心、狂うほどの恐怖を感じました。

それは誰でも、人から非難せられたり、怒られたりしていい気持がするものでは無いかも知れませんが、自分は怒っている人間の顔に、獅子よりも鰐よりも竜よりも、もっとおそろしい動物の本性を見るのです。ふだんは、その本性をかくしているようですけれども、何かの機会に、たとえば、牛が草原でおっとりした形で寝ていて、突如、尻尾（しっぽ）でピシッと腹の虻（あぶ）を打ち殺すみたいに、不意に人間のおそろしい正体を、怒りに依って暴露する様子を見て、自分はいつも髪の逆立つほどの戦慄（せんりつ）を覚え、この本性もまた人間の生きて行く資格の一つなのかも知れないと思えば、ほとんど自分に絶望を感じるのでした。

人間に対して、いつも恐怖に震いおののき、また、人間としての自分の言動に、みじんも自信を持てず、そうして自分ひとりの懊悩（おうのう）は胸の中の小箱に秘め、その憂鬱、ナアヴァスネスを、ひたかくしに隠して、ひたすら無邪気の楽天性を装い、自分はお道化たお変人として、次第に完成されて行きました。

何でもいいから、笑わせておればいいのだ、そうすると、人間たちは、自分が彼等の所謂「生活」の外にいても、あまりそれを気にしないのではないかしら、とにかく、彼等人間たちの目障りになってはいけない、自分は無だ、風だ、空だ、というような思いばかりが募り、自分はお道化に依って家族を笑わせ、また、家族よりも、もっと不可解でおそろしい下男や下女にまで、必死のお道化のサーヴィスをしたのです。

自分は夏に、浴衣の下に赤い毛糸のセエターを着て廊下を歩き、家中の者を笑わせました。めったに笑わない長兄も、それを見て噴き出し、

「それあ、葉ちゃん、似合わない」

と、可愛くてたまらないような口調で言いました。なに、自分だって、真夏に毛糸のセエターを着て歩くほど、いくら何でも、そんな、暑さ寒さを知らぬお変人ではありません。姉の脚絆（レギンス）を両腕にはめて、浴衣の袖口から覗かせ、以（もっ）てセエターを着ているように見せかけていたのです。

自分の父は、東京に用事の多いひとでしたので、上野の桜木町に別荘を持っていて、月の大半は東京のその別荘で暮していました。そうして帰る時には家族の者たち、また親戚の者たちにまで、実におびただしくお土産を買って来るのが、まあ、父の趣味みた

いなものでした。

いつかの父の上京の前夜、父は子供たちを客間に集め、こんど帰る時には、どんなお土産がいいか、一人々々に笑いながら尋ね、それに対する子供たちの答をいちいち手帖に書きとめるのでした。父が、こんなに子供たちと親しくするのは、めずらしい事でした。

「葉蔵は?」

と聞かれて、自分は、口ごもってしまいました。

何が欲しいと聞かれると、とたんに、何も欲しくなくなるのでした。どうでもいい、どうせ自分を楽しくさせてくれるものなんか無いんだという思いが、ちらと動くのです。と、同時に、人から与えられるものを、どんなに自分の好みに合わなくても、それを拒む事も出来ませんでした。イヤな事を、イヤと言えず、また、好きな事も、おずおずと盗むように、極めてにがく味い、そうして言い知れぬ恐怖感にもだえるのでした。つまり、自分には、二者選一の力さえ無かったのです。これが、後年に到り、いよいよ自分の所謂「恥の多い生涯」の、重大な原因ともなる性癖の一つだったように思われます。

自分が黙って、もじもじしているので、父はちょっと不機嫌な顔になり、

「やはり、本か。浅草の仲店にお正月の獅子舞いのお獅子、子供がかぶって遊ぶのには手頃な大きさのが売っていたけど、欲しくないか」

欲しくないか、と言われると、もうダメなんです。お道化た返事も何も出来やしないんです。お道化役者は、完全に落第でした。

「本が、いいでしょう」

長兄は、まじめな顔をして言いました。

「そうか」

父は、興覚め顔に手帖に書きとめもせず、パチと手帖を閉じました。

何という失敗、自分は父を怒らせた、父の復讐は、きっと、おそるべきものに違いない、いまのうちに何とかして取りかえしのつかぬものか、とその夜、蒲団の中でがたがた震えながら考え、そっと起きて客間に行き、父が先刻、手帖をしまい込んだ筈の机の

引き出しをあけて、手帖を取り上げ、パラパラめくって、お土産の注文記入の個所を見つけ、手帖の鉛筆をなめて、シシマイ、と書いて寝ました。自分はその獅子舞いのお獅子を、ちっとも欲しくは無かったのです。かえって、本のほうがいいくらいでした。けれども、自分は、父がそのお獅子を自分に買って与えたいのだという事に気がつき、父のその意向に迎合して、父の機嫌を直したいばかりに、深夜、客間に忍び込むという冒険を、敢えておかしたのでした。

そうして、この自分の非常の手段は、果して思いどおりの大成功を以て報いられました。やがて、父は東京から帰って来て、母に大声で言っているのを、自分は子供部屋で聞いていました。

「仲店のおもちゃ屋で、この手帖を開いてみたら、これ、ここに、シシマイ、と書いてある。これは、私の字ではない。はてな？と首をかしげて、思い当りました。これは、葉蔵のいたずらですよ。あいつは、私が聞いた時には、にやにやして黙っていたが、あとで、どうしてもお獅子が欲しくてたまらなくなったんだね。何せ、どうも、あれは、変った坊主ですからね。知らん振りして、ちゃんと書いている。そんなに欲しかったのなら、そう言えばよいのに。私は、おもちゃ屋の店先で笑いましたよ。葉蔵を早くここへ呼びなさい」

また一方、自分は、下男や下女たちを洋室に集めて、下男のひとりに滅茶苦茶（めちゃくちゃ）にピアノのキイをたたかせ、（田舎ではありましたが、その家には、たいていのものが、そろっていました）自分はその出鱈目（でたらめ）の曲に合せて、インデヤンの踊りを踊って見せて、皆を大笑いさせました。次兄は、フラッシュを焚（た）いて、自分のインデヤン踊りを撮影して、その写真が出来たのを見ると、自分の腰布（それは更紗（さらさ）の風呂敷でした）の合せ目から、小さいおチンポが見えていたので、これがまた家中の大笑いでした。自分にとって、これまた意外の成功というべきものだったかも知れません。

自分は毎月、新刊の少年雑誌を十冊以上も、とっていて、またその他（ほか）にも、さまざまの本を東京から取り寄せて黙って読んでいましたので、メチャラクチャラ博士だの、また、ナンジャモンジャ博士などとは、たいへんな馴染（なじみ）で、また、怪談、講談、落語、江戸小咄(こばなし)などの類にも、かなり通じていましたから、剽軽(ひょうきん)な事をまじめな顔をして言って、家の者たちを笑わせるのには事を欠きませんでした。

しかし、嗚呼(ああ)、学校!

自分は、そこでは、尊敬されかけていたのです。尊敬されるという観念もまた、甚(はなは)だ自分を、おびえさせました。ほとんど完全に近く人をだまして、そうして、或るひとりの全知全能の者に見破られ、木っ葉みじんにやられて、死ぬる以上の赤恥をかかせられる、それが、「尊敬される」という状態の自分の定義でありました。人間をだまして、「尊敬され」ても、誰かひとりが知っている、そうして、人間たちも、やがて、そのひとりから教えられて、だまされた事に気づいた時、その時の人間たちの怒り、復讐は、いったい、まあ、どんなでしょうか。想像してさえ、身の毛がよだつ心地がするのです。

自分は、金持ちの家に生れたという事よりも、俗にいう「できる」事に依って、学校中の尊敬を得そうになりました。自分は、子供の頃から病弱で、よく一つき二つき、また一学年ちかくも寝込んで学校を休んだ事さえあったのですが、それでも、病み上りのからだで人力車に乗って学校へ行き、学年末の試験を受けてみると、クラスの誰よりも所謂「できて」いるようでした。からだ具合いのよい時でも、自分は、さっぱり勉強せず、学校へ行っても授業時間に漫画などを書き、休憩時間にはそれをクラスの者たちに説明して聞かせて、笑わせてやりました。また、綴り方には、滑稽噺(こっけいばなし)ばかり書き、先生から注意されても、しかし、自分は、やめませんでした。先生は、実はこっそり自分のその滑稽噺を楽しみにしている事を自分は、知っていたからでした。或る日、自分は、れいに依って、自分が母に連れられて上京の途中の汽車で、おしっこを客車の通路にある痰壺(たんつぼ)にしてしまった失敗談(しかし、その上京の時に、自分は痰壺と知らずにしたのではありませんでした。子供の無邪気をてらって、わざと、そうしたのでした)を、ことさらに悲しそうな筆致で書いて提出し、先生は、きっと笑うという自信がありましたので、職員室に引き揚げて行く先生のあとを、そっとつけて行きましたら、先生は、教室を出るとすぐ、自分のその綴り方を、他のクラスの者たちの綴り方の中から選び出し、廊下を歩きながら読みはじめて、クスクス笑い、やがて職員室にはいって読み終えたのか、顔を真赤にして大声を挙げて笑い、他の先生に、さっそくそれを読ませているのを見とどけ、自分は、たいへん満足でした。

お茶目。

自分は、所謂お茶目に見られる事に成功しました。尊敬される事から、のがれる事に成功しました。通信簿は全学科とも十点でしたが、操行というものだけは、七点だったり、六点だったりして、それもまた家中の大笑いの種でした。

けれども自分の本性は、そんなお茶目さんなどとは、凡(およ)そ対蹠(たいせき)的なものでした。その頃、既に自分は、女中や下男から、哀(かな)しい事を教えられ、犯されていました。幼少の者に対して、そのような事を行うのは、人間の行い得る犯罪の中で最も醜悪で下等で、残酷な犯罪だと、自分はいまでは思っています。しかし、自分は、忍びました。これでまた一つ、人間の特質を見たというような気持さえして、そうして、力無く笑っていました。もし自分に、本当の事を言う習慣がついていたなら、悪びれず、彼等の犯罪を父や母に訴える事が出来たのかも知れませんが、しかし、自分は、その父や母をも全部は理解する事が出来なかったのです。人間に訴える、自分は、その手段には少しも期待できませんでした。父に訴えても、母に訴えても、お巡(まわ)りに訴えても、政府に訴えても、結局は世渡りに強い人の、世間に通りのいい言いぶんに言いまくられるだけの事では無いかしら。

必ず片手落のあるのが、わかり切っている、所詮(しょせん)、人間に訴えるのは無駄である、自分はやはり、本当の事は何も言わず、忍んで、そうしてお道化をつづけているより他、無い気持なのでした。

なんだ、人間への不信を言っているのか？　へえ？　お前はいつクリスチャンになったんだい、と嘲笑(ちょうしょう)する人も或いはあるかも知れませんが、しかし、人間への不信は、必ずしもすぐに宗教の道に通じているとは限らないと、自分には思われるのですけど。現にその嘲笑する人をも含めて、人間は、*お互いの不信の中*で、エホバも何も念頭に置かず、平気で生きているではありませんか。やはり、自分の幼少の頃の事でありましたが、父の属していた或る政党の有名人が、この町に演説に来て、自分は下男たちに連れられて劇場に聞きに行きました。満員で、そうして、この町の特に父と親しくしている人たちの顔は皆、見えて、大いに拍手などしていました。演説がすんで、聴衆は雪の夜道を三々五々かたまって家路に就き、クソミソに今夜の演説会の悪口を言っているのでした。中には、父と特に親しい人の声もまじっていました。父の開会の辞も下手、れいの有名人の演説も何が何やら、わけがわからぬ、とその所謂父の「同志たち」が怒声に似た口調で言っているのです。そうしてそのひとたちは、自分の家に立ち寄って客間に上り込み、今夜の演説会は大成功だったと、しんから嬉しそうな顔をして父に言っていました。下男たちまで、今夜の演説会はどうだったと母に聞かれ、とても面白かった、と言ってけろりとしているのです。演説会ほど面白くないものはない、と帰る途々（みちみち）、下男たちが嘆き合っていたのです。

しかし、こんなのは、ほんのささやかな一例に過ぎません。互いにあざむき合って、しかもいずれも不思議に何の傷もつかず、あざむき合っている事にさえ気がついていないみたいな、実にあざやかな、それこそ清く明るくほがらかな不信の例が、人間の生活に充満しているように思われます。けれども、自分には、あざむき合っているという事には、さして特別の興味もありません。自分だって、お道化に依って、朝から晩まで人間をあざむいているのです。自分は、修身教科書的な正義とか何とかいう道徳には、あまり関心を持てないのです。自分には、あざむき合っていながら、*清く明るく朗らかに*生きている、或いは生き得る自信を持っているみたいな人間が難解なのです。人間は、ついに自分にその妙諦（みょうてい）を教えてはくれませんでした。それさえわかったら、自分は、人間をこんなに恐怖し、また、必死のサーヴィスなどしなくて、すんだのでしょう。人間の生活と対立してしまって、夜々の地獄のこれほどの苦しみを嘗（な）めずにすんだのでしょう。つまり、自分が下男下女たちの憎むべきあの犯罪をさえ、誰にも訴えなかったのは、人間への不信からではなく、また勿論クリスト主義のためでもなく、人間が、葉蔵という自分に対して信用の殻を固く閉じていたからだったと思います。父母でさえ、自分にとって難解なものを、時折、見せる事があったのですから。

そうして、その、誰にも訴えない、自分の孤独の匂いが、多くの女性に、本能に依って嗅(か)ぎ当てられ、後年さまざま、自分がつけ込まれる誘因の一つになったような気もするのです。

つまり、自分は、女性にとって、恋の秘密を守れる男であったというわけなのでした。

◎参考文献

[1]井上正蔵 「シラーと太宰治——「人質」と「走れメロス」」 『新日本文学』1959年11月

[2]東郷克美 「『走れメロス』をめぐって」『国文学　解釈と教材の研究』学燈社　1963年4月

[3]杉森久英『苦悩の旗手 太宰治』文藝春秋　1967年

[4]相馬正一 「太宰治『走れメロス』試論」『日本近代文学』 1976年10月

[5]奥野健男著『太宰治論』近代生活社 1987年

[6]塩田勉「　太宰治『走れメロス』」『文体論研究』1999年3月

[7]五之治昌比呂「『走れメロス』とディオニュシオス伝説」『Hashire Meros and Dionysius Legends 西洋古典論集16』1999年8月

[8]小野正文著『太宰治をどう読むか』未知谷 2006年

[9]岩崎晴彦　逆転の笑劇(フアルス)「走れメロス」:「神話」を「民話」に再転換する喜劇精神　文学と教育　2007年11月

[10]山口智司『生まれてすみません　太宰治　一五〇の言葉』PHP研究所 2009年

[11]前田角蔵 「『走れメロス』論:『赤面』するメロスと少女の緋のマントの意味」『試想』 2008年6月

第十三課　名　人　伝

中島敦

趙①の邯鄲②の都に住む紀昌という男が、天下第一の弓の名人になろうと志を立てた。己の師と頼むべき人物を物色するに、当今弓矢をとっては、名手・飛衛に及ぶ者があろうとは思われぬ。百歩を隔てて柳葉を射るに百発百中するという達人だそうである。紀昌は遥々飛衛をたずねてその門に入った。

飛衛は新入の門人に、まず瞬きせざることを学べと命じた。紀昌は家に帰り、妻の機織台の下に潜り込んで、そこに仰向けにひっくり返った。眼とすれすれに機躡③が忙しく上下往来するのをじっと瞬かずに見詰めていようという工夫である。理由を知らない妻は大いに驚いた。第一、妙な姿勢を妙な角度から良人に覗かれては困るという。厭がる妻を紀昌は叱りつけて、無理に機を織り続けさせた。来る日も来る日も彼はこの可笑しな恰好で、瞬きせざる修練を重ねる。二年の後には、遽だしく往返する牽挺が睫毛を掠めても、絶えて瞬くことがなくなった。彼はようやく機の下から匍出す。もはや、鋭利な錐の先をもって瞼を突かれても、まばたきをせぬまでになっていた。不意に火の粉が目に飛入ろうとも、目の前に突然灰神楽④が立とうとも、彼は決して目をパチつかせない。彼の瞼はもはやそれを閉じるべき筋肉の使用法を忘れ果て、夜、熟睡している時でも、紀昌の目はカッと大きく見開かれたままである。ついに、彼の目の睫毛と睫毛との間に小さな一匹の蜘蛛が巣をかけるに及んで、彼はようやく自信を得て、師の飛衛にこれを告げた。

それを聞いて飛衛がいう。瞬かざるのみではまだ射(しゃ)を授けるに足りぬ。次には、視(み)ることを学べ。視ることに熟して、さて、小を視ること大のごとく、微(び)を見ること著(ちょ)のごとくなったならば、来(きた)って我に告げるがよいと。

紀昌は再び家に戻り、肌着(はだぎ)の縫目(ぬいめ)から虱(しらみ)を一匹探し出して、これを己(おの)が髪の毛をもって繋(つな)いだ。そうして、それを南向きの窓に懸(か)け、終日睨(にら)み暮(く)らすことにした。毎日毎日彼は窓にぶら下った虱を見詰める。初め、もちろんそれは一匹の虱に過ぎない。二三日たっても、依然(いぜん)として虱である。ところが、十日余り過ぎると、気のせいか、どうやらそれがほんの少しながら大きく見えて来たように思われる。三月目(みつきめ)の終りには、明らかに蠶(かいこ)ほどの大きさに見えて来た。虱を吊(つ)るした窓の外の風物は、次第に移り変る。熙々(きき)⑤として照っていた春の陽(ひ)はいつか烈(はげ)しい夏の光に変り、澄(す)んだ秋空を高く雁(がん)が渡って行ったかと思うと、はや、寒々とした灰色の空から霙(みぞれ)が落ちかかる。紀昌は根気よく、毛髪(もうはつ)の先にぶら下った有吻類(ゆうふんるい)⑥・催痒性(さいようせい)⑦の小節足動物⑧を見続けた。その虱も何十匹となく取換えられて行く中(うち)に、早くも三年の月日が流れた。ある日ふと気が付くと、窓の虱が馬のような大きさに見えていた。占(し)めたと、紀昌は膝を打ち、表へ出る。彼は我が目を疑った。人は高塔(こうとう)であった。馬は山であった。豚は丘のごとく、雞(とり)は城楼(じょうろう)と見える。雀躍(じゃくやく)して家にとって返した紀昌は、再び窓際の虱に立向い、燕角(えんかく)⑨の弧(ゆみ)に朔蓬(さくほう)⑩の幹(やがら)⑪をつがえてこれを射れば、矢は見事に虱の心の臓を貫(つらぬ)いて、しかも虱を繋いだ毛さえ断(き)れぬ。

紀昌は早速(さっそく)師の許(もと)に赴(おもむ)いてこれを報ずる。飛衛は高蹈(こうとう)して胸を打ち、初めて「出かしたぞ」と褒めた。そうして、直ちに射術の奥儀秘伝(おうぎひでん)を剰(あま)すところなく紀昌に授け始めた。

目の基礎訓練に五年もかけた甲斐(かい)があって紀昌の腕前の上達は、驚くほど速い。

奥儀伝授が始まってから十日の後、試みに紀昌が百歩を隔てて柳葉を射るに、既(すで)に百発百中である。二十日の後、いっぱいに水を湛(たた)えた盃(さかずき)を右肱(ひじ)の上に載せて剛弓(ごうきゅう)を引くに、狙いに狂いの無いのはもとより、杯中の水も微動だにしない。一月(ひとつき)の後、百本の矢をもって速射を試みたところ、第一矢が的(まと)に中(あた)れば、続いて飛来った第二矢は誤たず第一矢の括(やはず)に中って突き刺さり、更に間髪を入れず[12]第三矢の鏃(やじり)が第二矢の括にガッシと喰(く)い込む。矢矢(しし)相属し、発発(はつはつ)相及んで、後矢の鏃は必ず前矢の括に喰入るが故に、絶えて地に墜(お)ちることがない。瞬く中に、百本の矢は一本のごとくに相連なり、的から一直線に続いたその最後の括はなお弦(げん)を銜(ふく)むがごとくに見える。傍で見ていた師の飛衛も思わず「善し！」と言った。

二月(ふたつき)の後、たまたま家に帰って妻といさかいをした紀昌がこれを威(おど)そうとて烏号(うごう)の弓[13]に綦衛(きえい)[14]の矢をつがえ[15]きりり[16]と引絞(ひきしぼ)って妻の目を射た。矢は妻の睫毛三本を射切ってかなたへ飛び去ったが、射られた本人は一向に気づかず、まばたきもしないで亭主(ていしゅ)を罵(ののし)り続けた。けだし、彼の至芸による矢の速度と狙いの精妙さとは、実にこの域にまで達していたのである。

もはや師から学び取るべき何ものも無くなった紀昌は、ある日、ふと良からぬ考えを起した。

彼がその時独りつくづくと考えるには、今や弓をもって己に敵すべき者は、師の飛衛をおいて外(ほか)に無い。天下第一の名人となるためには、どうあっても飛衛を除かねばならぬと。秘(ひそ)かにその機会を窺(うかが)っている中に、一日たまたま郊野(こうや)において、向うからただ一人歩み来る飛衛に出遇(であ)った。とっさに意を決した紀昌が矢を取って狙いをつければ、その気配を察して飛衛もまた弓を執(と)って相応ずる。二人互いに射れば、矢はその度に中道にして相当り、共に地に墜ちた。地に落ちた矢が軽塵をも揚げなかったのは、両人の技がいずれも神に入っていたからであろう。さて、飛衛の矢が尽きた時、紀昌の方はなお一矢を余していた。得たりと勢込んで紀昌がその矢を放てば、飛衛はとっさに、傍なる野茨の枝を折り取り、その棘の先端をもってハッシと鏃を叩き落した。ついに非望の遂げられないことを悟った紀昌の心に、成功したならば決して生じなかったに違いない道義的慚愧の念が、この時忽焉として湧起った。飛衛の方では、また、危機を脱し得た安堵と己が伎倆についての満足とが、敵に対する憎しみをすっかり忘れさせた。二人は互いに駈寄ると、野原の真中に相抱いて、しばし美しい師弟愛の涙にかきくれた。（こうした事を今日の道義観をもって見るのは当らない。美食家の斉の桓公[17]が己のいまだ味わったことのない珍味を求めた時、厨宰の易牙[18]は己が息子を蒸焼にしてこれをすすめた。十六歳の少年、秦の始皇帝は父が死んだその晩に、父の愛妾を三度襲うた。すべてそのような時代の話である。）

涙にくれて相擁しながらも、再び弟子がかかる企みを抱くようなことがあっては甚だ危いと思った飛衛は、紀昌に新たな目標を与えてその気を転ずるにしくはない[19]と考えた。彼はこの危険な弟子に向って言った。もはや、伝うべきほどのことはことごとく伝えた。がもしこれ以上この道の蘊奥を極めたいと望むならば、ゆいて西の方大行の嶮[20]に攀じ、霍山[21]の頂を極めよ。そこには甘蠅老師とて古今を曠しゅうする斯道の大家がおられるはず。老師の技に比べれば、我々の射のごときはほとんど児戯に類する。なんじの師と頼むべきは、今は甘蠅師の外にあるまいと。

紀昌はすぐに西に向って旅立つ。その人の前に出ては我々の技のごとき児戯にひとしいと言った師の言葉が、彼の自尊心にこたえた。もしそれが本当だとすれば、天下第一を目指す彼の望も、まだまだ前途程遠い訳である。己が業が児戯に類するかどうか、とにもかくにも早くその人に会って腕を比べたいとあせりつつ、彼はひたすらに道を急ぐ。足裏を破り脛(すね)を傷つけ、危巌(きがん)を攀(よ)じ桟道(さんどう)を渡って、一月の後に彼はようやく目指す山顚(さんてん)に辿(たど)りつく。

気負い立つ紀昌を迎えたのは、羊のような柔和(にゅうわ)な目をした、しかし酷(ひど)くよぼよぼの爺(じい)さんである。年齢は百歳をも超えていよう。腰の曲っているせいもあって、白髯(はくぜん)は歩く時も地に曳(ひ)きずっている。

相手が聾(ろう)かも知れぬと、大声に遽(あわた)だしく紀昌は来意を告げる。己が技の程を見てもらいたいむねを述べると、あせり立った彼は相手の返辞をも待たず、いきなり背に負うた楊幹麻筋(ようかんまきん)の弓[22]を外して手に執った。そうして、石碣(せきけつ)の矢[23]をつがえると、折から空の高くを飛び過ぎて行く渡り鳥の群に向って狙いを定める。弦に応じて、一箭(いっせん)たちまち五羽の大鳥が鮮やかに碧空(へきくう)を切って落ちて来た。

一通り出来るようじゃな、と老人が穏かな微笑を含んで言う。だが、それは所詮(しょせん)射之射(しゃのしゃ)というもの、好漢いまだ不射之射を知らぬと見える。

ムッとした紀昌を導いて、老隠者(ろういんじゃ)は、そこから二百歩ばかり離れた絶壁(ぜっぺき)の上まで連れて来る。脚下(きゃっか)は文字通りの屏風(びょうぶ)のごとき壁立千仭(へきりつせんじん)、遥か真下に糸のような細さに見える渓流(けいりゅう)をちょっと覗いただけでたちまち眩暈(めまい)を感ずるほどの高さである。その断崖(だんがい)から半ば宙に乗出した危石の上につかつかと老人は駈上り、振返って紀昌に言う。どうじゃ。この石の上で先刻の業を今一度見せてくれぬか。今更引込(ひっこみ)もならぬ。老人と入代りに紀昌がその石を履(ふ)んだ時、石は微(かす)かにグラリと揺(ゆ)らいだ。強(し)いて気を励まして矢をつがえようとすると、ちょうど崖(がけ)の端(はし)から小石が一つ転がり落ちた。その行方(ゆくえ)を目で追うた時、覚えず紀昌は石上に伏(ふ)した。脚はワナワナと顫(ふる)え、汗は流れて踵(かかと)にまで至った。老人が笑いながら手を差し伸べて彼を石から下し、自ら代ってこれに乗ると、では射というものをお目にかけようかな、と言った。まだ動悸(どうき)がおさまらず蒼(あお)ざめた顔をしてはいたが、紀昌はすぐに気が付いて言った。しかし、弓はどうなさる？弓は？老人は素手（すで）だったのである。弓？と老人は笑う。弓矢の要る中はまだ射之射じゃ。不射之射には、烏漆（うしつ）の弓も粛慎（しゅくしん）[24]の矢もいらぬ。

ちょうど彼等（ら）の真上、空の極めて高い所を一羽の鳶（とび）が悠々（ゆうゆう）と輪を画（えが）いていた。その胡麻粒（ごまつぶ）ほどに小さく見える姿をしばらく見上げていた甘蠅が、やがて、見えざる矢を無形の弓につがえ、満月のごとくに引絞ってひょうと放てば、見よ、鳶は羽ばたきもせず中空から石のごとくに落ちて来るではないか。

紀昌は慄然（りつぜん）とした。今にして始めて芸道の深淵（しんえん）を覗き得た心地であった。

九年の間、紀昌はこの老名人の許に留（とど）まった。その間いかなる修業を積んだものやらそれは誰にも判（わか）らぬ。

九年たって山を降りて来た時、人々は紀昌の顔付の変ったのに驚いた。以前の負けず嫌（ぎら）いな精悍（せいかん）な面魂（つらだましい）はどこかに影をひそめ、なんの表情も無い、木偶（でく）のごとく愚者（ぐしゃ）のごとき容貌に変っている。久しぶりに旧師の飛衛を訪ねた時、しかし、飛衛はこの顔付を一見すると感嘆して叫んだ。これでこそ初めて天下の名人だ。我儕（われら）のごとき、足下にも及ぶものでないと。

邯鄲の都は、天下一の名人となって戻って来た紀昌を迎えて、やがて眼前に示されるに違いないその妙技への期待に湧返った。

ところが紀昌は一向にその要望に応（こた）えようとしない。いや、弓さえ絶えて手に取ろうとしない。山に入る時に携（たずさ）えて行った楊幹麻筋の弓もどこかへ棄（す）てて来た様子である。そのわけを訊ねた一人に答えて、紀昌は懶（ものう）げに言った。至為（しい）は為（な）す無く、至言は言を去り、至射は射ることなしと。なるほどと、至極（しごく）物分（ものわか）りのいい邯鄲の都人士はすぐに合点（がてん）した。弓を執らざる弓の名人は彼等の誇となった。紀昌が弓に触れなければ触れないほど、彼の無敵の評判はいよいよ喧伝（けんでん）された。

様々な噂が人々の口から口へと伝わる。毎夜三更（さんこう）[25]を過ぎる頃、紀昌の家の屋上（おくじょう）で何者の立てるとも知れぬ弓弦の音がする。名人の内に宿る射道の神が主人公の睡（ねむ）っている間に体内を脱け出し、妖魔（ようま）を払うべく徹宵（てっしょう）守護（しゅご）に当っているのだという。彼の家の近くに住む一商人はある夜紀昌の家の上空で、雲に乗った紀昌が珍しくも弓を手にして、古（いにしえ）の名人羿（げい）[26]と養由基（ようゆうき）[27]の二人を相手に腕比べをしているのを確かに見たと言い出した。その時三名人の放った矢はそれぞれ夜空に青白い光芒（こうぼう）を曳きつつ参宿（しんしゅく）[28]と天狼星（てんろうせい）[29]との間に消去ったと。紀昌の家に忍（しの）び入ろうとしたところ、塀（へい）に足を掛けた途端（とたん）に一道の殺気が森閑（しんかん）とした家の中から奔（はし）り出てまともに額（ひたい）を打ったので、覚えず外に顛落（てんらく）したと白状した盗賊（とうぞく）もある。爾来（じらい）、邪心（じゃしん）を抱く者共は彼の住居の十町四方は避けて廻（まわ）り道をし、賢（かしこ）い渡り鳥共は彼の家の上空を通らなくなった。

雲と立罩（たちこ）める名声のただ中に、名人紀昌は次第に老いて行く。既に早く射を離れた彼の心は、ますます枯淡虚静（こたんきょせい）の域にはいって行ったようである。木偶のごとき顔は更に表情を失い、語ることも稀（まれ）となり、ついには呼吸の有無さえ疑われるに至った。「既に、我と彼との別、是と非との分を知らぬ。眼は耳のごとく、耳は鼻のごとく、鼻は口のごとく思われる。」というのが、老名人晩年の述懐（じゅっかい）である。

甘蠅師の許を辞してから四十年の後、紀昌は静かに、誠に煙のごとく静かに世を去った。その四十年の間、彼は絶えて射を口にすることが無かった。口にさえしなかった位だから、弓矢を執っての活動などあろうはずが無い。もちろん、寓話（ぐうわ）作者としてはここで老名人に掉尾（ちょうび）[30]の大活躍をさせて、名人の真に名人たるゆえんを明らかにしたいのは山々ながら、一方、また、何としても古書に記された事実を曲げる訳には行かぬ。実際、老後の彼についてはただ無為にして化したとばかりで、次のような妙な話の外には何一つ伝わっていないのだから。

その話というのは、彼の死ぬ一二年前のことらしい。ある日老いたる紀昌が知人の許に招かれて行ったところ、その家で一つの器具を見た。確かに見憶え（みおぼ）のある道具だが、どうしてもその名前が思出せぬし、その用途も思い当らない。老人はその家の主人に尋ねた。それは何と呼ぶ品物で、また何に用いるのかと。主人は、客が冗談を言っているとのみ思って、ニヤリととぼけた笑い方をした。老紀昌は真剣になって再び尋ねる。それでも相手は曖昧な笑を浮べて、客の心をはかりかねた様子である。三度紀昌が真面目（まじめ）な顔をして同じ問を繰返した時、始めて主人の顔に驚愕（きょうがく）の色が現れた。彼は客の眼を凝乎（じっ）と見詰める。相手が冗談を言っているのでもなく、気が狂っているのでもなく、また自分が聞き違えをしているのでもないことを確かめると、彼はほとんど恐怖に近い狼狽（ろうばい）を示して、吃（ども）りながら叫んだ。

「ああ、夫子（ふうし）が、——古今無双（ここんむそう）の射の名人たる夫子が、弓を忘れ果てられたとや？ああ、弓という名も、その使い途（みち）も！」

その後当分の間、邯鄲の都では、画家は絵筆を隠し、楽人は瑟（しつ）の絃（げん）を断ち、工匠（こうしょう）は規矩（きく）を手にするのを恥（は）じたということである。

（昭和十七年十二月）

◎注釈

①趙　中国、戦国七雄の一つ。晋の有力世族趙氏が韓氏・魏氏とともに晋の領地を三分して諸侯となり成立。山西省北半から河北省東南部を領有、武霊王の時最盛期を迎えたが、秦に滅ぼされた。

②邯鄲　中国の戦国時代に趙の国都。河北省南部の都市。古来、山東・山西を結ぶ交通の要衝に当たり交易が盛ん。

③機躡　機の一部で足の大指で踏み、「あぜ」という縦糸をまとめる道具を上下させるもの。

④灰神楽　火の気のある灰の中に湯水をこぼした時、灰が吹き上がること。

⑤熙々　明るく全体を照らし輝かせる様子？ひろびろとしたさま？やわらぎ楽しむ

さま。

⑥有吻類　カメムシ目の別称。また、吻状の口器をもつことから、カメムシ目とラミ類を合わせて呼んだこともある。

⑦催痒　癢みを催す。

⑧節足動物　多数の環節ごとに節の有る足を持つ動物。大抵小形で左右相称。例、昆虫・蜘蛛・蟹など。

⑨燕角　燕の国の獣の角。

⑩朔蓬　朔北の産物であった蓬。

⑪簳　矢の幹。多く、篠竹で作る。

⑫間髪を入れず　間をおくことなく直ちに。ほとんど同時に。

⑬鳥号の弓　名弓。

⑭綦衛　優れた矢の産地

⑮つがえる　弓の弦に矢をあてがう。

⑯きりり　物が強く引っ張られて緊張するさま。

⑰斉の桓公　中国春秋時代最初の覇者。

⑱厨宰の易牙　中国春秋時代の料理人。斉の桓公に仕えた寵臣「三貴」の一人。

⑲しくはない　それに及ぶものはない。それが最もよい。

⑳大行の嶮　大行(太行)山の険しい山道。

㉑霍山　中国の山西省にある高峰。

㉒楊幹麻筋の弓　楊の幹に麻糸を巻いた強い弓。

㉓石碣の矢　越王が陣中で用いたとされる矢。

㉔粛慎　中国東北地方に住んでいたとされるツングース系狩猟民族。

㉕三更　五更の第三。また、子の刻。今の午後11時ごろから午前1時ごろまでに当たる。

㉖羿　中国の古伝説上の弓の名人。尭ぎようの時代、太陽が一〇個も昇り、暑くて人々が苦しんだとき、命を受けて九つの太陽を射落としたとされる。

㉗養由基　中国、春秋時代の弓の名人。楚の人。百歩の距離から柳葉を射て百発百中し、また、弓矢の調子を整えただけで猿が鳴き叫んだという。

㉘参宿　唐鋤星、二十八宿の一つで西方白虎七宿の第7宿。オリオン座のζ星、ε星、δ星、α星、γ星、χ星、β星の7つの星によって構成される。
㉙天狼星　大犬座のα(アルファ)星、シリウスの中国名。
㉚掉尾　物事・文章などの終わりになって勢いを奮うこと。また、終わりごろ。最後。

◎作者紹介

中島 敦(なかじま あつし、1909年(明治42年)5月5日—1942年(昭和17年)12月4日)は、小説家。1909年5月5日、東京府東京市四谷区箪笥町(現東京都新宿区三栄町)生まれ。漢学者であった祖父、漢文の教員であった父親、漢学を修めて世に出ていた伯父・叔父がおり、家族の影響で漢文化に異常な博識を持っている。第一高等学校時代に喘息の発作に悩まされながら小説を書き始める。私立横浜高等女学校の教師時代に多くの作品を執筆。1934年7月、「虎狩」を『中央公論』新人号に応募して、選外佳作10編に入る。1942年『文学界』に「古譚」の名で「山月記」と「文字禍」が掲載され、「光と風と夢」で芥川賞候補になる。中島敦の創作時期はちょうど第二次世界大戦と重なっており、当時の日本では「戦争文学」または「国策文学」が流行っていたが、彼が「章魚木の下」に「戦争は戦争。文学は文学。全然別のものと思い込んでいたのだ。」と述べている。その活躍が期待されたが、持病の喘息が悪化し1942年12月4日33歳の若さで死去。遺稿「李陵」「弟子」が発表され、国語教科書に「山月記」が多く掲載されたため広く知られた作家となる。中村光夫が中島敦の資質や作風から見て最も芥川龍之介に近く、中島の短編の出来のよいものは、芥川の初期の制作に比べてより優れていると評価している。

◎解題

これは1942年12月「文庫」に発表された短編小説である。同月4日に中島敦はなくなったため、生前最後の発表作となる。『列子』を主な素材に天下一の弓の名人になろうと志した紀昌の生涯を描く。同時期の同じく中国古典に素材を求めた代表作である「李陵」「弟子」などの作品系列に属しているが、異なる趣がみえると主張する研究者がいる。この作品を通し、中島は自意識過剰をめぐる葛藤を寓話風に表現しようと考えられる。これは『ちくま日本文学全集　中島敦』ちくま文庫、筑摩書房1992年版によった。

◎思考問題

1.「射之射」、「不射之射」の違いについて考えてみよう。

2. 結末についてどう理解するのか。

3.『列子』の中から「紀昌学射」に関する文を探し出し、比較しよう。

4. 参考文献の上で自分なりに疑問点を出し考えよう。

◎付録

山月記

隴西(ろうさい)の李徴は博学才穎(さいえい)、天宝の末年、若くして名を虎榜(こぼう)に連ね、ついで江南尉に補せられたが、性、狷介(けんかい)、自(みずか)ら恃(たの)むところ頗(すこぶ)る厚(あつ)く、賤吏(せんり)に甘んずるを潔(いさぎよ)しとしなかった。いくばくもなく官を退いた後は、故山(こざん)、に帰臥(きが)し、人と交(まじわり)を絶って、ひたすら詩作に耽(ふけ)った。下吏となって長く膝を俗悪な大官の前に屈するよりは、詩家としての名を死後百年に遺(のこ)そうとしたのである。しかし、文名は容易に揚らず、生活は日を逐(お)うて苦しくなる。李徴は漸(ようや)く焦躁(しょうそう)に駆られて来た。この頃からその容貌も峭刻(しょうこく)となり、肉落ち骨秀(ひい)で、眼光のみ徒(いたず)らに炯々(けいけい)として、曾(かつ)て進士に登第(とうだい)した頃の豊頬(ほうきょう)の美少年の俤(おもかげ)は、何処(どこ)に求めようもない。数年の後、貧窮に堪(た)えず、妻子の衣食のために遂(つい)に節を屈して、再び東へ赴き、一地方官吏の職を奉ずることになった。一方、これは、己(おのれ)の詩業に半ば絶望したためでもある。曾ての同輩は既に遥(はる)か高位に進み、彼が昔、鈍物として歯牙(しが)にもかけなかったその連中の下命を拝さねばならぬことが、往年の儁才(しゅんさい)李徴の自尊心を如何(いか)に傷(きずつ)けたかは、想像に難(かた)くない。彼は怏々(おうおう)として楽しまず、狂悖(きょうはい)の性は愈々(いよいよ)抑え難(がた)くなった。一年の後、公用で旅に出、汝水(じょすい)

のほとりに宿った時、遂に発狂した。或夜半、急に顔色を変えて寝床から起上ると、何か訳の分らぬことを叫びつつそのまま下にとび下りて、闇の中へ駈出した。彼は二度と戻って来なかった。附近の山野を捜索しても、何の手掛りもない。その後李徴がどうなったかを知る者は、誰もなかった。

翌年、監察御史、陳郡の袁傪という者、勅命を奉じて嶺南に使し、途に商於の地に宿った。次の朝未だ暗い中に出発しようとしたところ、駅吏が言うことに、これから先の道に人喰虎が出る故、旅人は白昼でなければ、通れない。今はまだ朝が早いから、今少し待たれたが宜しいでしょうと。袁傪は、しかし、供廻りの多勢なのを恃み、駅吏の言葉を斥けて、出発した。残月の光をたよりに林中の草地を通って行った時、果して一匹の猛虎が叢の中から躍り出た。虎は、あわや袁傪に躍りかかるかと見えたが、忽ち身を飜して、元の叢に隠れた。叢の中から人間の声で「あぶないところだった」と繰返し呟くのが聞えた。その声に袁傪は聞き憶えがあった。驚懼の中にも、彼は咄嗟に思いあたって、叫んだ。「その声は、我が友、李徴子ではないか?」袁傪は李徴と同年に進士の第に登り、友人の少かった李徴にとっては、最も親しい友であった。温和な袁傪の性格が、峻峭な李徴の性情と衝突しなかったためであろう。

叢の中からは、暫く返辞が無かった。しのび泣きかと思われる微かな声が時々洩れるばかりである。ややあって、低い声が答えた。「如何にも自分は隴西の李徴である」と。

袁傪は恐怖を忘れ、馬から下りて叢に近づき、懐かしげに久闊を叙した。そして、何故叢から出て来ないのかと問うた。李徴の声が答えて言う。自分は今や異類の身となっている。どうして、おめおめと故人の前にあさましい姿をさらせようか。かつ又、自分が姿を現せば、必ず君に畏怖嫌厭の情を起させるに決っているからだ。しかし、今、図らずも故人に遇うことを得て、愧赧の念をも忘れる程に懐かしい。どうか、ほんの暫くでいいから、我が醜悪な今の外形を厭(いと)わず、曾て君の友李徴であったこの自分と話を交してくれないだろうか。

後で考えれば不思議だったが、その時、袁傪は、この超自然の怪異を、実に素直に受容(うけい)れて、少しも怪もうとしなかった。彼は部下に命じて行列の進行を停(と)め、自分は叢の傍(かたわら)に立って、見えざる声と対談した。都の噂、旧友の消息、袁傪が現在の地位、それに対する李徴の祝辞。青年時代に親しかった者同志の、あの隔てのない語調で、それ等が語られた後、袁傪は、李徴がどうして今の身となるに至ったかを訊(たず)ねた。草中の声は次のように語った。

今から一年程前、自分が旅に出て汝水のほとりに泊った夜のこと、一睡してから、ふと眼(め)を覚ますと、戸外で誰かが我が名を呼んでいる。声に応じて外へ出て見ると、声は闇の中から頻(しき)りに自分を招く。覚えず、自分は声を追うて走り出した。無我夢中で駈けて行く中に、何時(いつ)しか途は山林に入り、しかも、知らぬ間に自分は左右の手で地を攫(つか)んで走っていた。何か身体(からだ)中に力が充(み)ち満ちたような感じで、軽々と岩石を跳び越えて行った。気が付くと、手先や肱(ひじ)のあたりに毛を生じているらしい。少し明るくなってから、谷川に臨んで姿を映して見ると、既に虎となっていた。自分は初め眼を信じなかった。次に、これは夢に違いないと考えた。夢の中で、これは夢だぞと知っているような夢を、自分はそれまでに見たことがあったから。どうしても夢でないと悟らねばならなかった時、自分は茫然(ぼうぜん)とした。そうして懼(おそ)れた。全く、どんな事でも起り得るのだと思うて、深く懼れた。しかし、何故こんな事になったのだろう。分らぬ。全く何事も我々には判(わか)らぬ。理由も分らずに押付けられたものを大人しく受取って、理由も分らずに生きて行くのが、我々生きもののさだめだ。自分は直(す)ぐに死を想(おも)うた。しかし、その時、眼の前を一匹の兎が駈け過ぎるのを見た途端に、自分の中の*人間*は忽ち姿を消した。再び自分の中の*人間*が目を覚ました時、自分の口は兎の血に塗(まみ)れ、あたりには兎の毛が散らばっていた。これが虎としての最初の経験であった。それ以来今までにどんな所行をし続けて来たか、それは到底語るに忍びない。ただ、一日の中に必ず数時間は、人間の心が還って来る。そういう時には、曽ての日と同じく、人語も操れれば、複雑な思考にも堪え得るし、経書の章句を誦んずることも出来る。その人間の心で、虎としての己の残虐な行のあとを見、己の運命をふりかえる時が、最も情なく、恐しく、憤ろしい。しかし、その、人間にかえる数時間も、日を経るに従って次第に短くなって行く。今までは、どうして虎などになったかと怪しんでいたのに、この間ひょいと気が付いて見たら、己はどうして以前、人間だったのかと考えていた。これは恐しいことだ。今少し経てば、己の中の人間の心は、獣としての習慣の中にすっかり埋れて消えて了うだろう。ちょうど、古い宮殿の礎が次第に土砂に埋没するように。そうすれば、しまいに己は自分の過去を忘れ果て、一匹の虎として狂い廻り、今日のように途で君と出会っても故人と認めることなく、君を裂き喰うて何の悔も感じないだろう。一体、獣でも人間でも、もとは何か他のものだったんだろう。初めはそれを憶えているが、次第に忘れて了い、初めから今の形のものだったと思い込んでいるのではないか? いや、そんな事はどうでもいい。己の中の人間の心がすっかり消えて了えば、恐らく、その方が、己はしあわせになれるだろう。だのに、己の中の人間は、その事を、この上なく恐しく感じているのだ。ああ、全く、どんなに、恐しく、哀しく、切なく思っているだろう! 己が人間だった記憶のなくなることを。この気持は誰にも分らない。誰にも分らない。己と同じ身の上に成った者でなければ。ところで、そうだ。己がすっかり人間でなくなって了う前に、一つ頼んで置きたいことがある。

袁傪はじめ一行は、息をのんで、叢中の声の語る不思議に聞入っていた。声は続けて言う。

他でもない。自分は元来詩人として名を成す積りでいた。しかも、業未だ成らざるに、この運命に立至った。曽て作るところの詩数百篇、固より、まだ世に行われておらぬ。遺稿の所在も最早判らなくなっていよう。ところで、その中、今も尚記誦せるものが数十ある。これを我が為に伝録して戴(いただ)きたいのだ。何も、これに仍(よ)って一人前の詩人面(づら)をしたいのではない。作の巧拙は知らず、とにかく、産を破り心を狂わせてまで自分が生涯それに執着したところのものを、一部なりとも後代に伝えないでは、死んでも死に切れないのだ。

袁傪は部下に命じ、筆を執って叢中の声に随(したが)って書きとらせた。李徴の声は叢の中から朗々と響いた。長短凡(およ)そ三十篇、格調高雅、意趣卓逸、一読して作者の才の非凡を思わせるものばかりである。しかし、袁傪は感嘆しながらも漠然(ばくぜん)と次のように感じていた。成程(なるほど)、作者の素質が第一流に属するものであることは疑いない。しかし、このままでは、第一流の作品となるのには、何処か(非常に微妙な点に於(おい)て)欠けるところがあるのではないか、と。

旧詩を吐き終った李徴の声は、突然調子を変え、自らを嘲(あざけ)るか如(ごと)くに言った。

羞(はずか)しいことだが、今でも、こんなあさましい身と成り果てた今でも、己は、己の詩集が長安風流人士の机の上に置かれている様を、夢に見ることがあるのだ。岩窟(がんくつ)の中に横たわって見る夢にだよ。嗤(わら)ってくれ。詩人に成りそこなって虎になった哀れな男を。（袁傪は昔の青年李徴の自嘲癖(じちょうへき)を思出しながら、哀しく聞いていた。）そうだ。お笑い草ついでに、今の懐(おもい)を即席の詩に述べて見ようか。この虎の中に、まだ、曾ての李徴が生きているしるしに。

袁傪は又下吏に命じてこれを書きとらせた。その詩に言う。

偶因狂疾成殊類　災患相仍不可逃
今日爪牙誰敢敵　当時声跡共相高
我為異物蓬茅下　君已乗軺気勢豪
此夕渓山対明月　不成長嘯但成嘷

時に、残月、光冷(ひや)やかに、白露は地に滋(しげ)く、樹間を渡る冷風は既に暁の近きを告げていた。人々は最早、事の奇異を忘れ、粛然として、この詩人の薄倖(はっこう)を嘆じた。李徴の声は再び続ける。

何故こんな運命になったか判らぬと、先刻は言ったが、しかし、考えように依れば、思い当ることが全然ないでもない。人間であった時、己は努めて人との交を避けた。人々は己を倨傲(きょごう)だ、尊大だといった。実は、それが殆(ほとん)ど羞恥心(しゅうちしん)に近いものであることを、人々は知らなかった。勿論、曾ての郷党(きょうとう)の鬼才といわれた自分に、自尊心が無かったとは云(い)わない。しかし、それは臆病(おくびょう)な自尊心とでもいうべきものであった。己は詩によって名を成そうと思いながら、進んで師に就いたり、求めて詩友と交って切磋琢磨(せっさたくま)に努めたりすることをしなかった。かといって、又、己は俗物の間に伍(ご)することも潔しとしなかった。共に、我が臆病な自尊心と、尊大な羞恥心との所為(せい)である。己(おのれ)の珠(たま)に非(あら)ざることを惧れるが故(ゆえ)に、敢(あえ)て刻苦して磨こうともせず、又、己の珠なるべきを半ば信ずるが故に、碌々(ろくろく)として瓦(かわら)に伍することも出来なかった。己(おれ)は次第に世と離れ、人と遠ざかり、憤悶(ふんもん)と慙恚(ざんい)とによって益々(ますます)己(おのれ)の内なる臆病な自尊心を飼いふとらせる結果になった。人間は誰でも猛獣使であり、その猛獣に当るのが、各人の性情だという。己(おれ)の場合、この尊大な羞恥心が猛獣だった。虎だったのだ。これが己を損い、妻子を苦しめ、友人を傷つけ、果ては、己の外形をかくの如く、内心にふさわしいものに変えて了ったのだ。今思えば、全く、己は、己の有(も)っていた僅(わず)かばかりの才能を空費して了った訳だ。人生は何事をも為(な)さぬには余りに長いが、何事かを為すには余りに短いなどと口先ばかりの警句を弄(ろう)しながら、事実は、才能の不足を暴露するかも知れないとの卑怯な危惧(きぐ)と、刻苦を厭(いと)う怠惰とが己の凡(すべ)てだったのだ。己よりも遥かに乏しい才能でありながら、それを専一に磨いたがために、堂々たる詩家となった者が幾らでもいるのだ。虎と成り果てた今、己は漸くそれに気が付いた。それを思うと、己は今も胸を灼（や）かれるような悔を感じる。己には最早人間としての生活は出来ない。たとえ、今、己が頭の中で、どんな優れた詩を作ったにしたところで、どういう手段で発表できよう。まして、己の頭は日毎（ひごと）に虎に近づいて行く。どうすればいいのだ。己の空費された過去は？己は堪（たま）らなくなる。そういう時、己は、向うの山の頂の巖（いわ）に上り、空谷に向って吼（ほ）える。この胸を灼く悲しみを誰かに訴えたいのだ。己は昨夕も、彼処（あそこ）で月に向って咆（ほ）えた。誰かにこの苦しみが分って貰（もら）えないかと。しかし、獣どもは己の声を聞いて、唯（ただ）、懼（おそ）れ、ひれ伏すばかり。山も樹も月も露も、一匹の虎が怒り狂って、哮（たけ）っているとしか考えない。天に躍り地に伏して嘆いても、誰一人己の気持を分ってくれる者はない。ちょうど、人間だった頃、己の傷つき易い内心を誰も理解してくれなかったように。己の毛皮の濡（ぬ）れたのは、夜露のためばかりではない。

漸く四辺（あたり）の暗さが薄らいで来た。木の間を伝って、何処からか、暁角（ぎょうかく）が哀しげに響き始めた。

最早、別れを告げねばならぬ。酔わねばならぬ時が、（虎に還らねばならぬ時が）近づいたから、と、李徴の声が言った。だが、お別れする前にもう一つ頼みがある。それは我が妻子のことだ。彼等は未（ま）だにいる。固より、己の運命に就いては知る筈（はず）がない。君が南から帰ったら、己は既に死んだと彼等に告げて貰えないだろうか。決して今日のことだけは明かさないで欲しい。厚かましいお願だが、彼等の孤弱を憐（あわ）れんで、今後とも道塗（どうと）に飢凍（きとう）することのないように計らって戴けるならば、自分にとって、恩倖（おんこう）、これに過ぎたるは莫（な）い。

言終って、叢中から慟哭（どうこく）の声が聞えた。袁もまた涙を泛（うか）べ、欣（よろこ）んで李徴の意に副（そ）いたい旨（むね）を答えた。李徴の声はしかし忽ち又先刻の自嘲的な調子に戻って、言った。

本当は、先（ま）ず、この事の方を先にお願いすべきだったのだ、己が人間だったなら。飢え凍えようとする妻子のことよりも、己（おのれ）の乏しい詩業の方を気にかけているような男だから、こんな獣に身を墮(おと)すのだ。

そうして、附加(つけくわ)えて言うことに、袁傪が嶺南からの帰途には決してこの途を通らないで欲しい、その時には自分が酔っていて故人を認めずに襲いかかるかも知れないから。又、今別れてから、前方百歩の所にある、あの丘に上ったら、此方(こちら)を振りかえって見て貰いたい。自分は今の姿をもう一度お目に掛けよう。勇に誇ろうとしてではない。我が醜悪な姿を示して、以(もっ)て、再び此処(ここ)を過ぎて自分に会おうとの気持を君に起させない為であると。

袁傪は叢に向って、懇(ねんご)ろに別れの言葉を述べ、馬に上った。叢の中からは、又、堪(た)え得ざるが如き悲泣の声が洩れた。袁傪も幾度か叢を振返りながら、涙の中に出発した。

一行が丘の上についた時、彼等は、言われた通りに振返って、先程の林間の草地を眺めた。忽ち、一匹の虎が草の茂みから道の上に躍り出たのを彼等は見た。虎は、既に白く光を失った月を仰いで、二声三声咆哮(ほうこう)したかと思うと、又、元の叢に躍り入って、再びその姿を見なかった。

◎参考文献

[1]山敷和男　「中島敦の『名人伝』の世界」『中国古典研究』1967年12月

[2]木村一信　『中島敦論』双文社　1986年2月

[3]荒木正見　「「名人」の存在論的構造——中島敦『名人伝』および『列子』の分析を軸として」『梅光女学院大学論集』　1989年3月

[4]鷺只雄　『中島敦論:「狼疾」の方法』有精堂　1990年5月

[5]宮田一生　「中島敦『名人伝』論」『日本文藝研究』関西学院大学　1992年4月

[6]山下真史　「『名人伝』論」『日本文学』　1994年12月

[7]田上純子　「中島敦『名人伝』論——譚的世界の構築」『白山国文』　1999年6月

[8]清水雅洋　『求道者の文学中島敦論』文芸社　2002年1月

[9]新井通郎　「中島敦『名人伝』の構造」『二松学舎大学人文論叢』2003年3月

[10]渡邊一民　『中島敦論』みすず書房　2005年3月

[11]郭玲玲　「『名人伝』論：その寓意性について」『東アジア研究』2013年3月

[12]藤村猛　『中島敦論：習作から「過去帳」まで』渓水社　2015年2月

第十四課　白　　痴

坂口安吾

その家には人間と豚と犬と鶏と家鴨(あひる)が住んでいたが、まったく、住む建物も各々の食物も殆(ほとん)ど変っていやしない。物置のようなひん曲った建物があって、階下には主人夫婦、天井裏には母と娘が間借りしていて、この娘は相手の分らぬ子供を孕(はら)んでいる。

伊沢の借りている一室は母屋[1]から分離した小屋で、ここは昔この家の肺病の息子がねていたそうだが、肺病の豚にも贅沢すぎる小屋ではない。それでも押入と便所と戸棚がついていた。

主人夫婦は仕立屋で町内のお針の先生などもやり(それ故肺病の息子を別の小屋へ入れたのだ)町会の役員などもやっている。間借りの娘は元来町会の事務員だったが、町会事務所に寝泊りしていて町会長と仕立屋[2]を除いた他の役員の全部の者(十数人)と公平に関係を結んだそうで、そのうちの誰かの種を宿したわけだ。そこで町会の役員共が醵金(きょきん)[3]してこの屋根裏で子供の始末をつけさせようというのだが、世間は無駄がないもので、役員の一人に豆腐屋がいて、この男だけ娘が妊娠してこの屋根裏にひそんだ後も通ってきて、結局娘はこの男の妾のようにきまってしまった。他の役員共はこれが分るとさっそく醵金をやめてしまい、この分れ目の一ヶ月分の生活費は豆腐屋が負担すべきだと主張して、支払いに応じない八百屋と時計屋と地主と何屋だか七八人あり(一人当り金五円)娘は今に至るまで地団駄(じだんだ)[4]ふんでいる。

この娘は大きな口と大きな二つの眼の玉をつけていて、そのくせひどく痩せこけていた。家鴨を嫌って、鶏にだけ食物の残りをやろうとするのだが、家鴨が横からまきあげるので、毎日腹を立てて家鴨を追っかけている。大きな腹と尻を前後に突きだして奇妙な直立の姿勢で走る恰好が家鴨に似ているのであった。

この路地の出口に煙草屋があって、五十五という婆さんが白粉(おしろい)つけて住んでおり、七人目とか八人目とかの情夫を追いだして、その代りを中年の坊主にしようか矢張り中年の何屋だかにしようかと煩悶中の由であり、若い男が裏口から煙草を買いに行くと幾つか売ってくれる由で(但し闇値)先生(伊沢のこと)も裏口から行ってごらんなさいと仕立屋が言うのだが、あいにく伊沢は勤め先で特配があるので婆さんの世話にならずにすんでいた。

ところがその筋向い[⑤]の米の配給所の裏手に小金を握った未亡人が住んでいて、兄(職工)と妹と二人の子供があるのだが、この真実の兄妹が夫婦の関係を結んでいる。けれども未亡人は結局その方が安上りだと黙認しているうちに、兄の方に女ができた。そこで妹の方をかたづける必要があって親戚に当る五十とか六十とかの老人のところへ嫁入りということになり、妹が猫イラズを飲んだ。飲んでおいて仕立屋(伊沢の下宿)へお稽古にきて苦しみはじめ、結局死んでしまったが、そのとき町内の医者が心臓麻痺の診断書をくれて話はそのまま消えてしまった。え？どの医者がそんな便利な診断書をくれるんですか、と伊沢が仰天して訊ねると、仕立屋の方が呆気(あっけ)にとられた[⑥]面持で、なんですか、よそじゃ、そうじゃないんですか、と訊いた。

このへんは安アパートが林立し、それらの部屋の何分の一かは妾と淫売が住んでいる。それらの女達には子供がなく、又、各々の部屋を綺麗にするという共通の性質をもっているので、そのために管理人に喜ばれて、その私生活の乱脈さ背徳性などは問題になったことが一度もない。アパートの半数以上は軍需工場の寮となり、そこにも女子挺身隊(ていしんたい)[⑦]の集団が住んでいて、何課の誰さんの愛人だの課長殿の戦時夫人(というのはつまり本物の夫人は疎開中ということだ)だの重役の二号だの会社を休んで月給だけ貰っている妊娠中の挺身隊だのがいるのである。中に一人五百円の妾というのが一戸を構えていて羨望の的であった。人殺しが商売だったという満洲浪人(この妹は仕立屋の弟子)の隣は指圧の先生で、その隣は仕立屋銀次の流れをくむその道の達人だということであり、その裏に海軍少尉がいるのだが、毎日魚を食い珈琲(コーヒー)をのみ缶詰をあけ酒を飲み、このあたりは一尺掘ると水がでるので、防空壕の作りようもないというのに、少尉だけはセメントを用いて自宅よりも立派な防空壕をもっていた。又、伊沢が通勤に通る道筋の百貨店（木造二階建）は戦争で商品がなく休業中だが、二階では連日賭場が開帳されており、その顔役は幾つかの国民酒場を占領して行列の人民共を睨（にら）みつけて連日泥酔していた。

伊沢は大学を卒業すると新聞記者になり、つづいて文化映画の演出家（まだ見習いで単独演出したことはない）になった男で、二十七の年齢にくらべれば裏側の人生にいくらか知識はある筈（はず）で、政治家、軍人、実業家、芸人などの内幕に多少の消息は心得ていたが、場末[8]の小工場とアパートにとりかこまれた商店街の生態がこんなものだとは想像もしていなかった。戦争以来人心が荒（すさ）んだせいだろうと訊いてみると、いえ、なんですよ、このへんじゃ、先からこんなものでしたねえ、と仕立屋は哲学者のような面持で静かに答えるのであった。

けれども最大の人物は伊沢の隣人であった。

この隣人は気違いだった。相当の資産があり、わざわざ路地のどん底を選んで家を建てたのも気違いの心づかいで、泥棒乃至（ないし）無用の者の侵入を極度に嫌った結果だろうと思われる。なぜなら、路地のどん底に辿（たど）りつきこの家の門をくぐって見廻すけれども戸口というものがないからで、見渡す限り格子のはまった窓ばかり、この家の玄関は門と正反対の裏側にあって、要するにいっぺんグルリと建物を廻った上でないと辿りつくことができない。無用の侵入者は匙（さじ）を投げて[9]引下る仕組であり、乃至は玄関を探してうろつくうちに何者かの侵入を見破って警戒管制に入るという仕組でもあって、隣人は浮世の俗物どもを好んでいないのだ。この家は相当間数のある二階建であったが、内部の仕掛に就いては物知りの仕立屋も多く知らなかった。

気違い[10]は三十前後で、母親があり、二十五六の女房があった。母親だけは正気の人間の部類に属している筈だという話であったが、強度のヒステリイで、配給に不服があると跣足（はだし）で町会へ乗込んでくる町内唯一の女傑であり、気違いの女房は白痴であった。

ある幸多き年のこと、気違いが発心（ほっしん）して白装束に身をかため四国遍路に旅立ったが、そのとき四国のどこかしらで白痴の女と意気投合し、遍路みやげに女房をつれて戻ってきた。気違いは風采堂々たる好男子であり、白痴の女房はこれも然（しか）るべき家柄の然るべき娘のような品の良さで、眼の細々とうっとうしい、瓜実顔（うりざねがお）の古風の人形か能面のような美しい顔立ちで、二人並べて眺めただけでは、美男美女、それも相当教養深遠な好一対としか見受けられない。気違いは度の強い近眼鏡をかけ、常に万巻の読書に疲れたような憂わしげな顔をしていた。

ある日この路地で防空演習があってオカミさん達が活躍していると、着流し[11]姿でゲタゲタ笑いながら見物していたのがこの男で、そのうち俄（にわか）に防空服装に着かえて現れて一人のバケツをひったくった[12]かと思うと、エイとか、ヤーとか、ホーホーという数種類の奇妙な声をかけて水を汲み水を投げ、梯子（はしご）をかけて塀に登り、屋根の上から号令をかけ、やがて一場の演説（訓辞）を始めた。伊沢はこのときに至って始めて気違いであることに気付いたので、この隣人は時々垣根から侵入してきて仕立屋の豚小屋で残飯のバケツをぶちまけついでに家鴨に石をぶつけ、全然何食わぬ顔をして鶏に餌をやりながら突然蹴とばしたりするのであったが、相当の人物と考えていたので、静かに黙礼などを取交していたのであった。

だが、気違いと常人とどこが違っているというのだ。違っているといえば、気違いの方が常人よりも本質的に慎み深いぐらいのもので、気違いは笑いたい時にゲタゲタ笑い、演説したい時に演説をやり、家鴨に石をぶつけたり、二時間ぐらい豚の顔や尻を突ついていたりする。けれども彼等は本質的にはるかに人目を怖れており、私生活の主要な部分は特別細心の注意を払って他人から絶縁しようと腐心[13]している。門からグルリと一廻りして玄関をつけたのもそのためであり、彼等の私生活は概して物音がすくなく、他に対して無用なる饒舌（じょうぜつ）に乏しく、思索的なものであった。路地の片側はアパートで伊沢の小屋にのしかかるように年中水の流れる音と女房どもの下品な声が溢れており、姉妹の淫売が住んでいて、姉に客のある夜は妹が廊下を歩きつづけており妹に客のある時は姉が深夜の廊下を歩いている。気違いがゲタゲタ笑うというだけで人々は別の人種だと思っていた。

白痴の女房は特別静かでおとなしかった。何かおどおどと口の中で言うだけで、その言葉は良くききとれず、言葉のききとれる時でも意味がハッキリしなかった。料理も、米を炊くことも知らず、やらせれば出来るかも知れないが、ヘマをやって[14]怒られるとおどおどして益々ヘマをやるばかり、配給物をとりに行っても自身では何もできず、ただ立っているというだけで、みんな近所の者がしてくれるのだ。気違いの女房ですもの白痴でも当然、その上の慾を言ってはいけますまいと人々が言うが、母親は大の不服で、女が御飯ぐらい炊けなくって、と怒っている。それでも常はたしなみのある品の良い婆さんなのだが、何がさて一方ならぬヒステリイで、狂い出すと気違い以上に獰猛（どうもう）で三人の気違いのうち婆さんの叫喚（きょうかん）が頭ぬけて騒がしく病的だった。白痴の女は怯（おび）えてしまって、何事もない平和な日々ですら常におどおどし、人の跫音（あしおと）にもギクリとして、伊沢がヤアと挨拶すると却（かえ）ってボンヤリして立ちすくむのであった。

白痴の女も時々豚小屋へやってきた。気違いの方は我家の如くに堂々と侵入してきて家鴨に石をぶつけたり豚の頬っぺたを突き廻したりしているのだが、白痴の女は音もなく影の如くに逃げこんできて豚小屋の蔭に息をひそめているのであった。いわば此処（ここ）は彼女の待避所で、そういう時には大概隣家でオサヨさんオサヨさんとよぶ婆さんの鳥類的な叫びが起り、そのたびに白痴の身体はすくんだり傾いたり反響を起し、仕方なく動き出すには虫の抵抗の動きのような長い反復があるのであった。

新聞記者だの文化映画の演出家などは賤業中の賤業であった。彼等の心得ているのは時代の流行ということだけで、動く時間に乗遅れ[15]まいとすることだけが生活であり、自我の追求、個性や独創というものはこの世界には存在しない。彼等の日常の会話の中には会社員だの官吏だの学校の教師に比べて自我だの人間だの個性だの独創だのという言葉が氾濫（はんらん）しすぎているのであったが、それは言葉の上だけの存在であり、有金をはたいて[16]女を口説いて宿酔（ふつかよい）の苦痛が人間の悩みだと云うような馬鹿馬鹿しいものなのだった。ああ日の丸の感激だの、兵隊さんよ有難う、思わず目頭が熱くなったり、ズドズドズドは爆撃の音、無我夢中で地上に伏し、パンパンパンは機銃の音、およそ精神の高さもなければ一行の実感すらもない架空の文章に憂身をやつし[17]、映画をつくり、戦争の表現とはそういうものだと思いこんでいる。又ある者は軍部の検閲で書きようがないと言うけれども、他に真実の文章の心当りがあるわけでなく、文章自体の真実や実感は検閲などには関係のない存在だ。要するに如何(いか)なる時代にもこの連中には内容がなく空虚な自我があるだけだ。流行次第で右から左へどうにでもなり、通俗小説の表現などからお手本を学んで時代の表現だと思いこんでいる。事実時代というものは只(ただ)それだけの浅薄愚劣なものでもあり、日本二千年の歴史を覆(くつがえ)すこの戦争と敗北が果して人間の真実に何の関係があったであろうか。最も内省の稀薄な意志と衆愚の妄動だけによって一国の運命が動いている。部長だの社長の前で個性だの独創だのと言い出すと顔をそむけて馬鹿な奴だという言外の表示を見せて、兵隊さんよ有難う、ああ日の丸の感激、思わず目頭が熱くなり、OK、新聞記者とはそれだけで、事実、時代そのものがそれだけだ。

師団長閣下の訓辞を三分間もかかって長々と写す必要がありますか、職工達の毎朝のノリト[18]のような変テコな唄を一から十まで写す必要があるのですか、と訊いてみると、部長はプイと顔をそむけて舌打ちしてやにわに振向くと貴重品の煙草をグシャリ灰皿へ押しつぶして睨みつけて、おい、怒濤(どとう)の時代に美が何物だい、芸術は無力だ！ニュースだけが真実なんだ！と呶鳴(どな)るのであった。演出家どもは演出家どもで、企画部員は企画部員で、徒党を組み、徳川時代の長脇差[19]と同じような情誼(じょうぎ)の世界をつくりだし義理人情で才能を処理して、会社員よりも会社員的な順番制度をつくっている。それによって各自の凡庸(ぼんよう)さを擁護し、芸術の個性と天才による争覇を罪悪視し組合違反と心得て、相互扶助の精神による才能の貧困の救済組織を完備していた。内にあっては才能の貧困の救済組織であるけれども外に出でてはアルコールの獲得組織で、この徒党は国民酒場を占領し三四本ずつビールを飲み酔っ払って芸術を論じている。彼等の帽子や長髪やネクタイや上着(ブルース)は芸術家であったが、彼等の魂や根性は会社員よりも会社員的であった。伊沢は芸術の独創を信じ、個性の独自性を諦(あきら)めることができないので、義理人情の制度の中で安息することができないばかりか、その凡庸さと低俗卑劣な魂を憎まずにいられなかった。彼は徒党の除け者となり、挨拶しても返事もされず、中には睨む者もある。思いきって社長室へ乗込んで、戦争と芸術性の貧困とに理論上の必然性がありますか。それとも軍部の意思ですか、ただ現実を写すだけならカメラと指が二三本あるだけで沢山ですよ。如何なるアングルによって之を裁断し芸術に構成するかという特別な使命のために我々芸術家の存在が——社長は途中に顔をそむけて苦りきって煙草をふかし、お前はなぜ会社をやめないのか、徴用が怖いからか、という顔附で苦笑をはじめ、会社の企画通り世間なみの仕事に精をだすだけで、それで月給が貰えるならよけいなことを考えるな、生意気すぎるという顔附になり、一言も返事せずに、帰れという身振りを示すのであった。賤業中の賤業でなくて何物であろうか。ひと思いに兵隊にとられ、考える苦しさから救われるなら、弾丸も飢餓もむしろ太平楽のようにすら思われる時があるほどだった。

伊沢の会社では「ラバウルを陥すな」とか「飛行機をラバウルへ!」とか企画をたてコンテを作っているうちに米軍はもうラバウルを通りこしてサイパンに上陸していた。「サイパン決戦!」企画会議も終らぬうちにサイパン玉砕、そのサイパンから米機が頭上にとびはじめている。「焼夷弾の消し方」「空の体当り」「ジャガ芋の作り方」「一機も生きて返すまじ」「節電と飛行機」不思議な情熱であった。底知れぬ退屈を植えつける奇妙な映画が次々と作られ、生フィルムは欠乏し、動くカメラは少なくなり、芸術家達の情熱は白熱的に狂躁し「神風特攻隊」「本土決戦」「ああ桜は散りぬ」何ものかに憑かれた如く彼等の詩情は興奮している。そして蒼ざめた紙の如く退屈無限の映画がつくられ、明日の東京は廃墟になろうとしていた。

伊沢の情熱は死んでいた。朝目がさめる。今日も会社へ行くのかと思うと睡くなり、うとうとすると警戒警報がなりひびき、起き上りゲートルをまき煙草を一本ぬきだして火をつける。ああ会社を休むとこの煙草がなくなるのだな、と考えるのであった。

ある晩、おそくなり、ようやく終電にとりつくことのできた伊沢は、すでに私線がなかったので、相当の夜道を歩いて我家へ戻ってきた。あかりをつけると奇妙に万年床の姿が見えず、留守中誰かが掃除をしたということも、誰かが這入(はい)ったことすらも例がないので訝(いぶか)りながら押入をあけると、積み重ねた蒲団の横に白痴の女がかくれていた。不安の眼で伊沢の顔色をうかがい蒲団の間へ顔をもぐらしてしまったが、伊沢の怒らぬことを知ると、安堵のために親しさが溢れ、呆(あき)れるぐらい落着いてしまった。口の中でブツブツと呟(つぶや)くようにしか物を言わず、その呟きもこっちの訊ねることと何の関係もないことをああ言い又こう言い自分自身の思いつめたことだけをそれも至極漠然と要約して断片的に言い綴っている。伊沢は問わずに事情をさとり、多分叱られて思い余って逃げこんで来たのだろうと思ったから、無益な怯えをなるべく与えぬ配慮によって質問を省略し、いつごろどこから這入ってきたかということだけを訊ねると、女は訳の分らぬことをあれこれブツブツ言ったあげく、片腕をまくりあげて[20]、その一ヶ所をなでて(そこにはカスリ傷がついていた)、私、痛いの、とか、今も痛むの、とか、さっきも痛かったの、とか、色々時間をこまかく区切っているので、ともかく夜になってから窓から這入ったことが分った。跣足(はだし)で外を歩きまわって這入ってきたから部屋を泥でよごした、ごめんなさいね、という意味も言ったけれども、あれこれ無数の袋小路をうろつき廻る呟きの中から意味をまとめて判断するので、ごめんなさいね、がどの道に連絡しているのだか決定的な判断はできないのだった。

深夜に隣人を叩き起して怯えきった女を返すのもやりにくいことであり、さりとて[21]夜が明けて女を返して一夜泊めたということが如何なる誤解を生みだすか、相手が気違いのことだから想像すらもつかなかった。ままよ、伊沢の心には奇妙な勇気が湧いてきた。その実体は生活上の感情喪失に対する好奇心と刺戟(しげき)との魅力に惹かれただけのものであったが、どうにでもなるがいい、ともかくこの現実を一つの試錬と見ることが俺の生き方に必要なだけだ。白痴の女の一夜を保護するという眼前の義務以外に何を考え何を怖れる必要もないのだと自分自身に言いきかした。彼はこの唐突千万な出来事に変に感動していることを羞(は)ずべきことではないのだと自分自身に言いきかせていた。

二つの寝床をしき女をねせて電燈を消して一二分もしたかと思うと、女は急に起き上り寝床を脱けでて、部屋のどこか片隅にうずくまっているらしい。それがもし真冬でなければ伊沢は強いてこだわらず眠ったかも知れなかったが、特別寒い夜更けで、一人分の寝床を二人に分割しただけでも外気がじかに肌にせまり身体の顫えがとまらぬぐらい冷めたかった。起き上って電燈をつけると、女は戸口のところに襟(えり)をかき合せてうずくまっており、まるで逃げ場を失って追いつめられた眼の色をしている。どうしたの、ねむりなさい、と言えば呆気ないほどすぐ頷(うなず)いて再び寝床にもぐりこんだが、電気を消して一二分もすると、又、同じように起きてしまう。それを寝床へつれもどして心配することはない、私はあなたの身体に手をふれるようなことはしないからと言いきかせると、女は怯えた眼附をして何か言訳じみたことを口の中でブツブツ言っているのであった。そのまま三たび目の電気を消すと、今度は女はすぐ起き上り、押入の戸をあけて中へ這入って内側から戸をしめた。

この執拗なやり方に伊沢は腹を立てた。手荒く押入を開け放してあなたは何を勘違いをしているのですか、あれほど説明しているのに押入へ這入って戸をしめるなどとは人を侮辱するも甚しい、それほど信用できない家へなぜ逃げこんできたのですか、それは人を愚弄し、私の人格に不当な恥を与え、まるであなたが何か被害者のようではありませんか、茶番もいい加減にしたまえ。けれどもその言葉の意味もこの女には理解する能力すらもないのだと思うと、これくらい張合[22]のない馬鹿馬鹿しさもないもので女の横ッ面を殴りつけてさっさと眠る方が何より気がきいていると思うのだった。すると女は妙に割切れぬ[23]顔附をして何か口の中でブツブツ言っている、私は帰りたい、私は来なければよかった、という意味の言葉であるらしい。でも私はもう帰るところがなくなったから、と言うので、その言葉には伊沢もさすがに胸をつかれて、だから、安心してここで一夜を明かしたらいいでしょう、私が悪意をもたないのにまるで被害者のような思いあがったことをするから腹を立てただけのことです、押入の中などにはいらずに蒲団の中でおやすみなさい。すると女は伊沢を見つめて何か早口にブツブツ言う。え？なんですか、そして伊沢は飛び上るほど驚いた。なぜなら女のブツブツの中から私はあなたに嫌われていますもの、という一言がハッキリききとれたからである。え、なんですって？伊沢が思わず目を見開いて訊き返すと、女の顔は悄然(しょうぜん)として、私はこなければよかった、私はきらわれている、私はそうは思っていなかった、という意味の事をくどくどと言い、そしてあらぬ一ヶ所を見つめて放心してしまった。

伊沢ははじめて了解した。

女は彼を怖れているのではなかったのだ。まるで事態はあべこべ[24]だ。女は叱られて逃げ場に窮してそれだけの理由によって来たのではない。伊沢の愛情を目算に入れていたのであった。だがいったい女が伊沢の愛情を信じることが起り得るような何事があったであろうか。豚小屋のあたりや路地や路上でヤアと云って四五へん挨拶したぐらい、思えばすべてが唐突で全く茶番に外ならず、伊沢の前に白痴の意志や感受性や、ともかく人間以外のものが強要されているだけだった。電燈を消して一二分たち男の手が女のからだに触れないために嫌われた自覚をいだいて、その羞しさに蒲団をぬけだすということが、白痴の場合はそれが真実悲痛なことであるのか、伊沢がそれを信じていいのか、これもハッキリは分らない。遂には押入へ閉じこもる。それが白痴の恥辱と自卑の表現と解していいのか、それを判断する為の言葉すらもないのだから、事態はともかく彼が白痴と同格に成り下る以外に法がない。なまじい[25]に人間らしい分別が、なぜ必要であろうか。白痴の心の素直さを彼自身も亦（また）もつことが人間の恥辱であろうか。俺にもこの白痴のような心、幼い、そして素直な心が何より必要だったのだ。俺はそれをどこかへ忘れ、ただあくせくした人間共の思考の中でうすぎたなく汚れ、虚妄の影を追い、ひどく疲れていただけだ。

彼は女を寝床へねせて、その枕元に坐り、自分の子供、三ツか四ツの小さな娘をねむらせるように額の髪の毛をなでてやると、女はボンヤリ眼をあけて、それがまったく幼い子供の無心さと変るところがないのであった。私はあなたを嫌っているのではない、人間の愛情の表現は決して肉体だけのものではなく、人間の最後の住みかはふるさとで、あなたはいわば常にそのふるさとの住人のようなものなのだから、などと伊沢も始めは妙にしかつめらしく[26]そんなことも言いかけてみたが、もとよりそれが通じるわけではないのだし、いったい言葉が何物であろうか、何ほどの値打があるのだろうか、人間の愛情すらもそれだけが真実のものだという何のあかしもあり得ない、生の情熱を託するに足る真実なものが果してどこに有り得るのか、すべては虚妄の影だけだ。女の髪の毛をなでていると、慟哭（どうこく）したい思いがこみあげ、さだまる影すらもないこの捉（とら）えがたい小さな愛情が自分の一生の宿命であるような、その宿命の髪の毛を無心になでているような切ない思いになるのであった。

この戦争はいったいどうなるのであろう。日本は負け米軍は本土に上陸して日本人の大半は死滅してしまうのかも知れない。それはもう一つの超自然の運命、いわば天命のようにしか思われなかった。彼には然(しか)しもっと卑小な問題があった。それは驚くほど卑小な問題で、しかも眼の先に差迫り、常にちらついて放れなかった。それは彼が会社から貰う二百円ほどの給料で、その給料をいつまで貰うことができるか、明日にもクビになり路頭に迷いはしないかという不安であった。彼は月給を貰う時、同時にクビの宣告を受けはしないかとビクビクし、月給袋を受取ると一月延びた命のために呆れるぐらい幸福感を味うのだが、その卑小さを顧みていつも泣きたくなるのであった。彼は芸術を夢みていた。その芸術の前ではただ一粒の塵埃(じんあい)でしかないような二百円の給料がどうして骨身にからみつき、生存の根底をゆさぶるような大きな苦悶になるのであろうか。生活の外形のみのことではなくその精神も魂も二百円に限定され、その卑小さを凝視して気も違わずに平然としていることが尚更(なおさら)なさけなくなるばかりであった。怒濤の時代に美が何物だい。芸術は無力だ！という部長の馬鹿馬鹿しい大声が、伊沢の胸にまるで違った真実をこめ鋭いそして巨大な力で食いこんでくる。ああ日本は敗ける。泥人形のくずれるように同胞たちがバタバタ倒れ、吹きあげるコンクリートや煉瓦の屑(くず)と一緒くたに無数の脚だの首だの腕だのが舞いあがり、木も建物も何もない平な墓地になってしまう。どこへ逃げ、どの穴へ追いつめられ、どこで穴もろとも吹きとばされてしまうのだか、夢のような、けれどもそれはもし生き残ることができたら、その新鮮な再生のために、そして全然予測のつかない新世界、石屑だらけの野原の上の生活のために、伊沢はむしろ好奇心がうずくのだった。それは半年か一年さきの当然訪れる運命だったが、その訪れの当然さにも拘(かかわ)らず、夢の中の世界のような遥かな戯れにしか意識されていなかった。眼のさきの全(す)べてをふさぎ、生きる希望を根こそぎさらい去るたった二百円の決定的な力、夢の中にまで二百円に首をしめられ、うなされ[27]、まだ二十七の青春のあらゆる情熱が漂白されて、現実にすでに暗黒の曠野の上を茫々(ぼうぼう)と歩くだけではないか。

伊沢は女が欲しかった。女が欲しいという声は伊沢の最大の希望ですらあったのに、その女との生活が二百円に限定され、鍋だの釜だの味噌だの米だのみんな二百円の呪文（じゅもん）を負い、二百円の呪文に憑かれた子供が生まれ、女がまるで手先のように呪文に憑かれた鬼と化して日々ブツブツ呟いている。胸の灯も芸術も希望の光もみんな消えて、生活自体が道ばたの馬糞のようにグチャグチャに踏みしだかれて[28]、乾きあがって風に吹かれて飛びちり跡形もなくなって行く。爪の跡すら、なくなって行く。女の背にはそういう呪文が絡（から）みついているのであった。やりきれない卑小な生活だった。彼自身にはこの現実の卑小さを裁く力すらもない。ああ戦争、この偉大なる破壊、奇妙奇天烈（きてれつ）[29]な公平さでみんな裁かれ日本中が石屑だらけの野原になり泥人形がバタバタ倒れ、それは虚無のなんという切ない巨大な愛情だろうか。破壊の神の腕の中で彼は眠りこけたく[30]なり、そして彼は警報がなるとむしろ生き生きしてゲートル[31]をまくのであった。生命の不安と遊ぶことだけが毎日の生きがいだった。警報が解除になるとガッカリして、絶望的な感情の喪失が又はじまるのであった。

この白痴の女は米を炊くことも味噌汁をつくることも知らない。配給の行列に立っているのが精一杯で、喋（しゃべ）ることすらも自由ではないのだ。まるで最も薄い一枚のガラスのように喜怒哀楽の微風にすら反響し、放心と怯えの皺（しわ）の間へ人の意志を受け入れ通過させているだけだ。二百円の悪霊すらも、この魂には宿ることができないのだ。この女はまるで俺のために造られた悲しい人形のようではないか。伊沢はこの女と抱き合い、暗い曠野を飄々（ひょうひょう）と風に吹かれて歩いている、無限の旅路を目に描いた。

それにも拘らず、その想念が何か突飛に感じられ、途方もない馬鹿げたことのように思われるのは、そこにも亦卑小きわまる人間の殻が心の芯をむしばんで[32]いるせいなのだろう。そしてそれを知りながら、しかも尚、わきでる[33]ようなこの想念と愛情の素直さが全然虚妄のものにしか感じられないのはなぜだろう。白痴の女よりもあのアパートの淫売婦が、そしてどこかの貴婦人がより人間的だという何か本質的な掟（おきて）[34]が在るのだろうか。けれどもまるでその掟が厳[35]として存在している馬鹿馬鹿しい有様なのであった。

俺は何を怖れているのだろうか。まるであの二百円の悪霊が——俺は今この女によってその悪霊と絶縁しようとしているのに、そのくせ矢張り悪霊の咒文によって縛りつけられているではないか。怖れているのはただ世間の見栄だけだ。その世間とはアパートの淫売婦だの妾だの姙娠した挺身隊だの家鴨のような鼻にかかった声をだして喚いているオカミサン達の行列会議だけのことだ。そのほかに世間などはどこにもありはしないのに、そのくせこの分りきった事実を俺は全然信じていない。不思議な掟に怯えているのだ。

それは驚くほど短い(同時にそれは無限に長い)一夜であった。長い夜のまるで無限の続きだと思っていたのに、いつかしら夜が白み、夜明けの寒気が彼の全身を感覚のない石のようにかたまらせていた。彼は女の枕元で、ただ髪の毛をなでつづけていたのであった。

★

その日から別な生活がはじまった。

けれどもそれは一つの家に女の肉体がふえたということの外には別でもなければ変ってすらもいなかった。それはまるで嘘のような空々しさで、たしかに彼の身辺に、そして彼の精神に、新たな芽生えの唯一本の穂先すら見出すことができないのだ。その出来事の異常さをともかく理性的に納得しているというだけで、生活自体に机の置き場所が変ったほどの変化も起きてはいなかった。彼は毎朝出勤し、その留守宅の押入の中に一人の白痴が残されて彼の帰りを待っている。しかも彼は一足でると、もう白痴の女のことなどは忘れており、何かそういう出来事がもう記憶にも定かではない十年二十年前に行われていたかのような遠い気持がするだけだった。

戦争という奴が、不思議に健全な健忘性なのであった。まったく戦争の驚くべき破壊力や空間の変転性という奴はたった一日が何百年の変化を起し、一週間前の出来事が数年前の出来事に思われ、一年前の出来事などは、記憶の最もどん底の下積の底へ隔てられていた。伊沢の近くの道路だの工場の四囲の建物などが取りこわされ町全体がただ舞いあがる埃のような疎開騒ぎをやらかしたのもつい先頃のことであり、その跡すらも片づいていないのに、それはもう一年前の騒ぎのように遠ざかり、街の様相を一変する大きな変化が二度目にそれを眺める時にはただ当然な風景でしかなくなっていた。その健康な健忘性の雑多なカケラ[36]の一つの中に白痴の女がやっぱり霞んでいる。昨日まで行列していた駅前の居酒屋の疎開跡の棒切れだの爆弾に破壊されたビルの穴だの街の焼跡だの、それらの雑多のカケラの間にはさまれて白痴の顔がころがっているだけだった。

けれども毎日警戒警報がなる。時には空襲警報もなる。すると彼は非常に不愉快な精神状態になるのであった。それは彼の留守宅の近いところに空襲があり知らない変化が現に起っていないかという懸念であったが、その懸念の唯一の理由はただ女がとりみだして、とびだしてすべてが近隣へ知れ渡っていないかという不安なのだった。知らない変化の不安のために、彼は毎日明るいうちに家へ帰ることができなかった。この低俗な不安を克服し得ぬ惨めさに幾たび虚しく反抗したか、彼はせめて仕立屋に全てを打開けてしまいたいと思うのだったが、その卑劣さに絶望して、なぜならそれは被害の最も軽少な告白を行うことによって不安をまぎらす[37]惨めな手段にすぎないので、彼は自分の本質が低俗な世間なみにすぎないことを呪(のろ)い憤るのみだった。

彼には忘れ得ぬ二つの白痴の顔があった。街角を曲る時だの、会社の階段を登る時だの、電車の人ごみを脱けでる時だの、はからざる随所に二つの顔をふと思いだし、そのたびに彼の一切の思念が凍り、そして一瞬の逆上[38]が絶望的に凍りついているのであった。

その顔の一つは彼が始めて白痴の肉体にふれた時の白痴の顔だ。そしてその出来事自体はその翌日には一年昔の記憶の彼方(かなた)へ遠ざけられているのであったが、ただ顔だけが切り放されて思いだされてくるのである。

その日から白痴の女はただ待ちもうけている肉体であるにすぎずその外の何の生活も、ただひときれの考えすらもないのであった。常にただ待ちもうけていた。伊沢の手が女の肉体の一部にふれるというだけで、女の意識する全部のことは肉体の行為であり、そして身体も、そして顔も、ただ待ちもうけているのみであった。驚くべきことに、深夜、伊沢の手が女にふれるというだけで、眠り痴(し)れた肉体が同一の反応を起し、肉体のみは常に生き、ただ待ちもうけているのである。眠りながらも！けれども、目覚めている女の頭に何事が考えられているかと云えば、元々ただの空虚であり、在るものはただ魂の昏睡と、そして生きている肉体のみではないか。目覚めた時も魂はねむり、ねむった時もその肉体は目覚めている。在るものはただ無自覚な肉慾のみ。それはあらゆる時間に目覚め、虫の如き倦まざる反応の蠢動を起す肉体であるにすぎない。

も一つの顔、それは折から伊沢の休みの日であったが、白昼遠からぬ地区に二時間にわたる爆撃があり、防空壕をもたない伊沢は女と共に押入にもぐり蒲団を楯にかくれていた。爆撃は伊沢の家から四五百米離れた地区へ集中したが、地軸もろとも[39]家はゆれ、爆撃の音と同時に呼吸も思念も中絶する。同じように落ちてくる爆弾でも焼夷弾と爆弾では凄みにおいて青大将と蝮ぐらいの相違があり、焼夷弾にはガラガラという特別不気味な音響が仕掛けてあっても地上の爆発音がないのだから音は頭上でスウと消え失せ、竜頭蛇尾とはこのことで、蛇尾どころか全然尻尾がなくなるのだから、決定的な恐怖感に欠けている。けれども爆弾という奴は、落下音こそ小さく低いが、ザアという雨降りの音のようなただ一本の棒をひき、此奴が最後に地軸もろとも引裂くような爆発音を起すのだから、ただ一本の棒にこもった充実した凄味といったら論外で、ズドズドズドと爆発の足が近づく時の絶望的な恐怖ときては額面通りに生きた心持がないのである。おまけに飛行機の高度が高いので、ブンブンという頭上通過の米機の音も至極かすかに何食わぬ風に響いていて、それはまるでよそ見をしている怪物に大きな斧で殴りつけられるようなものだ。攻撃する相手の様子が不確かだから爆音の唸りの変な遠さが、甚だ不安であるところへ、そこからザアと雨降りの棒一本の落下音がのびてくる。爆発を待つまの恐怖、全く此奴は言葉も呼吸も思念もとまる。愈々今度はお陀仏[40]だという絶望が発狂寸前の冷たさで生きて光っているだけだ。

伊沢の小屋は幸い四方がアパートだの気違いだの仕立屋などの二階屋でとりかこまれていたので、近隣の家は窓ガラスがわれ屋根の傷んだ家もあったが、彼の小屋のみガラスに罅すらもはいらなかった。ただ豚小屋の前の畑に血だらけの防空頭巾が落ちてきたばかりであった。押入の中で、伊沢の目だけが光っていた。彼は見た。白痴の顔を。

虚空をつかむその絶望の苦悶を。

ああ人間には理智がある。如何なる時にも尚いくらかの抑制や抵抗は影をとどめているものだ。その影ほどの理智も抑制も抵抗もないということが、これほどあさましいものだとは！女の顔と全身にただ死の窓へひらかれた恐怖と苦悶が凝りついていた。苦悶は動き苦悶はもがき、そして苦悶が一滴の涙を落している。もし犬の眼が涙を流すなら犬が笑うと同様に醜怪きわまるものであろう。影すらも理智のない涙とは、これほども醜悪なものだとは！爆撃のさ中に於て四五歳乃至六七歳の幼児達は奇妙に泣かないものである。彼等の心臓は波のような動悸をうち、彼等の言葉は失われ、異様な目を大きく見開いているだけだ。全身に生きているのは目だけであるが、それは一見したところ、ただ大きく見開かれているだけで、必ずしも不安や恐怖というものの直接劇的な表情を刻んでいるというほどではない。むしろ本来の子供よりも却(かえ)って理智的に思われるほど情意を静かに殺している。その瞬間にはあらゆる大人もそれだけで、或いはむしろそれ以下で、なぜならむしろ露骨な不安や死への苦悶を表わすからで、いわば子供が大人よりも理智的にすら見えるのだった。

白痴の苦悶は、子供達の大きな目とは似ても似つかぬものであった。それはただ本能的な死への恐怖と死への苦悶があるだけで、それは人間のものではなく、虫のものですらもなく、醜悪な一つの動きがあるのみだった。やや似たものがあるとすれば、一寸五分ほどの芋虫が五尺の長さにふくれあがってもがいている動きぐらいのものだろう。そして目に一滴の涙をこぼしているのである。

言葉も叫びも呻(うめ)きもなく、表情もなかった。伊沢の存在すらも意識してはいなかった。人間ならばかほどの孤独が有り得る筈はない。男と女とただ二人押入にいて、その一方の存在を忘れ果てるということが、人の場合に有り得べき筈はない。人は絶対の孤独というが他の存在を自覚してのみ絶対の孤独も有り得るので、かほどまで盲目的な、無自覚な、絶対の孤独が有り得ようか。それは芋虫の孤独であり、その絶対の孤独の相のあさましさ。心の影の片鱗(へんりん)もない苦悶の相の見るに堪えぬ醜悪さ。

爆撃が終った。伊沢は女を抱き起したが、伊沢の指の一本が胸にふれても反応を起す女が、その肉慾すら失っていた。このむくろ[41]を抱いて無限に落下しつづけている、暗い、暗い、無限の落下があるだけだった。

彼はその日爆撃直後に散歩にでて、なぎ倒された[42]民家の間で吹きとばされた女の脚も、腸のとびだした女の腹も、ねじきれた女の首も見たのであった。

三月十日の大空襲の焼跡もまだ吹きあげる煙をくぐって伊沢は当(あて)もなく歩いていた。人間が焼鳥と同じようにあっちこっちに死んでいる。ひとかたまりに死んでいる。まったく焼鳥と同じことだ。怖くもなければ、汚くもない。犬と並んで同じように焼かれている死体もあるが、それは全く犬死で、然しそこにはその犬死の悲痛さも感慨すらも有りはしない。人間が犬の如くに死んでいるのではなく、犬と、そして、それと同じような何物かが、ちょうど一皿の焼鳥のように盛られ並べられているだけだった。犬でもなく、もとより人間ですらもない。

白痴の女が焼け死んだら——土から作られた人形が土にかえるだけではないか。もしこの街に焼夷弾のふりそそぐ[43]夜がきたら……伊沢はそれを考えると、変に落着いて沈み考えている自分の姿と自分の顔、自分の目を意識せずにいられなかった。俺は落着いている。そして、空襲を待っている。よかろう。彼はせせら笑うのだった。俺はただ醜悪なものが嫌いなだけだ。そして、元々魂のない肉体が焼けて死ぬだけのことではないか。俺は女を殺しはしない。俺は卑劣で、低俗な男だ。俺にはそれだけの度胸はない。だが、戦争がたぶん女を殺すだろう。その戦争の冷酷な手を女の頭上へ向けるためのちょっとした手掛りだけをつかめばいいのだ。俺は知らない。多分、何かある瞬間が、それを自然に解決しているにすぎないだろう。そして伊沢は空襲をきわめて冷静に待ち構えていた。

★

それは四月十五日であった。

その二日前、十三日に、東京では二度目の夜間大空襲があり、池袋だの巣鴨だの山手方面に被害があったが、たまたまその罹災(りさい)証明が手にはいったので、伊沢は埼玉へ買出しにでかけ、いくらかの米をリュックに背負って帰って来た。彼が家へ着くと同時に警戒警報が鳴りだした。

次の東京の空襲がこの街のあたりだろうということは焼け残りの地域を考えれば誰に

も想像のつくことで、早ければ明日、遅くとも一ヶ月とはかからないこの街の運命の日が近づいている。早ければ明日と考えたのは、これまでの空襲の速度、編隊[44]夜間爆撃の準備期間の間隔が早くて明日ぐらいであったからで、この日がその日になろうとは伊沢は予想していなかった。それ故買出しにも出掛けたので、買出しと云っても目的は他にもあり、この農家は伊沢の学生時代に縁故のあった家であり、彼は二つのトランクとリュックにつめた物品を預けることがむしろ主要な目的であった。

伊沢は疲れきっていた。旅装は防空服装でもあったから、リュックを枕にそのまま部屋のまんなかにひっくりかえって、彼は実際この差しせまった時間にうとうととねむってしまった。ふと目がさめると諸方のラジオはがんがん[45]なりたてており、編隊の先頭はもう伊豆南端にせまり、伊豆南端を通過した。同時に空襲警報がなりだした。愈々(いよいよ)この街の最後の日だ、伊沢は直覚した。白痴を押入の中に入れ、伊沢はタオルをぶらさげ歯ブラシをくわえて井戸端へでかけたが、伊沢はその数日前にライオン煉歯磨(ねりはみがき)を手に入れ長い間忘れていた煉歯磨の口中にしみわたる爽快さをなつかしんでいたので、運命の日を直覚するとどういうわけだか歯をみがき顔を洗う気になったが、第一にその煉歯磨が当然あるべき場所からほんのちょっと動いていただけで長い時間(それは実に長い時間に思われた)見当らず、ようやくそれを見附けると今度は石鹸(この石鹸も芳香のある昔の化粧石鹸)がこれもちょっと場所が動いていただけで長い時間見当らず、ああ俺は慌てているな、落着け、落着け、頭を戸棚にぶつけたり机につまずいたり、そのために彼は暫時(ざんじ)の間一切の動きと思念を中絶させて精神統一をはかろうとするが、身体自体が本能的に慌てだして滑り動いて行くのである。ようやく石鹸を見つけだして井戸端へ出ると仕立屋夫婦が畑の隅の防空壕へ荷物を投げこんでおり、家鴨によく似た屋根裏の娘が荷物をブラさげてうろうろしていた。伊沢はともかく煉歯磨と石鹸を断念せずに突きとめた執拗さを祝福し、果してこの夜の運命はどうなるのだろうと思った。まだ顔をふき終らぬうちに高射砲がなりはじめ、頭をあげると、もう頭上に十何本の照空燈が入りみだれて真上をさして騒いでおり、光芒(こうぼう)のまんなかに米機がぽっかり浮いている。つづいて一機、また一機、ふと目を下方へおろしたら、もう駅前の方角が火の海になっていた。

愈々来た。事態がハッキリすると伊沢はようやく落着いた。防空頭巾をかぶり、蒲団をかぶって軒先に立ち二十四機まで伊沢は数えた。ポッカリ光芒のまんなかに浮いて、みんな頭上を通過している。

高射砲の音だけが気が違ったように鳴りつづけ、爆撃の音は一向に起らない。二十五機を数える時から例のガラガラとガード[46]の上を貨物列車が駆け去る時のような焼夷弾の落下音が鳴り始めたが、伊沢の頭上を通り越して、後方の工場地帯へ集中されているらしい。軒先からは見えないので豚小屋の前まで行って後を見ると、工場地帯は火の海で、呆れたことには今迄頭上を通過していた飛行機と正反対の方向からも次々と米機が来て後方一帯に爆撃を加えているのだ。するともうラジオはとまり、空一面は赤々と厚い煙の幕にかくれて、米機の姿も照空燈の光芒も全く視界から失われてしまった。北方の一角を残して四周は火の海となり、その火の海が次第に近づいていた。

仕立屋夫婦は用心深い人達で、常から防空壕を荷物用に造ってあり目張りの泥も用意しておき、万事手順通りに防空壕に荷物をつめこみ目張りをぬり、その又上へ畑の土もかけ終っていた。この火じゃとても駄目ですね。仕立屋は昔の火消しの装束で腕組みをして火の手を眺めていた。消せったって、これじゃ無理だ。あたしゃもう逃げますよ。煙にまかれて死んでみても始まらねえや、仕立屋はリヤカー[47]に一山の荷物をつみこんでおり、先生、いっしょに引上げましょう。伊沢はそのとき、騒々しいほど複雑な恐怖感に襲われた。彼の身体は仕立屋と一緒に滑りかけているのであったが、身体の動きをふりきるような一つの心の抵抗で滑りを止めると、心の中の一角から張りさけるような悲鳴の声が同時に起ったような気がした。この一瞬の遅延の為に焼けて死ぬ、彼は殆ど恐怖のために放心したが、再びともかく自然によろめきだすような身体の滑りをこらえていた。

「僕はね、ともかく、もうちょっと、残りますよ。僕はね、仕事があるのだ。僕はね、ともかく芸人だから、命のとことんの所で自分の姿を見凝（みつ）め得るような機会には、そのとことんの所で最後の取引をしてみることを要求されているのだ。僕は逃げたいが、逃げられないのだ。この機会を逃がすわけに行かないのだ。もうあなた方は逃げて下さい。早く、早く、一瞬間が全てを手遅れにしてしまう」

早く、早く。一瞬間が全てを手遅れに。全てとは、それは伊沢自身の命のことだ。早く早く、それは仕立屋をせきたてる声ではなくて、彼自身が一瞬も早く逃げたい為の声だった。彼がこの場所を逃げだすためには、あたりの人々がみんな立去った後でなければならないのだ。さもなければ、白痴の姿を見られてしまう。

じゃ先生、お大事に。リヤカーをひっぱりだすと仕立屋も慌てていた。リヤカーは路地の角々にぶつかりながら立去った。それがこの路地の住人達の最後に逃げ去る姿であった。岩を洗う怒濤の無限の音のような、屋根を打つ高射砲の無数の破片の無限の落下の音のような、休止と高低の何もないザアザアという無気味な音が無限に連続しているのだが、それが府道を流れている避難民達の一かたまりの跫音(あしおと)なのだ。高射砲の音などはもう間が抜けて[48]、跫音の流れの中に奇妙な命がこもっていた。高低と休止のない奇怪な音の無限の流れを世の何人が跫音と判断し得よう。天地はただ無数の音響でいっぱいだった。米機の爆音、高射砲、落下音、爆発の音響、跫音、屋根を打つ弾片、けれども伊沢の身辺の何十米かの周囲だけは赤い天地のまんなかでともかく小さな闇をつくり、全然ひっそりしているのだった。変てこな静寂の厚みと、気の違いそうな孤独の厚みがとっぷり[49]四周をつつんでいる。もう三十秒、もう十秒だけ待とう。なぜ、そして誰が命令しているのだか、どうしてそれに従わねばならないのだか、伊沢は気違いになりそうだった。突然、もだえ[50]、泣き喚いて盲目的に走りだしそうだった。

そのとき鼓膜の中を掻き廻すような落下音が頭の真上へ落ちてきた。夢中に伏せると、頭上で音響は突然消え失せ、嘘のような静寂が再び四周に戻っている。やれやれ、脅かしやがる。伊沢はゆっくり起き上って、胸や膝の土を払った。顔をあげると、気違いの家が火を吹いている。何だい、とうとう落ちたのか、彼は奇妙に落着いていた。気がつくと、その左右の家も、すぐ目の前のアパートも火をふきだしているのだ。伊沢は家の中へとびこんだ。押入の戸をはねとばして(実際それは外れて飛んでバタバタと倒れた)白痴の女を抱くように蒲団をかぶって走りでた。それから一分間ぐらいのことが全然夢中で分らなかった。路地の出口に近づいたとき、又、音響が頭上めがけて落ちてきた。伏せから起上ると、路地の出口の煙草屋も火を吹き、向いの家では仏壇の中から火が吹きだしているのが見えた。路地をでて振りかえると、仕立屋も火を吹きはじめ、どうやら伊沢の小屋も燃えはじめているようだった。

四周は全くの火の海で府道の上には避難民の姿もすくなく、火の粉がとびかい舞い狂っているばかり、もう駄目だと伊沢は思った。十字路へくると、ここから大変な混雑で、あらゆる人々がただ一方をめざしている。その方向がいちばん火の手が遠いのだ。そこはもう道ではなくて、人間と荷物の悲鳴の重りあった流れにすぎず、押しあいへしあい[51]突き進み踏み越え押し流され、落下音が頭上にせまると、流れは一時に地上に伏して不思議にぴったり止まってしまい、何人かの男だけが流れの上を踏みつけて駆け去るのだが、流れの大半の人々は荷物と子供と女と老人の連れがあり、呼びかわし立ち止り戻り突き当りはねとばされ、そして火の手はすぐ道の左右にせまっていた。小さな十字路へきた。流れの全部がここでも一方をめざしているのは矢張りそっちが火の手が最も遠いからだが、その方向には空地も畑もないことを伊沢は知っており、次の米機の焼夷弾が行く手をふさぐとこの道には死の運命があるのみだった。一方の道は既に両側の家々が燃え狂っているのだが、そこを越すと小川が流れ、小川の流れを数町上ると麦畑へでられることを伊沢は知っていた。その道を駆けぬけて行く一人の影すらもないのだから、伊沢の決意も鈍ったが、ふと見ると百五十米ぐらい先の方で猛火に水をかけているたった一人の男の姿が見えるのであった。猛火に水をかけるといっても決して勇しい姿ではなく、ただバケツをぶらさげているだけで、たまに水をかけてみたり、ぼんやり立ったり歩いてみたり変に痴鈍な動きで、その男の心理の解釈に苦しむような間の抜けた姿なのだった。ともかく一人の人間が焼け死にもせず立っていられるのだからと、伊沢は思った。俺の運をためすのだ。運。まさに、もう残されたのは、一つの運、それを選ぶ決断があるだけだった。十字路に溝があった。伊沢は溝に蒲団をひたした。

伊沢は女と肩を組み、蒲団をかぶり、群集の流れに訣別した。猛火の舞い狂う道に向って一足歩きかけると、女は本能的に立ち止り群集の流れる方へひき戻されるようにフラフラとよろめいて行く。「馬鹿!」女の手を力一杯握ってひっぱり、道の上へよろめいて出る女の肩をだきすくめて、「そっちへ行けば死ぬだけなのだ」女の身体を自分の胸にだきしめて、ささやいた。

「死ぬ時は、こうして、二人一緒だよ。怖れるな。そして、俺から離れるな。火も爆弾も忘れて、おい俺達二人の一生の道はな、いつもこの道なのだよ。この道をただまっすぐ見つめて、俺の肩にすがりついてくるがいい。分ったね」女はごくんと頷いた。

その頷きは稚拙であったが、伊沢は感動のために狂いそうになるのであった。ああ、長い長い幾たびかの恐怖の時間、夜昼の爆撃の下に於て、女が表した始めての意志であり、ただ一度の答えであった。そのいじらしさ[52]に伊沢は逆上しそうであった。今こそ人間を抱きしめており、その抱きしめている人間に、無限の誇りをもつのであった。二人は猛火をくぐって走った。熱風のかたまりの下をぬけでると、道の両側はまだ燃えている火の海だったが、すでに棟は焼け落ちたあとで火勢は衰え熱気は少くなっていた。そこにも溝があふれていた。女の足から肩の上まで水を浴せ、もう一度蒲団を水に浸してかぶり直した。道の上に焼けた荷物や蒲団が飛び散り、人間が二人死んでいた。四十ぐらいの女と男のようだった。

二人は再び肩を組み、火の海を走った。二人はようやく小川のふちへでた。ところが此処は小川の両側の工場が猛火を吹きあげて燃え狂っており、進むことも退くことも立止ることも出来なくなったが、ふと見ると小川に梯子がかけられているので、蒲団をかぶせて女を下し、伊沢は一気に飛び降りた。訣別した人間達が三々五々川の中を歩いている。女は時々自発的に身体を水に浸している。犬ですらそうせざるを得ぬ状況だったが、一人の新たな可愛い女が生れでた新鮮さに伊沢は目をみひらいて水を浴びる女の姿態をむさぼり[53]見た。小川は炎の下を出外れて暗闇の下を流れはじめた。空一面の火の色で真の暗闇は有り得なかったが、再び生きて見ることを得た暗闇に、伊沢はむしろ得体[54]の知れない大きな疲れと、涯(はて)しれぬ虚無とのためにただ放心がひろがる様を見るのみだった。その底に小さな安堵があるのだが、それは変にケチくさい、馬鹿げたものに思われた。何もかも馬鹿馬鹿しくなっていた。川をあがると、麦畑があった。麦畑は三方丘にかこまれて、三町四方ぐらいの広さがあり、そのまんなかを国道が丘を切りひらいて通っている。丘の上の住宅は燃えており、麦畑のふちの銭湯と工場と寺院と何かが燃えており、その各々の火の色が白、赤、橙(だいだい)、青、濃淡とりどり[55]みんな違っているのである。にわかに風が吹きだしてごうごうと空気が鳴り、霧のようなこまかい水滴が一面にふりかかってきた。

群集は尚蜿蜒と国道を流れていた。麦畑に休んでいるのは数百人で、蜿蜒たる国道の群集にくらべれば物の数ではないのであった。麦畑のつづきに雑木林の丘があった。その丘の林の中には殆ど人がいなかった。二人は木立の下へ蒲団をしいてねころんだ。丘の下の畑のふちに一軒の農家が燃えており、水をかけている数人の人の姿が見える。その裏手に井戸があって一人の男がポンプをガチャガチャやり水を飲んでいるのである。それを目がけて畑の四方から忽ち二十人ぐらいの老幼男女が駆け集ってきた。彼等はポンプをガチャガチャやり、代る代る水を飲んでいるのである。それから燃え落ちようとする家の火に手をかざして[56]、ぐるりと並んで煖をとり[57]、崩れ落ちる火のかたまりに飛びのいたり、煙に顔をそむけたり、話をしたりしている。誰も消火に手伝う者はいなかった。

ねむくなったと女が言い、私疲れたのとか、足が痛いのとか、目も痛いのとかの呟きのうち三つに一つぐらいは私ねむりたいの、と言った。ねむるがいいさ、と伊沢は女を蒲団にくるんでやり、煙草に火をつけた。何本目かの煙草を吸っているうちに、遠く彼方に解除の警報がなり、数人の巡査が麦畑の中を歩いて解除を知らせていた。彼等の声は一様につぶれ、人間の声のようではなかった。蒲田署管内の者は矢口国民学校が焼け残ったから集れ、とふれている。人々が畑の畝から起き上り、国道へ下りた。国道は再び人の波だった。然し、伊沢は動かなかった。彼の前にも巡査がきた。

「その人は何かね。怪我をしたのかね」

「いいえ、疲れて、ねているのです」

「矢口国民学校を知っているかね」

「ええ、一休みして、あとから行きます」

「勇気をだしたまえ。これしきのことに」

巡査の声はもう続かなかった。巡査の姿は消え去り、雑木林の中にはとうとう二人の人間だけが残された。二人の人間だけが——けれども女は矢張りただ一つの肉塊にすぎないではないか。女はぐっすりねむっていた。凡ての人々が今焼跡の煙の中を歩いている。全ての人々が家を失い、そして皆な歩いている。眠りのことを考えてすらいないであろう。今眠ることができるのは、死んだ人間とこの女だけだ。死んだ人間は再び目覚めることがないが、この女はやがて目覚め、そして目覚めることによって眠りこけた肉塊に何物を附け加えることも有り得ないのだ。女は微かであるが今まで聞き覚えのない鼾(いびき)声をたてていた。それは豚の鳴声に似ていた。まったくこの女自体が豚そのものだと伊沢は思った。そして彼は子供の頃の小さな記憶の断片をふと思いだしていた。一人の餓鬼大将の命令で十何人かの子供たちが仔豚を追いまわしていた。追いつめて、餓鬼大将はジャックナイフ[58]でいくらかの豚の尻肉を切りとった。豚は痛そうな顔もせず、特別の鳴声もたてなかった。尻の肉を切りとられたことも知らないように、ただ逃げまわっているだけだった。伊沢は米軍が上陸して重砲弾が八方に唸りコンクリートのビルが吹きとび、頭上に米機が急降下して機銃掃射を加える下で、土煙りと崩れたビルと穴の間を転げまわって逃げ歩いている自分と女のことを考えていた。崩れたコンクリートの蔭で、女が一人の男に押えつけられ、男は女をねじ倒して、肉体の行為に耽(ふけ)りながら、男は女の尻の肉をむしりとって食べている。女の尻の肉はだんだん少くなるが、女は肉慾のことを考えているだけだった。

明方に近づくと冷えはじめて、伊沢は冬の外套(がいとう)もきていたし厚いジャケツもきているのだが、寒気が堪えがたかった。下の麦畑のふちの諸方には尚燃えつづけている一面の火の原があった。そこまで行って煖をとりたいと思ったが、女が目を覚すと困るので、伊沢は身動きができなかった。女の目を覚すのがなぜか堪えられぬ思いがしていた。

女の眠りこけているうちに女を置いて立去りたいとも思ったが、それすらも面倒くさくなっていた。人が物を捨てるには、たとえば紙屑を捨てるにも、捨てるだけの張合いと潔癖ぐらいはあるだろう。この女を捨てる張合いも潔癖も失われているだけだ。微塵(みじん)の愛情もなかったし、未練もなかったが、捨てるだけの張合いもなかった。生きるための、明日の希望がないからだった。明日の日に、たとえば女の姿を捨ててみても、どこかの場所に何か希望があるのだろうか。何をたよりに生きるのだろう。どこに住む家があるのだか、眠る穴ぼこがあるのだか、それすらも分りはしなかった。米軍が上陸し、天地にあらゆる破壊が起り、その戦争の破壊の巨大な愛情が、すべてを裁いてくれるだろう。考えることもなくなっていた。

夜が白んできたら、女を起して焼跡の方には見向きもせず、ともかくねぐらを探して、なるべく遠い停車場をめざして歩きだすことにしようと伊沢は考えていた。電車や汽車は動くだろうか。停車場の周囲の枕木の垣根にもたれて休んでいるとき、今朝は果して空が晴れて、俺と俺の隣に並んだ豚の背中に太陽の光がそそぐだろうかと伊沢は考えていた。あまり今朝が寒すぎるからであった。

◎注釈

①母屋　家人が日常起居する建物。離れなどに対していう。

②仕立屋　洋服などの仕立てを業とする家。また、その人。

③醵金　ある事をするために複数の者が金を出しあうこと。また、その金。

④地団駄　怒ったり悔しがったりして、激しく足を踏み鳴らすこと。

⑤筋向い　斜めに向かいあっていること。

⑥呆気にとられる　意外な事に出会って驚き呆れる。

⑦女子挺身隊　太平洋戦争下の女子勤労動員組織。満二五歳未満の女子を居住地・職域で組織。1943年(昭和18)の閣議決定で実施、翌年の女子挺身勤労令により1年間の勤労奉仕を義務づけた。

⑧場末　繁華街の中心から離れた所。

⑨匙を投げる　一般的に前途の見込みがないとして物事を断念する。

⑩気違い　精神の平衡を失うこと。気が狂うこと。また、そのような人。狂人。

⑪着流し　男性の略式の和装。羽織・袴はかまをつけない着物だけの姿。

⑫ひったくる　他人の持っている物を無理にうばい取る。

⑬腐心　心を痛め悩ますこと。苦心。心痛。

⑭へまをやる　手抜かりをする。処置を誤る。失敗する。

⑮乗遅れる　時代の新しい動きに即応できずに取り残される。

⑯有金をはたく　持っている金を使いつくす。

⑰やつす　やせるほど夢中になる。

⑱ノリト　儀式など改まった場面で、神を祭り、また、神に祈るときに神前で唱える古体の言葉。

⑲長脇差　博徒・侠客の異名。

⑳まくりあげる　端を巻いて上に上げる。

㉑さりとて　そうはいっても。そうだからといって。だが。

㉒張合　働きかけただけの反応が感じられ、充足感のあること。やり甲斐がいのあること。

㉓割切れぬ　納得できず、不満足な気持ちが残る状態だ。

㉔あべこべ　順序・位置などの関係がさかさまに入れかわっている・こと(さま)。反対。

㉕なまじい　中途半端なさま。不徹底なさま。なまじっか。期待される事態とはならず、かえって好ましくない結果を招くという意で用いる。

㉖しかつめらしい　まじめくさっていて、堅苦しい感じがする。もったいぶっている。

㉗うなされる　恐ろしい夢などをみて、眠ったまま苦しそうな声をあげる。

㉘踏みしだく　踏んでつぶす。踏んで荒らす。

㉙奇天烈　非常に不思議なさま。珍妙なさま。

㉚眠りこける　ぐっすりと眠る。

㉛ゲートル　ズボンの裾を押さえて、足首から膝まで覆うもの。多く軍服用。一枚の厚布や皮革を脇でとめるもの、小幅の布を巻きつけるもの(巻きゲートル)などがある。ここでは後者をいう。

㉜むしばむ　(虫が食うように)悪弊や病気が少しずつ体や心をおかす。

㉝わきでる　考え・感情などがつぎつぎと心に生じる。

㉞掟　その社会の人々が守らなければならない決まり。定め。

㉟厳　動かしがたい。

㊱カケラ　物が欠けてできた断片。

㊲まぎらす　他のことに気持ちを向けて、悩みなどを忘れる。

㊳逆上　かっとなって頭に血がのぼること。激しい怒りなどのために、すっかり興奮して取り乱すこと。

㊴もろとも　ともどもにすること。いっしょ。

㊵お陀仏　死ぬこと。

㊶むくろ　体。身体。

㊷なぎ倒す　勢いよく次々に倒す。

㊸ふりそそぐ　雨などが盛んに降りかかる。その物に集中して降る。

㊹編隊　二機以上の飛行機などがある隊形をとっていること。また、その隊形。

㊺がんがん　大きな音が鳴り響くさま。特に、鉄板などを強くたたいた時に出る音を表す。

㊻ガード　道路の上にかけた鉄道橋。陸橋。また、市街地の鉄道高架橋。

㊼リヤカー　自転車や人力で引いて荷物を運ぶ、ゴムタイヤを付けた荷車。

㊽間が抜ける　拍子抜けがする。当てがはずれてぼんやりする。

㊾とっぷり　十分におおわれたり、十分につかったりするさま。

㊿もだえる　苦しくて身をねじり動かす。

51押しあいへしあい　大ぜいの人が集まって大変混雑すること。

52いじらしい　子供や力の弱い者などの心根やありさまに心打たれる感じである。可憐で痛々しい。

53むさぼる　飽きることなく、その状態を続ける。

54得体　真の姿や考え。本当のこと。正体。

55とりどり　人や物によってそれぞれに違っていること。また、そのさま。まちまち。

56かざす　物の上方におおいかけるように手をさしだす。或いは、光などをさえぎるために、手などを額のあたりに持っていっておおう。

57煖をとる　「暖を取る」と通用する。暖まる。

58ジャックナイフ　畳み込み式の大形ナイフ。海軍ナイフ。

◎作者紹介

坂口 安吾(さかぐち あんご、1906年(明治39年)10月20日—1955年(昭和30年)2月17日)は、小説家、評論家、随筆家。新潟県生まれ。本名は炳五。昭和の戦前・戦後にかけて活躍した近現代日本文学を代表する作家の一人である。東洋大学印度哲学学

科卒業。純文学のみならず、歴史小説や推理小説、文芸や時代風俗から古代歴史まで広範に材を採る随筆など、多彩な執筆活動を展開する。1931年6月にファルス的ナンセンス作品『風博士』で文壇の注目を浴びる。1946—1947年に発表した戦後の本質を鋭く把握洞察した『堕落論』『白痴』により一躍人気作家となり、太宰治、織田作之助、石川淳らと共に、無頼派・新戯作派と呼ばれるようになる。その作風には独特の不思議な魅力があり、狂気じみた爆発的性格と風が吹き通っている「がらんどう」のような風格の稀有な作家だといわれている。1955年2月17日、脳溢血で急死。享年48歳。小説の代表作は「紫大納言」「真珠」「白痴」「桜の森の満開の下」「夜長姫と耳男」など、エッセイの代表作は「FARCEに就て」「文学のふるさと」「日本文化私観」「堕落論」「教祖の文学」などが挙げられる。

◎解題

これは1946年、雑誌『新潮』6月号(第43巻第6号)に掲載された坂口安吾の代表的な短編小説である。翌年1947年5月10日に中央公論社より単行本刊行された。『堕落論』、『白痴』の発表により、太宰治と共に終戦後の新時代の旗手として一躍流行作家となる。時世に屈する低俗卑劣さを憎んでいた男が、肉欲の塊のような女の中に、魂の真実を求めようとする孤独な姿が、降り注ぐ焼夷弾や夜間空襲の中を逃げ惑う二人の「理知なき交流」を通して描かれていると思われる。「ひたすら霊を追い求めていた作者が、空襲下に肉体と本能だけのせつないかなしい魂を見いだした絶対の孤独を表現している。その大胆な表現は、日本における実存主義、そして戦後文学の出発点となった。かなしみの街を過ぎて、安吾はここから肉体の思考を基調に既成道徳を超えた堕落の中に全人間性の回復を夢見る。」と奥野健男が評している。1999年には、『白痴』を原案とした同名映画『白痴』が公開された。これは『坂口安吾全集4』ちくま文庫、筑摩書房1990

年版によった。

◎思考問題

1. 本文にある爆撃などの戦争に関するいくつかの場面について詳しく分析してみよう。
2. 「気違い」が当時のファッシズム権力にさも似ているとすれば、「白痴」はさしずめ戦争下にあって、何一つ知らされることもなく、目隠しをされたままで身命を賭してまでひたすら協力を強いられた、一億の国民さながらだという論点について、どう考えているか。もし賛成するなら、本文などからその論拠を見つけ論述してみよう。
3. なぜこの代表作により坂口安吾が戦後日本文壇の寵児になったか。時代背景と合わせて考えてみよう。
4. 参考文献の上で自分なりに疑問点を出し考えよう。

◎参考文献

[1]森安理文、高野良知　『坂口安吾研究』南窓社　1973年

[2]土岐恒二　「喜劇と部分的真実——「白痴」の文体について」『国文学　解釈と教材の研究』　1979年12月

[3]久保田芳太郎、矢島道弘　『坂口安吾研究講座』三弥井書店　1984. 7—1987. 12

[4]庄司肇　『坂口安吾論集成』沖積舎　1992年10月

[5]水上勲　「「白痴」論」『国文学解釈と鑑賞』至文堂　1993年2月

[6]平井修二　「戦後作品とファルスの展開：坂口安吾『堕落論』と『白痴』を中心に」『上越教育大学国語研究』　1999年2月

[7]菊地薫　「安吾の〈戦争〉——坂口安吾「白痴」論」『早稲田大学教育学部各術研究　国語・国文学編』　1999年

[8]大湾朝吉　「坂口安吾『白痴』の考察——作品にみる人間像」『沖縄国際大学語文と教育の研究』　2001年3月

[9]高橋旦　「近現代文学探訪(56)坂口安吾「白痴」」『民主文学』　2003年3月

[10]石月麻由子　「身体表現から再考する坂口安吾「白痴」——肉体と精神の〈聯絡〉という視座に立って」『国文学研究』　2003年3月

[11]大原祐治　「豚並みに生きること：坂口安吾「白痴」論のためのノート」『学習院高等科紀要』 2003 年 6 月
[12]室鈴香　「坂口安吾『白痴』論」『龍谷大学大学院文学研究科紀要』 2005 年 12 月
[13]坂口安吾研究会　『新世紀への安吾』ゆまに書房　2007 年 10 月
[14]原卓史　「坂口安吾「白痴」論」『国文学：解釈と鑑賞』 2008 年 4 月
[15]長野秀樹　「坂口安吾「白痴」と芥川龍之介「羅生門」」『九大日文』 2009 年 10 月
[16]河内重雄　「坂口安吾「白痴」論：言葉への意識を出発点に」『語文研究』 2014 年 12 月
[17]柄谷行人　『坂口安吾論』インスクリプト　2017 年 10 月

付録　日本近代文学年表

明治文学(1868—1911)

時代	作品名	作者・編者	ジャンル
1870—1871	西国立志編	中村正直（まさなお）	評論
1871	安愚楽鍋（あぐらなべ）	仮名垣魯文（かながきろぶん）	小説
1872	学問のすすめ	福沢諭吉	評論
1877	民約論	中江兆民	訳評論
1885	当世書生気質（きしつ）	坪内逍遥（つぼうちしょうよう）（写実主義）	小説
	小説神髄		評論
1887	浮雲（うきぐも）	二葉亭四迷（ふたばていしめい）(写実主義)	小説
	武蔵野（むさしの）	山田美妙(擬古典主義)	小説
1889	大日本憲法発布		
	於母影（おもかげ）	森鷗外（おうがい）(訳)	小説
	胡蝶	山田美妙（びみょう）(擬古典主義)	小説
	風流仏（ふうりゅうぶつ）	幸田露伴（こうだろはん）(擬古典主義)	小説
1890	舞姫	森鷗外(浪漫主義)	小説
1891	蓬萊曲（ほうらい）	北村透谷（とうこく）(浪漫主義)	詩
	五重塔（ごじゅうのとう）	幸田露伴(擬古典主義)	小説
1893	内部生命論	北村透谷	評論
	人生に相渉るとは何の謂ぞ		

續表

時代	作品名	作者・編者	ジャンル
1894	日清戦争始まる		
1895	たけくらべ	樋口一葉〔ひぐちいちよう〕（擬古典主義）	小説
	十三夜		
1896	多情多恨	尾崎紅葉〔おざきこうよう〕（擬古典主義）	小説
1897	金色夜叉〔こんじきやしゃ〕	尾崎紅葉	小説
	若菜集〔わかな〕	島崎 藤村〔とうそん〕（自然主義）	詩
1898	武蔵野	国木田独歩〔くにきだどっぽ〕(浪漫主義)	小説
	不如帰〔ほととぎす〕	徳富蘆花〔とくとみろか〕	小説
1900	高野聖〔こうやひじり〕	泉鏡花〔いずみきょうか〕	小説
1901	みだれ髪	与謝野晶子〔よさのあきこ〕	短歌
1902	地獄の花	永井荷風〔ながいかふう〕(耽美派)	小説
1904	日露戦争始まる		
1905	吾輩〔わがはい〕は猫である	夏目漱石〔なつめそうせき〕（反自然主義）	小説
1906	破戒〔はかい〕	島崎藤村	小説
	坊ちゃん	夏目漱石	小説
	草枕		
1907	虞美人草	夏目漱石	小説
	蒲団〔ふとん〕	田山花袋(自然主義)	小説
1908	三四郎	夏目漱石	小説
	何処〔どこ〕へ	正宗白鳥〔まさむねはくちょう〕	小説
	春	島崎藤村	小説
	有明集〔ありあけしゅう〕	蒲原有明〔かばはらありあけ〕	詩

續表

時代	作品名	作者・編者	ジャンル
1909	それから	夏目漱石	小説
	田舎教師	田山花袋	小説
	耽溺（たんでき）	岩野泡鳴（いわのほうめい）	小説
	ヰタ・セクスアリス	森鴎外（もりおうがい）（反自然主義）	小説
	邪宗門（じゃしゅうもん）	北原白秋（きたはらはくしゅう）（耽美派）	詩
1910	家	島崎藤村	小説
	門	夏目漱石	小説
	青年	森鴎外	小説
	刺青（しせい）	谷崎潤一郎（たにざきじゅんいちろう）（耽美派）	小説
	網走（あばしり）まで	志賀直哉（しがなおや）（白樺派）	小説
	一握（いちあく）の砂	石川啄木（いしかわたくぼく）	短歌
1911	雁（かり）	森鴎外	小説
	お目出たき人	武者小路実篤（むしゃのこうじさねあつ）（白樺派）	小説
	思ひ出	北原白秋	詩
	修禅寺（しゅうぜんじ）物語	岡本綺堂（おかもときどう）	戯曲

大正文学(1912—1925)

時代	作品名	作者・編者	ジャンル
1912	悲しき玩具（がんぐ）	石川啄木	短歌
	彼岸過迄（ひがんすぎまで）	夏目漱石	小説
	行人（こうじん）		
1913	阿部一族（あべいちぞく）	森鴎外	小説
	清兵衛と瓢箪（ひょうたん）	志賀直哉	小説
	桐（きり）の花	北原白秋	短歌
	赤光（しゃっこう）	斉藤茂吉（さいとうもきち）	短歌

續表

時代	作品名	作者・編者	ジャンル
1914	第一次世界大戦始まる		
	こころ	夏目漱石	小説
	道程	たかむらこうたろう 高村光太郎（理想主義）	詩
1915	道草	夏目漱石	小説
	らしょうもん 羅生門	あくたがわりゅうのすけ 芥川龍之介　（新現実主義）	小説
	さんしょうだゆう 山椒大夫	森鴎外	小説
	あらくれ	とくだしゅうせい 徳田秋声（自然主義）	小説
1916	鼻	芥川龍之介	小説
	明暗	夏目漱石	小説
	たかせぶね 高瀬舟	森鴎外	小説
	しぶえちゅうさい 渋江抽斎		
1917	き　さき 城の崎にて	志賀直哉	小説
	わかい 和解		
	カインの末裔	ありしまたけお 有島武郎（白樺派）	小説
	げさくざんまい 戯作三昧	芥川龍之介	小説
	月に吠える	はぎわらさくたろう 萩原朔太郎（芸術詩派）	詩
1918	じごくへん 地獄変	芥川龍之介	小説
	でんえん　ゆううつ 田園の憂鬱	さとうはるお 佐藤春夫	小説
	愛の詩集	むろうさいせい 室生犀星	詩
1919	或る女	有島武郎	小説
	友情	武者小路実篤	小説
	おんしゅう　かなた 恩讐の彼方に	きくちひろし 菊池寛	小説

續表

時代	作品名	作者・編者	ジャンル
1920	小僧の神様	志賀直哉	小説
	秋	芥川龍之介	小説
	杜子春（とししゅん）		
1921	あらたま	斉藤茂吉	短歌
1921—1937	暗夜行路（あんやこうろ）	志賀直哉	小説
1922	宣言一つ	有島武郎	評論
	多情仏心（たじょうぶっしん）	里見弴	小説
1923	関東大震災		
	日輪	横光利一（よこみつりいち）（新感覚派）	小説
	蝿		
	青銅の基督（せいどうのキリスト）	長与善郎（ながよよしろう）	小説
	青猫	萩原朔太郎	詩
1924	痴人の愛（ちじんのあい）	谷崎潤一郎	小説
	伸子	宮本百合子（みやもとゆりこ）	小説
	春と修羅（しゅら）	宮沢賢治（みやざわけんじ）	詩
1925	治安維持法公布		
	檸檬（れもん）	梶井基次郎（かじいもとじろう）（新興芸術派）	小説
	純情小曲集	萩原朔太郎	詩

昭和文学（1926—1988）

時代	作品名	作者・編者	ジャンル
1926	伊豆の踊子（いずのおどりこ）	川端康成（かわばたやすなり）（新感覚派）	小説
	春は馬車に乗って	横光利一	小説
	セメント樽（たる）の中の手紙	葉山嘉樹（はやまよしき）（プロレタリア文学）	小説
	海に生くる人々		

續表

時代	作品名	作者・編者	ジャンル
1927	或る阿呆(あほう)の一生	芥川龍之介	小説
	銀河鉄道(ぎんがてつどう)の夜(よる)	宮沢賢治	小説
1928	放浪記(ほうろうき)	林芙美子(りんふみこ)	小説
	キャラメル工場から	佐多稲子(さたいねこ)	小説
	第百階級	草野心平(くさのしんぺい)	詩
1929	世界大恐慌始まる		
	蟹工船(かにこうせん)	小林多喜二(こばやしたきじ)	小説
	太陽のない街	徳永直(とくながすなお)	小説
	山椒魚	井伏鱒二(いぶせますじ)(新興芸術派)	小説
	屋根の上のサワン		
	敗北の文学	宮本顕治(みやもとけんじ)	評論
	様々なる意匠(いしょう)	小林秀雄(こばやしひでお)	評論
1929—1935	夜明(よあ)け前(まえ)	島崎藤村	小説
1930	機械	横光利一	小説
	聖家族	堀辰雄(ほりたつお)(新心理主義)	小説
	測量船	三好達治(みよしたつじ)	詩
1931	風博士	坂口安吾(さかぐちあんご)(無頼派)	小説
	風琴(ふうきん)と魚(うお)の町	林芙美子	小説
	満州(9. 18)事変起こる		
1932	帆(ほ)・ランプ・鴎(かもめ)	丸山薫(まるやまかおる)	詩
	新心理主義	伊藤整	評論

續表

時代	作品名	作者・編者	ジャンル
1933	しゅんきんしょう 春琴抄	谷崎潤一郎	小説
	美しき村	堀辰雄	小説
	いんえいらいさん 陰翳礼賛	谷崎潤一郎	随筆
1934	もんしょう 紋章	横光利一	小説
1935	そうぼう 蒼氓	いしかわたつぞう 石川達三	小説
	道化の華	だざいおさむ 太宰治（無頼派）	小説
	家族会議	横光利一	小説
	純粋小説論		評論
	私小説論	小林秀雄	評論
1935—1937	雪国	川端康成	小説
1936	二・二六事件起こる		
	風立ちぬ	堀辰雄	小説
	ふげん 普賢	いしかわじゅん 石川淳	小説
1937	ぼくとうきたん 墨東綺譚	永井荷風	小説
	わすれぐさ 萱草に寄す	たちはらみちぞう 立原道造	詩
1937—1946	旅愁	横光利一	小説
1938	老妓抄	岡本かの子	小説
	麦と兵隊	ひのあしへい 火野葦平	小説
	在りし日の歌	なかはらちゅうや 中原中也	詩
1939	第二次世界大戦始まる		
	たじんこむら 多甚古村	井伏鱒二	小説
	ふがくひゃくけい 富岳百景	太宰治	小説
	体操詩集	むらのしろう 村野四郎	詩

續表

時代	作品名	作者・編者	ジャンル
1940	走れメロス	太宰治	小説
	菜穂子	堀辰雄	小説
	鹿鳴（ろくめい）集	会津八一（あいづやいち）	短歌
1941	太平洋戦争始まる		
	縮図	徳田秋声	小説
	智恵子抄（ちえこしょう）	高村光太郎	詩
1942	山月記	中島敦	小説
	無常といふ事	小林秀雄	評論
1943	李陵（りりょう）	中島敦	小説
1943—1948	細雪（ささめゆき）	谷崎潤一郎	小説
1946	新憲法公布		
	暗い絵	野間宏（戦後派）	小説
	桜島（さくらじま）	梅崎春生	小説
	白痴（はくち）	坂口安吾	小説
	堕落論（だらく）		評論
	第二芸術	桑原武夫	評論
1947	斜陽	太宰治	小説
1948	俘虜記（ふりょき）	大岡昇平（おおおかしょうへい）（戦後派）	小説
	野火（のび）		
	人間失格（しっかく）	太宰治	小説
	小説の方法	伊藤整	評論
1949	山の音	川端康成	小説
	仮面（かめん）の告白（こくはく）	三島由紀夫（みしまゆきお）（戦後派）	小説
	足摺岬（あしずりみさき）	田宮虎彦（たみやとらひこ）	小説
	闘牛（とうぎゅう）	井上靖（いのうえやすし）	小説

續表

時代	作品名	作者・編者	ジャンル
1950	朝鮮戦争始まる		
	武蔵野夫人	大岡昇平	小説
	遥拝隊長（ようはいたいちょう）	井伏鱒二	小説
	風俗小説論	中村光夫（なかむらみつお）	評論
1951	広場の孤独	堀田善衛（ほったよしえ）(戦後派)	小説
	壁	安部公房（あべこうぼう）(戦後派)	小説
	原爆詩集	峠三吉（とうげさんきち）	詩
1952	真空地帯（しんくうちたい）	野間宏	小説
1952—1969	日本文壇史	伊藤整	評論
1953—1954	自由の彼方へ	椎名麟三	小説
1954	潮騒（しおさい）	三島由紀夫	小説
	アメリカン・スクール	小島信夫（こじまのぶお）(第三の新人)	小説
1955	白い人	遠藤周作(第三の新人)	小説
	太陽の季節	石原慎太郎	小説
	流れる	幸田文（こうだぶん）	小説
1956	楢山節考（ならやまぶしこう）	深沢七郎（ふかざわしちろう）	小説
	金閣寺（きんかくじ）	三島由紀夫	小説
	鹿鳴館		戯曲
1956—1967	氷壁	井上靖	小説
1957	天平（てんぴょう）の甍（いらか）	井上靖	小説
	裸（はだか）の王様（おうさま）	開高健（かいこうけん）	小説
	死者（ししゃ）の奢（おご）り	大江健三郎	小説
	海と毒薬	遠藤周作	小説
1958	飼育（しいく）	大江健三郎	小説

續表

時代	作品名	作者・編者	ジャンル
1959	海辺(かいへん)の光景	安岡章太郎(第三の新人)	小説
	考へるヒント	小林秀雄	評論
1960	日米安全保条約改定		
	死(し)の棘(とげ)	島尾敏雄(しまおとしお)(戦後派)	小説
	夜と霧の隅で	北杜夫(きたもりお)	小説
	忍ぶ川	三浦哲郎(みうらてつろう)	小説
1962	砂の女	安部公房	小説
	悲(ひ)の器(き)	高橋和己(たかはしかずみ)	小説
1962—1964	楡家の人々	北杜夫	小説
1963	世阿弥(ぜあみ)	山崎正和(やまさきまさかず)	戯曲
1964	されどわれらが日々	柴田翔(しばたしょう)	小説
	他人の顔	安部公房	小説
	個人的な体験	大江健三郎	小説
1965—1966	黒い雨	井伏鱒二	小説
1966	沈黙	遠藤周作	小説
	華岡青洲(はなおかせいしゅう)の妻	有吉佐和子(ありよしさわこ)	小説
1967	中東動乱起こる		
	万延元年のフットボール	大江健三郎	小説
	火垂るの墓	野阪昭如	小説
1969	赤頭巾(あかずきん)ちゃん気をつけて	庄司薫(しょうじかおる)	小説
	アカシヤの大連	清岡卓行	小説
1970	化石の森	石原慎太郎	小説
	漱石とその時代	江藤淳(えとうじゅん)	評論
1972	家族八景	筒井康隆(つついやすたか)	小説
1973	日本沈沒	小松左京(こまつさきょう)	小説

續表

時代	作品名	作者・編者	ジャンル
1975	火宅(かたく)の人	壇一雄(だんかずお)	小説
	祭りの場	林京子(りんきょうこ)	小説
1976	限りなく透明に近いブルー	村上龍(むらかみりゅう)	小説
1976—1977	枯木灘	中上健次(なかがみけんじ)	小説
1977	蛍川(ほたるかわ)	宮本輝(みやもとてる)	小説
1979	比叡(ひえ)	瀬戸内晴美	小説
1980	日本文学史序説	加藤周一(かとうしゅういち)	評論
1981	蒲田行進曲(かまたこうしんきょく)	つかこうへい	小説
	吉里吉里人(きりきりじん)	井上ひさし	小説
1982	迷路(めいろ)の双子(ふたご)	吉行理恵(よしゆきりえ)	小説
	都市空間の中の文学	前田愛(まえだあい)	評論
1983	羊をめぐる冒険	村上春樹(むらかみはるき)	小説
1985	世界の終りとハードボイルド・ワンダーランド	村上春樹	小説
1985~1986	夜の光に追われて	津島佑子(つしまゆうこ)	小説
1986	化身(けしん)	渡辺淳一(わたなべじゅんいち)	小説
1987	キッチン	吉本(よしもと)ばなな	小説
1988	ノルウェイの森	村上春樹	小説

平成文学(1989—)

時代	作品名	作者・編者	ジャンル
1989	孔子	井上靖	小説
	TUGUMI	吉本ばなな	小説

續表

時代	作品名	作者・編者	ジャンル
1990	文学部唯野教授	筒井康隆	小説
1992	国境の南、太陽の西	村上春樹	小説
	大地の子	山崎豊子（やまさきとよこ）	小説
1994	タイムスリップ・コンビナート	笙野頼子	小説
1996	家族シネマ	柳美里（ゆうみり）	小説
	少年H	妹尾河童（せのおかっぱ）	小説
1997	鉄道員	浅田次郎（あさだじろう）	小説
	失楽園	渡辺淳一（わたなべじゅんいち）	小説
2002	海辺のカフカ	村上春樹	小説
2005	博士の愛した数式	小川洋子	小説
2008	決壊（けっかい）	平野啓一郎	小説
2009	IQ84	村上春樹	小説

日本文学史総合問題
（大学日本語専攻生八級能力試験関係）

一、单选题（部分选自2005至2014年高等院校日语专业八级考试真题，有所调整）

1. 和歌は奈良時代までに発生した日本固有の韻文学で、後世、何を指すようになったのか。

A. 長歌　B. 短歌　C. 旋頭歌　D. 片歌

2. 文学の価値の高い、日本最古の歴史書は何か。

A. 日本書紀　B. 日本霊異記　C. 古事記　D. 風土記

3. 『日本書紀』と共に収められている古代歌謡を「記紀歌謡」といわれているものはどれか。

A. 古事記　B. 風土記　C. 日本後記　D. 万葉代匠記

4. 『万葉集』の歌風はどんなものか。

A. みやび　B. 幽玄　C. たおやめぶり　D. ますらをぶり

5. 『万葉集』の三大部立てとは「雑歌」と「挽歌」ともう一つは何か。

A. 離別　B. 哀傷　C. 羈旅　D. 相聞

6. 日本最初の敕選和歌集は次のどれか。

A. 古今集　B. 万葉集　C. 千載集　D. 金葉集

7. 紀貫之の作品はどれか。

A. 新古今和歌集　B. 伊勢物語　C. 土佐日記　D. 枕草子

8. 『枕草子』に関係するものとして正しいと思われるものはどれか。

A. をかし　B. わび・さび　C. もののあはれ　D. 幽玄

9. 「春はあけぼの……」という有名な冒頭文を書き出した作家は誰か。

A. 吉田兼好　B. 鴨長明　C. 紫式部　D. 清少納言

10. 和歌物語に属するものはどれか。

A. 源氏物語　B. 落窪物語　C. 伊勢物語　D. 宇津保物語

11. 『平家物語』と同じジャンルのものは次のどれか。

A. 源氏物語　B. 保元物語　C. 伊勢物語　D. 栄華物語

12. 『小倉百人一首』の選者は誰か。

A. 藤原俊成　B. 源実朝　C. 西行法師　D. 藤原定家

13. 『徒然草』はだれが書いた随筆か。

A. 吉田兼好　B. 清少納言　C. 鴨長明　D. 紫式部

14. 「幽玄、花」という能の理論を言い出した者は誰か。

A. 観阿弥　B. 世阿弥　C. 賀茂真淵　D. 福沢諭吉

15. 世阿弥の『風姿花伝(花伝書)』はどのような書物か。

A. 随筆集　B. 連歌論　C. 俳文集　D. 能楽論

16. 読本の代表作家でない者は誰か。

A. 井原西鶴　B. 山東京伝　C. 上田秋成　D. 滝沢馬琴

17. 近世小説史において画期的な作品である『好色一代男』は誰が書いたのか。

A. 曲亭馬琴　B. 与謝蕪村　C. 小林一茶　D. 井原西鶴

18. 『好色五人女』は誰によって書かれた小説か。

A. 樋口一葉　B. 曲亭馬琴　C. 上田秋成　D. 井原西鶴

19. 芭蕉の『奥の細道』はどのような書物か。

A. 紀行文　B. 俳文集　C. 連歌論　D. 俳諧論

20. 「古池や蛙飛びこむ水の音」は誰によって書かれた有名な俳句か。

A. 与謝蕪村　B. 小林一茶　C. 松尾芭蕉　D. 井原西鶴

21. 江戸人の一種の美的生活理念であった「通(つう)」の意識からするものであり、世間の裏の事情や世態、人情などの複雑で微妙な点を明らかにしてみせる美意識は次のどれか。

A. 寂　B. 軽み　C. 穿ち　D. 粋

22. 「もののあはれ」論を言い出した学者はだれか。

A. 福沢諭吉　B. 賀茂真淵　C. 本居宣長　D. 契沖

23. 明治初期、小説改良を最初に試みた人は次のだれか。

A. 森鴎外　B. 二葉亭四迷　C. 福沢諭吉　D. 坪内逍遥

24. 近代日本文学評論史上画期的な役目を果たした著作はどれか。

A. 内部生命論　B. 小説神髄　C. 私小説論　D. 敗北の文学

25. 『種蒔く人』が創刊された時、その同人でないのは次のだれか。

A. 宮本百合子　B. 黒島伝治　C. 青野季吉　D. 葉山嘉樹

26. 『小説神髄』の著者は誰か。

A. 森鴎外　B. 二葉亭四迷　C. 坪内逍遥　D. 尾崎紅葉

27. 二葉亭四迷は徹底的に写実主義を追求した。その主張の実践として小説『浮雲』(1887)を書いた。この小説の主人公は次のだれか。

A. 内海文三　B. 内海純三　C. 内海純一　D. 内海淳三

28. 森鴎外の『舞姫』と並んで、日本近代文学の出発点における記念碑的な二葉亭四迷の作品はどれか。

A. 破戒　B. 浮雲　C. 平凡　D. 吾輩は猫である

29. 次の作品名は、時代順に並べかえたとき、その第二番目にあたるものはどれか。

A. 舞姫　B. 破戒　C. 浮雲　D. 蟹工船

30. 徳富蘆花の作品は次のどれか。

A. 照葉狂言　B. 自然と人生　C. 沈黙　D. 高野聖

31. 自然の写生と人事の描写を融合させたことで有名な国木田独歩の作品を選びなさい。

A. 荒野　B. 武蔵野　C. 虞美人草　D. 伊豆の踊子

32. フランス象徴詩の影響の下に、詩の言葉を意味伝達よりも寓意的・暗示的なイメージを表す象徴詩派の詩人は次のだれか。

A. 北村透谷　B. 蒲原有明　C. 北原白秋　D. 高村光太郎

33. 前期が浪漫主義詩人で、後期が自然主義作家に転じた作家は次のだれか。

A. 森鴎外　B. 島崎藤村　C. 志賀直哉　D. 田山花袋

34. 自然主義文学の中で文学的業績が一番優れている人は次のだれか。

A. 田山花袋　B. 徳田秋生　C. 正宗白鳥　D. 島崎藤村

35. 日本の作家にも影響を与えたフランスの自然主義の作家を一人選びなさい。

A. トルストイ　B. スタンダール　C. ゾラ　D. アンデルセン

36. 泉鏡花の作品は次のどれか。

A. 照葉狂言　B. 自然と人生　C. 武蔵野　D. 高野聖

37. 「間貫一」はある文学作品の主人公であるが、次のどれか。

A. 金色夜叉　B. 武蔵野　C. 若菜集　D. 病床六尺

38. 与謝野晶子の作品はどれか。

A. 東西南北　B. みだれ髪　C. 一握の砂　D. 歌よみに与ふる書

39. 俳句雑誌『ホトトギス』を刊行した人は誰か。

A. 高浜虚子　B. 正岡子規　C. 萩原井泉子　D. 飯田蛇笏

40. 島崎藤村の作品を選びなさい。

A. 平凡　B. 何処へ　C. 生　D. 破戒

41. 「瀬川丑松」はある文学作品の主人公であるが、次のどれか。

A. 飼育　B. 破戒　C. 浮雲　D. 田園の憂鬱

42. 私小説の端緒ともなった作品は次のどれか。

A. 蒲団　B. 舞姫　C. 破戒　D. 吾輩は猫である

43. 森鴎外と沒理想論争をした作家は誰か。

A. 夏目漱石　B. 二葉亭四迷　C. 尾崎紅葉　D. 坪内逍遥

44. 二葉亭四迷と最も関係のある事項を選びなさい。

A. 言文一致　B. 雅俗折衷　C. 写生文　D. 印象主義

45. 自然主義の系列に入る作品はどれか。

A. 舞姫　B. 羅生門　C. 田舎教師　D. たけくらべ

46. 次の作品名は、時代順に並べかえたとき、その第三番目にあたるものはどれか。

A. 城の崎にて　B. 破戒　C. 伊豆の踊子　D. 浮雲

47. 島崎藤村の浪漫詩でないものは次のどれか。

A. 落梅集　B. 一葉舟　C. 若菜集　D. 千曲川スケッチ

48. 幸田露伴の作品は次のどれか。

A. 五重塔　B. 不如帰　C. 金色夜叉　D. 高瀬舟

49. 泉鏡花の所属する文学流派は次のどれか。

A. 耽美主義　B. 写実主義　C. 自然主義　D. 浪漫主義

50. 「近代文学」の同人でない者は次のだれか

A. 佐々木基一　B. 荒正人　C. 野間宏　D. 安部公房

51. 森鴎外のドイツ三部作と称される『舞姫』『うたかたの記』『文づかひ』は全部どんな文体で書かれたのか。

A. 言文一致体　B. 雅俗折衷体　C. 俗文体　D. 雅文体

52. 次の小説のうち、夏目漱石の作品でないものはどれか。

A. 草枕　B. 青年　C. 彼岸まで　D. こころ

53. 石川啄木の歌集は次のどれか。一つを選びなさい。

A. みだれ髪　B. 悲しき玩具　C. 赤　D. 桐の花

54. 夏目漱石が活躍した時期は次のどれか。

A. 明治初期~明治中期　B. 明治中期~明治後期

C. 明治後期~大正初期　D. 大正初期~大正後期

55. 夏目瀬石が晩年に書いた未完の長編小説の題名は次のどれか。

A. 草枕　B. 三四郎　C. それから　D. 明暗

56. 夏目漱石の唯一の自伝的小説は次のどれか。

A. 三四郎　B. 道草　C. 虞美人草　D. 草枕

57. 『三四郎』『門』とともに、夏目漱石の三部作をなす作品を一つ選びなさい。

A. 草枕　B. 道草　C. それから　D. こころ

58. 森鴎外の歴史小説を選びなさい。

A. 舞姫　B. 地獄変　C. 高瀬舟　D. 青年

59. 森鴎外の作品の中で、「知足」「安楽死」の問題を主題とした作品は次のどれか。

A. 山椒大夫　B. 高瀬舟　C. 阿部一族　D. 渋江抽斎

60. 日常生活の考察に徹し、かつての自然主義につながる伝統的な面を持ち、新早稲田派ともいう奇蹟派の代表作家は次のだれか。

A. 徳田秋声　B. 菊池寛　C. 葛西善蔵　D. 梶井基次郎

61. 大正期に「悪魔主義」と呼ばれていた作家は次の誰か。

A. 永井荷風　B. 芥川龍之介　C. 川端康成　D. 谷崎潤一郎

62. 芥川龍之介が師事した作家は誰か。

A. 森鴎外　B. 夏目漱石　C. 志賀直哉　D. 坪内逍遥

63. 芥川龍之介と最も関係の深い雑誌はどれか。

A. 新思潮　B. 文学界　C. 白樺　D. スバル

64. 芥川龍之介の近代の名作であった「地獄変」はどの作品に取材した作品はどれか。

A. 宇治拾遺物語　B. 今昔物語　C. 翁草　D. 源氏物語

65. 次の中で、芥川龍之介の歴史小説と関係の深いものはどれか。

A. 平家物語　B. 今昔物語集　C. 伊勢物語　D. 雨月物語

66. 芥川龍之介の作品は次のどれか。

A. 友情　B. 路傍の石　C. 細雪　D. 鼻

67. 芥川龍之介らとともに、第三次「新思潮」を創刊した同人はだれか。

A. 夏目漱石　B. 谷崎潤一郎　C. 志賀直哉　D. 菊池寛

68. 「白樺派」に属さない作家は誰か。

A. 有島武郎　B. 志賀直哉　C. 武者小路実篤　D. 芥川龍之介

69. 白樺派の中で思想的に最も苦しんだ作家は次のだれか。

A. 武者小路実篤　B. 志賀直哉　C. 有島武郎　D. 倉田百三

70. 「小説の神様」と呼ばれた作家は誰か。

A. 芥川龍之介　B. 谷崎潤一郎　C. 志賀直哉　D. 泉鏡花

71. 志賀直哉の作品を次から一つ選びなさい。

A. 城の崎にて　B. 山椒大夫　C. 或る女　D. 俘虜記

72. 武者小路実篤の作品を次から一つ選びなさい。

A. 五重塔　B. 古都　C. お目出たき人　D. 田舎教師

73. 大正時代に「口語自由詩」を作った代表的な詩人を選びなさい。

A. 正岡子規　B. 石川啄木　C. 高村光太郎　D. 島崎藤村

74. 「私小説」という言葉が現れた時期は次のどれか。

A. 20世紀30年代　B. 20世紀40年代

C. 20世紀20年代　D. 20世紀10年代

75. 宮沢賢治が著した詩集を選びなさい。

A. 道程　B. 春と修羅　C. 月に吠える　D. 思い出

76. 次の作品名は、時代順に並べかえたとき、その第三番目にあたるものはどれか。

A. 城の崎にて　B. 伊豆の踊子

C. 我輩は猫である　D. 万延元年のフットボール

77. 「種蒔く人」が廃刊されたあと、その後を継ぐ雑誌は次のどれか。

A. 解放　B. 文芸戦線　C. 原始　D. 文芸時代

78. 星新一の作品が所属するジヤンルは次のどれか。

A. 大衆文学　B. 純文学　C. 私小説　D. 中間小説

79. 主に作品内容を芸術的に描き、新たな文体や表現上の手法を追求した流派は次のどれか。

A. 新心理主義　B. 新戯作派　C. 新感覚派　D. 新思潮派

80. 「新感覚派」に属する作家は次のどれか。

A. 井伏鱒二　B. 山本有三　C. 横光利一　D. 永井荷風

81. 次の中で転向文学といわれる作品はどれか。

A. 生活の探求　B. 蒼氓　C. 走れメロス　D. 麦と兵隊

82. 次の作者名は、時代順に並べかえたとき、その第一番目にあたるものはだれか。

A. 三島由紀夫　B. 安部公房　C. 太宰治　D. 大江健三郎

83. 日本の「ヘミングウエイ」と呼ばれる作家は次のだれか。

A. 大江健三郎　B. 三島由紀夫　C. 谷崎潤一郎　D. 川端康成

84. プロレタリア文学者でない人は誰か。

A. 小林多喜二　B. 葉山嘉樹　C. 蔵原惟人　D. 嘉村礒多

85. 徳永直の『太陽のない町』と並んでプロレタリア文学の双璧と呼ばれる作品は次のど

れか。

A. 蟹工船　　B. セメノト樽の中の手紙
C. 党生活者　　D. 海に生くる人々

86. プロレタリア文学の最高傑作とされるのは次のどれか。

A. 施療室にて　B. 淫買婦　C. 蟹工船　D. 太陽のない街

87. 次の中で「ナップ」に属さないのはだれか。

A. 中野重治　B. 葉山嘉樹　C. 宮本百合子　D. 小林多喜二

88. プロレタリア文学者でない人は誰か。

A. 小林多喜二　B. 葉山嘉樹　C. 蔵原惟人　D. 嘉村磯多

89. 三好達治の作品はどれか。

A. 測量船　B. 氷島　C. 春と修羅　D. 在りし日の歌

90. 1935年に創設し、純文学の新人に与える文学賞は次のどれか。

A. 谷崎潤一郎賞　B. 直木三十五賞　C. 芥川龍之介賞　D. 三島由紀夫賞

91. 第一回芥川賞の受賞者は次のだれか。

A. 太宰治　B. 石川達三　C. 石川淳　D. 織田作之助

92. 石川淳の芥川賞当選作は次のどれか。

A. 普賢　B. 紫苑物語　C. 焼跡のイエス　D. 佳人

93. 大江健三郎が書いた作品はどれか。

A. パニック　　B. ノルウエイの森
C. キッチン　　D. 万延元年のフットボール

94. 次の中で無頼派の作家の作品でないのはどれか。

A. 斜陽　B. 白痴　C. 洋燈　D. 走れメロス

95. 『漢書』に素材を求める中島敦の作品は次のどれか。

A. 山月記　B. 悟浄歎異　C. 李陵　D. 光と風と夢

96. 代表作は「山羊の歌」「有りし日の歌」。小林秀雄や大岡正平と親しく交わった人は次のだれか。

A. 立原道造　B. 中原中也　C. 堀辰雄　D. 宮沢賢治

97. 戦後自由詩の代表作家は誰か。

A. 高村光太郎　B. 高浜虚子　C. 近藤芳美　D. 正岡子規

98. 第二芸術論を言い出した評論家は誰か。

A. 小林秀雄　B. 中村光夫　C. 桑原武夫　D. 堀口大学

99. 太宰治と最も関係の深いものはどれか。

A. 自然主義　B. 白樺派　C. 無頼派　D. 新感覚派

100. 太宰治の作品はどれか。

A. 金閣寺　B. 斜陽　C. 雪国　D. 機械

101. 第二次世界大戦後に、文壇に登場した人物は次のだれか。

A. 横光利一　B. 有島武郎　C. 大岡昇平　D. 宮本百合子

102. 戦後派文学でないのは次のどれか。

A. 斜陽　B. 桜島　C. 野火　D. 砂の女

103. 広島または原爆を直接の題材にしたものはどれか。

A. 川端康成「夏の靴」　B. 三島由紀夫「真夏の死」

C. 太宰治「斜陽」　D. 原民喜「夏の花」

104. 『俘虜記』や『野火』を書いた作家は次の誰か。

A. 大岡昇平　B. 野間宏　C. 梅崎春生　D. 島尾敏雄

105. 第二次戦後派の作家でない者は次のだれか。

A. 武田泰淳　B. 三島由紀夫　C. 安部公房　D. 大岡昇平

106. 開高健の芥川賞受賞作は次のどれか。

A. 夏の闇　B. 裸の王様　C. パニック　D. 日本三文オペラ

107. 谷崎潤一郎の代表作を一つ選びなさい。

A. 細雪　B. 自殺者の手記　C. 田園の憂鬱　D. 雪国

108. 『司馬遷』の作者は次のだれか。

A. 武田泰淳　B. 井上靖　C. 中島敦　D. 山本周五郎

109. 九州大学医学部で戦争末期に行われた捕虜の生体解剖実験を題材に、日本人の罪意識の欠落を描いた遠藤周作の小説は次のどれか。

A. 海辺の光景　B. 太陽の季節　C. 海と毒薬　D. プールサイド小景

110. 永井荷風や谷崎潤一郎などの文学活動を文学史上何と呼ぶか。

A. 自然主義　B. 新心理主義　C. 浪漫主義　D. 耽美主義

111. 安部公房の作品を次から一つ選びなさい。

A. 人間失格　B. 壁　C. 沈黙　D. 黒い雨

112. 次の作者名は、時代順に並べかえたとき、その第三番目にあたるものはだれか。

A. 夏目漱石　B. 有島武郎　C. 谷崎潤一郎　D. 芥川竜之介

113. 北原白秋、上田敏、蒲原有明らの詩は何と呼ばれたか。

A. 浪漫詩　B. 自由詩　C. 新体詩　D. 象徴詩

114. 「第三の新人」に属さない作家は誰か。

A. 安部公房　B. 安岡章太郎　C. 小島信夫　D. 庄野潤三

115. 実際の事件を題材にして、一人の青年僧侶の疎外感と孤独を描いた三島由紀夫の代表作は次のどれか。

A. 仮面の告白　B. 禁色　C. 潮騒　D. 金閣寺

116. 次の作者名は、時代順に並べかえたとき、その第三番目にあたるものはだれか。

A. 二葉亭四迷　B. 安部公房　C. 川端康成　D. 芥川竜之介

117. 川端康成の作品でないものは次のどれか。

A. 伊豆の踊子　B. 雪国

C. 千羽鶴　D. 春琴抄

118. 小林秀雄の作品はどれか。

A. 無常と言うこと　B. みだれ髪

C. 太陽のない街　D. 沈黙

119. 三島由紀夫の『豊饒の海』は四部からなる長編小説だが、『春の雪』『奔馬』『暁の寺』のほか、あとの一部は次のどれか。

A. 潮騒　B. 金閣寺

C. 天人五衰　D. 仮面の告白

120. 村上龍の作品はどれか。

A. 沈黙　B. 白河夜船

C. 蛍川　D. 限りなく透明に近いブルー

121. 村上春樹が1979年群像新人文学賞を受賞したデビュー作は次のどれか。

A. 風の歌を聴け　B. ノルウエーの森

C. 海辺のカフカ　D. 神の子供たちはみな踊る

122. 村上春樹が書いた作品は次のどれか。

A. ノルウエイの森　B. パニック

C. キッチン　D. 万延元年のフットブール

123. 「銀河英雄伝説」の作者は次のどれか。

A. 尾田栄一郎　B. 村上春樹　C. 江戸川乱歩　D. 田中芳樹

124. 井上靖の『孔子』はどのような書物か。

A. 随筆　B. 小説　C. 現代詩　D. 紀行文

125. 松本清張の芥川賞受賞作は次のどれか。

A. 砂の器　B. 点と線　C. 霧の旗　D. ある「小倉日記」伝

126. 大江健三郎の芥川賞受賞作は次のどれか。

A. 奇妙な仕事　　B. 死者の奢り
C. 飼育　　D. 万延元年のフットボール

127. 「推理小説」というジヤンル名を用いた小説『推理小説』の作者は次のだれか。
A. 東野圭吾　B. 秦建日子　C. 森本誠一　D. 星新一

128. 平成9年(1997)、目取真俊は『水滴』で第117回芥川賞を受賞した。作者の目取真俊出身地は次のどれか。
A. 北海道　B. 東京都　C. 沖縄県　D. 愛媛県

129. 第136回芥川賞の受賞作は青山七恵のある作品であるが、次のどれか。
A. 窓の灯　B. ひとり日和　C. お別れの音　D. 花嫁

130. 「点と線」、「ゼロの焦点」などの代表作で人気を集めた松本清張はどの推理小説の派別に属するか。
A. 本格派　B. 社会派　C. 怪奇　D. 新本格派

二、填空题

1. 『________』は日本最初の青少年向きの教訓書として、編集の目的が明確で編成も整然としている。
2. 近世時代の文学は前期は________が中心で、後期は江戸が中心であった。
3. 『________』は近松門左衛門が書いた、徳兵衛とお初の悲恋を描いた浄瑠璃脚本である。
4. 『雨月物語』『春雨物語』を著し、前期読み本の代表作家は________である。
5. 小林一茶には句集のほかに、父の死と一ケ月にわたる看病生活をつづった『________』などがある。
6. 二葉亭四迷が話し言葉を生かした言文一致体で書いた、近代写実主義小説の先駆的な作品は『________』である。
7. 明治初期、翻訳文学が流行った。この中で鴎外の訳詩集『________』は西欧近代詩の文学的訳出に最初の成功を示したものである。
8. 『学問の勧め』は明治時代のベストセラーで、人間の平等と西洋文明を学ぶことの大切さを説いた________の評論である。
9. 明治20年代の前半には、哲学的・東洋的な男性的風格のある幸田露伴の文学が流行し、この時期、創作界は________時代と呼んだ。
10. 森鴎外の初期の作品で、ドイツ留学の体験を下に、近代的自我目覚めた青年の挫折を描いたものは『________』である。

11. 鴎外は歴史小説の創作理念として『________』と『歴史離れ』とが共存することを明らかにした。
12. 二葉亭四迷の『浮雲』は森鴎外の『________』とともに日本近代文学の先駆的作品である。
13. 『________』は熱海を舞台に男女の悲劇を描いた、尾崎紅葉の代表作、明治文学最大の人気を博した未完の大作である。
14. 深刻小説は悲惨深刻な事件を題材に扱った小説である。広津柳浪の『変目伝』『________』などに代表される。
15. 明治38年に刊行された上田敏の訳詩集『________』は象徴詩の完成に大きな役割を果たした。
16. 明治43年、永井荷風は________大学文学部教授に招かれて、雑誌『三田文学』を創刊した。
17. 尾崎紅葉を中心に、山田美妙・石橋思案らが結成した硯友社の機関誌は________である。(　我楽多文庫　)
18. 言文一致体完成の最高傑作とされる『多情多恨』の作者は________である。
19. 『________』は夏目漱石の文壇デビュー作である。
20. 坪内逍遥は近世小説に見られる、『勧善懲悪』の文学観を排し、客観的に人の性格や心理を描くべしとする________主義を主張した。
21. ________は短歌に続き、写生を唱えて俳句革新を推し進め「日本派」と称されたその第一人者である。
22. ________は短歌革新の第一声とされる正岡子規の歌論である。
23. 日本の近代詩の最初の芸術的完成といわれる島崎藤村の第一詩集は『________』である。
24. 元禄時代の西鶴に学び、硬派の男性的な作風で、『五重塔』を書いた人は________である。
25. 恋愛至上を高らかに宣言した北村透谷の代表作は『________』である。
26. 明治の恋愛小説の双璧とは『金色夜叉』と　________である。
27. 『________』は泉鏡花の代表作で、旅の僧が、神通力をもった美女の難から仏の加護で逃れるという浪漫的な小説である。
28. 『滝口入道』は『平家物語』に題材を採った________の歴史小説で、滝口の武士時頼と女房横笛との悲恋物語である。
29. 『一握の砂』は________の歌集で、三行の分かち書きという新しい表記法で、日常生活に材を集め、生活感情を表現した。

30. 実在の人物の日記を基に、時代に押しつぶされる青年の失意と挫折を描いた田山花袋の代表的な長編小説は『________』。
31. 自然主義の出発点とされる島崎藤村の作品は________である。
32. 「懐疑性、観念性、虚無性」の文学の特色を持った正宗白鳥の代表作は________である。
33. 日本における耽美派は、反自然主義運動の一環として起こり、永井荷風主宰の雑誌『________』を中心に展開した。
34. ________は明星派の歌風の一頂点とされる『舞姫』の作者である。
35. 『________』は与謝野晶子の第一歌集で、青春の情熱や、自我解放を大胆に歌うものである。
36. 日本近代文学史上の双璧といわれている作家、森鴎外の他、もう一人は________。
37. 殉死という封建的なモラルを取り上げ、その形骸化を批判的に描いた『________』は森鴎外の歴史小説である。
38. 「則天去私」という境地が最も鮮明に描かれている作品は『________』。
39. 人道主義・理想主義を標榜し、学習院出身の武者小路実篤・志賀直哉などが拠った雑誌は『________』。
40. 有島武郎は自分の属する階級と、その階級を否定しようとする新しい社会主義思想との間に立って散々に悩んだ末、北海道にある広大な農場を________に無償譲渡した。
41. ________は「実相観入」を説き、歌集『赤光』を詠んだアララギ派の歌人である。
42. 説話を素材とした芥川龍之介の作品は________である。
43. ________は新現実主義の作家で、漱石の称賛を受けた「鼻」で文壇に登場し、日本近代文学史上の鬼才と呼ばれた作家である。
44. 芥川龍之介の歴史小説には『________』や『宇治拾遺物語』に取材した『羅生門』『鼻』『芋粥』『藪の中』『地獄変』などの王朝物がある。
45. 『海に生くる人々』『淫売婦』などを書いた初期プロレタリア文学の代表作家は________である。
46. 平林たい子は権力と秩序への絶望的な反抗のはげしさに強い作家的個性を示した『________』という出世作で、プロレタリア作家の有力な新人としての評価を受けた。
47. ________は新感覚派の旗手といわれている作家である。

48. 『伊豆の踊子』や『雪国』の作者川端康成は、同人雑誌『文芸時代』を横光利一らと発刊した。この『文芸時代』を中心に活躍した人々を________と呼ぶ。
49. 新感覚派は________の革命を求めると言われる。
50. 横光利一は川端康成、今東光らとともに同人雑誌『________』を創刊した。
51. ________は志賀直哉の唯一の長編小説である。
52. 「革命の文学」を追求する文学思潮の機関誌は『________』である。
53. 代表作は『春と修羅』、『注文の多い料理店』。孤高の詩歌と独特の童話を作り続けた。37歳に亡くなった作家は________である。
54. 昭和10年、________社の創設した芥川賞は、それ以後の最も権威ある文学賞として重んじられ、新人作家の登場を促した。
55. 1933年の後半ごろから1937年にかけて、文壇の支配力を喪失していた既成作家、それも大家や中堅作家が魚の水を得たように文壇に復活した。その動きを「________」という。
56. 第一回芥川賞は『蒼氓』の作者石川達三にさずけられた。高見順の『________』と太宰治の『道化の花』は第一回芥川賞の候補となって、これが新人作家の文壇進出の端緒となった。
57. 昭和7年、中野重治・蔵原惟人らが検挙され、翌年小林多喜二が虐殺される中、プロレタリア文学の作家たちは転向を余儀なくされた。その苦悩などを私小説の形で告白したのが________文学である。
58. 転向文学の白眉とみなされているのは中野重治の『________』である。
59. 昭和12年から永井荷風が朝日新聞に連載しはじめた『________』は玉の井の私娼街を舞台に、薄幸な娼婦お雪と作者自身を思わせる作家との交渉を淡々と描いた作品である。
60. ________は評論を近代文学のジャンルとして確立した小林秀雄の出発点となった評論作品はである。
61. 昭和四十年代、政治や社会より人間そのものに焦点を当て、自己の内面を凝視した作家が相次いだ。彼らは________と呼ばれた。
62. 『刺青』『痴人の愛』などを書き、後年は日本的なものに回帰した耽美主義の作家は________である。
63. 荒正人・平野謙らによって創刊され、戦後文学をリードした雑誌は『________』である。
64. 戦争という暗い時代に純粋に文学を守り、人間の運命と社会を見つめていたのは、代々漢学者や中国文学者の家系に生まれ育った作家は________である。

65. 中国の漢書から取材した中島敦の代表作は________である。

66. 津島祐子は無頼派作家________の次女である。

67. 戦後若者に対し人気を集めた『堕落論』の著者は無頼派の________である。

68. 戦後すぐ、短歌・俳句否定論として歌壇・俳壇を揺るがした桑原武夫の評論は________である。

69. 戦争体験から、新しい文学を創造しようとした野間宏、________らは第一次戦後派と呼ばれた。

70. 日本敗戦後まもなく宮本百合子は戦中に蓄積したすべての精力と熱意をもって長編『________』を書き上げた。宮本百合子はこの作品で日本戦後文学の幕を上げたのである。

71. 太宰治の『________』は防空壕に出入りしながら書かれたものであり、医学を志して来日した若き日の魯迅が文芸に自らの天職を見出すまでの思想的苦悩と変転を描いたものである。

72. 谷崎潤一郎の『________』は『今昔物語集』から取材したものである。

73. 大江健三郎『死者の奢り』の他、________は戦後の終焉の象徴とされる『太陽の季節』の作者である。

74. 『地唄』で文学界新人賞を受けて文壇に登場し、文壇では才女と呼ばれている作家は________である。

75. 柴田翔は芥川賞受賞作『________』で1960年安保闘争のエピソードのような形式で時代への良心とニヒリズムとをやや甘美に描いて、現代の青春文学のひとつとして読まれている。

76. 広島の被爆悲劇をテーマにして話題を集めた井伏鱒二の作品は『________』である。

77. 1968年、川端康成は日本的な美の世界を描いた一連の作品によってノーベル文学を受賞し、「________」という著名な記念講演を行った。

78. 日本初のノーベル文学賞を受賞した作家は________である。

79. 『アカシアの大連』で第52回芥川賞を受賞した『________』は中国遼寧省大連に生まれた詩人、小説家である。

80. 有吉佐和子の高齢者問題を扱った作品は『________』である。

81. 『限りなく透明に近いブルー』の作者は________である。

82. ________の『桜島』は大岡昇平の『野火』とともに戦後の戦争文学の代表作のひとつである。

83. 戦後ベストセラーとなった『ノルウェイの森』を書いた作家は ________である。

84. 日本のカフカと呼ばれた作家は________である。

85. ________は1987年文壇第二作『キッチン』を発表した。この作品は爆発的売行きを示し、そして第六回『海燕』文学新人賞を受賞した。

86. 1994年ノーベル文学賞を受賞した日本作家は________である。

87. 第151回芥川賞受賞作は柴崎友香の『________』である。

88. 2004年、金原ひとみの『________』と綿矢りさの『________』は同時に第130回芥川賞を受賞した。

89. 2008年下半期に受賞した芥川賞の作品は津村記久子の『________』である。

90. 平成20年(2008年)、在日中国人作家楊逸の作品『________』は第139回芥川を受賞した。

三、判断题

1. 福沢諭吉は日本近代の思想家である。彼は『文明論之概略』で独立自尊と学問の重要性を強調した。 (　　)

2. 日本の写実主義を代表する作家は坪内逍遥と二葉亭四迷であり、それぞれ理論書『小説神髄』『小説総論』を著した。 (　　)

3. ドイツに留学した森鴎外は浪漫主義文学の代表作家であり、そのドイツ留学三部作はそれぞれ『青年』『雁』と『舞姫』である。 (　　)

4. 近代女流作家樋口一葉は明治社会の下層女性の生活を描き、『にごりえ』『たけくらべ』など優れた作品を残した。 (　　)

5. 日本の自然主義文学を代表する作家は島崎藤村と田山花袋で、それぞれ『破戒』と『蒲団』を書いた。 (　　)

6. 作品『我輩は猫である』で夏目漱石は猫の目を借りて明治社会を風刺し、意外に良い効果を得た。 (　　)

7. 夏目漱石の中期三部作は『彼岸過迄』、『こころ』と『行人』である。 (　　)

8. 白樺派の代表作家武者小路実篤は宮崎県の日向村で「新しき村」を作り、理想主義の代表人物である。 (　　)

9. 芥川龍之介は日本近代文壇の鬼才であり、その死が大正文学の終結と見られる。 (　　)

10. 菊池寛は純文学賞芥川賞、大衆文学賞直木賞を設立し、日本文学を振興するために大きく貢献した。 (　　)
11. 『人間失格』は芥川龍之介自殺前に書いた作品である。 (　　)
12. 『小説神髄』は坪内逍遥が書いた小説である。 (　　)
13. 『悪い仲間』は安岡章太郎の作品であり、昭和二十八年上半期の芥川賞を受賞した。 (　　)
14. 1994年大江健三郎はノーベル文学賞を受賞した。授賞式の講演は『美しい日本の私一その序説』である。 (　　)
15. 日本の近代文学は西欧の影響を受けた。自然主義はサルトル(仏)の影響を受けており、白樺派はトルストイの影響を受けている。 (　　)
16. 菊池寛の主宰で出発した『文学界』は菊池が制定した芥川賞を発表する雑誌でもある。 (　　)
17. 芥川龍之介が『今昔物語集』から題材を取った主な作品に『鼻』『羅生門』『芋粥』がある。 (　　)
18. 人道主義は人間の可能性を信じる立場であり、個性を尊重する「白樺」派の基本理念であった。 (　　)
19. 森鴎外は乃木大将の殉死に強い衝撃を受けたのをきっかけに、歴史小説を書き始めた。 (　　)
20. 『文学界』は前期浪漫主義を代表する雑誌で、北村透谷、島崎藤村、上田敏らが同人である。 (　　)
21. 後期読本作者滝沢馬琴は、『南総里見八犬伝』の作者で、勧善懲悪の長編小説を書いている。 (　　)
22. 原爆の悲劇を取り上げた主な文学作品としては、原民喜の『夏の花』、大江健三郎の『ヒロシマ・ノート』、井伏鱒二の『黒い雨』などがある。 (　　)
23. 野間宏の『真空地帯』、大岡昇平の『俘虜記』はともに作者の軍隊体現を基にした作品である。 (　　)
24. 『晩年』は太宰治の第一作品集である。『斜陽』は戦後の世相を反映している作品である。 (　　)
25. 『硝子戸の中』は漱石の晩年の作品で、明治末期の作品である。 (　　)

参考答案

一、单选题

1-5 BCADD
6-10 ACADC
11-15 BDABD
16-20 ADDAC
21-25 DCDBA
26-30 CABAB
31-35 BBBDC
36-40DABBD
41-45 BADAC
46-50 ADADD
51-56 DBBCD
56-60 BCCBC
61-65 DBAAB
66-70 DDDCC
71-75 ACCCB
76-80 BBACC
81-85 ACBDA
86-90 CBDAC
91-95 BADCC
96-100 BACCB
101-105 CADAA
106-110 BAACD
111-115 BCDAD
116-120 CDACD
121-125 AADBD
126-130 CBCBB

二、填空题

1. 十訓抄
2. 上方
3. 曽根崎心中
4. 上田秋成
5. 父の終焉日記
6. 浮雲
7. 於母影
8. 福沢諭吉
9. 紅露
10. 舞姫
11. 歴史そのまま
12. 舞姫
13. 金色夜叉
14. 黒蜥蜴
15. 海潮音
16. 慶応義塾
17. 我楽多文庫
18. 尾崎紅葉
19. 吾輩は猫である
20. 写実
21. 正岡子規
22. 歌よみに与ふる書
23. 若菜集
24. 幸田露伴
25. 厭世詩家と女性
26. 不如帰
27. 高野聖
28. 高山樗牛
29. 石川啄木
30. 田舎教師
31. 破戒
32. 何処へ
33. 三田文学
34. 与謝野晶子
35. 乱れ髪
36. 夏目漱石
37. 阿部一族
38. 明暗
39. 白樺
40. 小作人
41. 斎藤茂吉
42. 羅生門
43. 芥川龍之介
44. 今昔物語集
45. 葉山嘉樹
46. 施療室にて
47. 横光利一
48. 新感覚派
49. 文学上
50. 文芸時代
51. 暗夜行路
52. 文芸戦線
53. 宮沢賢治
54. 文芸春秋
55. 文芸復興
56. 故旧忘れ得べき
57. 転向
58. 村の家
59. 濹東綺譚
60. 様々なる意匠
61. 内向の世代
62. 谷崎潤一郎
63. 近代文学
64. 中島敦
65. 李陵
66. 太宰治
67. 坂口安吾
68. 第二芸術
69. 梅崎春夫
70. 播州平野
71. 惜別
72. 少将幹滋の母
73. 石原慎太郎
74. 有吉佐和子
75. されど我らが日々一

76. 黒い雨　77. 美しい日本の私ーその序説　78. 川端康成
79. 清岡卓行　80. 恍惚の人　81. 村上龍　82. 梅崎春夫
83. 安部公房　84. 村上春樹　85. 吉本バナナ　86. 大江健三郎
87. 春の庭　88. 蛇にピアス、蹴りたい背中
89. ポストライムの舟　90. 時が滲む朝

三、判断题

1. ×（『文明論之概論』→『学問の勧め』）
2. ○
3. ×（『青年』『雁』→『ふみ使い』『うたかたの話』）
4. ○
5. ○
6. ○
7. ×（中期三部作→後期三部作）
8. ○
9. ○
10. ○
11. ×（芥川龍之介→太宰治）
12. ×（小説→評論）
13. ○
14. ×（「美しい日本の私ーその序説」→「曖昧な日本の私」）
15. ×（サルトル→ゾラ）
16. ×（『文学界』→『文芸春秋』）
17. ○
18. ○
19. ○
20. ○
21. ○
22. ○
23. ○
24. ○
25. ×（明治末期→大正初期）